考拉®

根据教育部义务教育课程标准（最新版）编写

直播语数英

ZHIBO YUSHUYING

主编 李璐璐

内容全程直播 语数英全囊括

一书在手，学考不愁

哈爾濱工業大學出版社
HARBIN INSTITUTE OF TECHNOLOGY PRESS

图书在版编目（CIP）数据

直播语数英 / 李璐璐主编. —哈尔滨：哈尔滨工业大学出版社，2017.8

ISBN 978-7-5603-6850-4

Ⅰ. ①直… Ⅱ. ①李… Ⅲ. ①小学语文课－教学参考资料②小学数学课－教学参考资料③英语课－小学－教学参考资料 Ⅳ. ①G624

中国版本图书馆 CIP 数据核字（2017）第 183011 号

策划编辑 甄淼淼
责任编辑 陈 洁
封面设计 唐韵设计
出版发行 哈尔滨工业大学出版社
社 址 哈尔滨市南岗区复华四道街 10 号 **邮编** 150006
传 真 0451-86414749
网 址 http://hitpress.hit.edu.cn
印 刷 三河市华晨印务有限公司
开 本 850mm×1168mm 1/32 印张 17 字数 500 千字
版 次 2017 年 8 月第 1 版 2017 年 8 月第 1 次印刷
书 号 ISBN 978-7-5603-6850-4
定 价 68.00 元

语文知识总攻略

第一章　文字变装秀

第二章　词语万花筒

第六章 阅读全攻略

数学速算有技巧

第一章 手指计算法

第二章 加法速算

第三章　减法速算

第四章　乘法速算

第五章　除法速算

写好作文有诀窍

第一部分　找双慧眼破命题

第二部分　开动思维找思路

第三部分　找个妙招巧立意

第四部分　借个心眼巧选材

第五部分　找个思路写具体

高效记忆有魔法

第一章　记忆＋兴趣：为记忆营造乐园

第二章　记忆＋故事：寻找打开记忆之门的金钥匙

第三章　记忆＋游戏：一边记忆一边玩

第四章　记忆＋联想：为知识插上翅膀

第五章　记忆＋观察：给记忆一双眼睛

第六章　记忆＋思考：思维是一位向导

英语知识小点滴

第一章 字母

第二章 语音

第三章 词汇

语文知识总攻略

第一章 文字变装秀

1 地瓜与饺子——有趣的方言

牛叔叔是我们家的邻居，他当过兵，在单位里又总是出差，去过很多地方，见多识广。他的儿子牛牛是我的好朋友，我们经常坐在一起听他讲亲身经历的故事。

这不，牛叔叔听说我们老师讲了“方言”的知识，就给我们讲了两个亲身经历的“笑话”，以便帮助我们加深对“方言”的认识。

早年牛叔叔在南海舰队当兵。当兵的第三年，他得到一次探家的机会。离开家乡两年多了，那种思乡之情别说有多强烈。尽管归心似箭，但还是没忘记给家里的父母带点好吃的东西。他要在广州上车，便打算在那里买点东西。他来到街上，见排起一字长龙，还一眼看不到头。他问队伍中的人买什么，那人告诉他买地瓜。他想，何不就买点地瓜回去，让父母尝尝这从地里挖出来的瓜，于是加入了排队的行列。那年头买什么都排队，他说站在那长长的队伍里对自己是“龙的传人”的体会是最深的。他排了整整一个小时，居然还看不到“龙头”，甚至没见到地瓜是啥样，因为买好地瓜的人都没有往回走。又一个小时过去了，他终于看到有人提着地瓜从他面前经过。他马上迎上去一看，咳！这不就是家乡所说的红薯吗？家乡的土地酥松肥沃，种出来的红薯又脆又甜，还从这里带红薯回去，真是笑话！

牛叔叔从部队转业以后，他被安排在市里的一家企业工作。他负责销售，日常工作便是出差。有一次，他出差到湖北某地。肚子饿了，便在一家饮食店里点了一碗饺子。等了老半天，终于等来了他点的东西。还没等他反应过来，服务员放下碗就被人叫走了。他一看，怎么是馄饨呢？他好不容易把服务员叫过来，说她弄错了，要求换。服务员说没有错，这就是饺子。原来，湖北这个地方把“馄饨”称为“饺子”。

牛叔叔说，出这样的笑话不能怪别人，只怪自己见识少，少见就多怪。就说这红薯吧，一个地方一个叫法，广东话除叫地瓜之外还叫番薯，浙江话叫山薯，成都话叫红苕。

别说写诗作文，就是做个普通人，也最好是读万卷书，行万里路！

明明才知道，原来方言还有这么多的学问啊！

知识大讲堂

我国汉语七大方言区

一为“北方方言”。它是汉民族共同的基础方言，以北京话为代表，使用人口占汉族总人口的70%。“北方方言”又分为华北、东北、西北、西南和江淮等方言。

二为“吴方言”。分布在上海、江苏及浙江大部分地区，以苏州话为代表。

三为“湘方言”。分布在湖南大部分地区，以长沙话为代表。

四为“赣方言”。分布在江西大部分地区，以南昌话为代表。

五为“客家方言”。主要分布在广东东部和北部、福建西部、江西东南部和广西南部，以广东省梅县话为代表。

六为“闽方言”。跨越四省，包括福建大部分地区、广东东北部和浙江南部部分地区以及台湾大部分居住区。

七为“粤方言”。主要分布在广东中部、西南部和广西的东部、南部以及港、澳地区，以广州话为代表。

2 明明参加座谈会——学好普通话

一天，班主任高老师对大家说：“一周以后，市教委的领导要来我们学校视察，还要找一部分同学开一个座谈会，从今天开始，大家要练习好普通话，特别是从南方来的那些同学。”

明明是广州人，普通话本来就不是特别好，心里就有点打鼓，害怕到时候座谈会抽到自己，给班级抹黑，那就丢死个人了。

牛牛是学校《星光报》的小记者，普通话说得非常标准，于是明明就天天缠着牛牛，要他教教自己，牛牛也很耐心，帮明明纠正了很多发音不标准的地方。

星期五那天，市教委的领导如期而至，对明明的学校进行了很多方面的考察，都非常满意，最后一项就是“座谈会”了。

真是怕啥就来啥，明明被抽到了去参加座

谈会。

在会上，教委的领导点名要明明回答问题："你对小学生现在的学业负担比较重，平时经常要参加一些课外的补习班怎么看？"

明明说："我觉得学业负担比较重，跟我们的升学考试制度有关，至于辅导班，能在一定的程度上巩固我们所学的知识，不是不重要啊！"

教委领导说："小同学回答得很好，但是你有一个问题，普通话说得有问题，bú是bú重要都说成bù了，小朋友，这涉及常用字的变调问题，以后一定要注意啊！"

明明的脸一下子就红了，看来自己的普通话还是没有学好，于是在心里暗暗下定决心，好好学习普通话，下次一定不要让别人再笑话了。

知识大讲堂

普通话

普通话的定义为"以北京语音为标准音，以北方话为基础方言，以典范的现代白话文著作为语法规范"的现代汉民族共同语。这是在1955年的全国文字改革会议和现代汉语规范问题学术会议上确定的。这个定义实质上从语音、词汇、语法三个方面规定了普通话的标准。

3 买拖拉机后的心愿——有趣的谐音

暑假的一天，明明和爸爸妈妈来到乡下大伯家做客，明明是在城市长大的，乡村的一切对他来说都很新鲜，他也认识了不少的蔬菜和水果，还帮大伯去收了玉米呢。他还碰到了很多有意思的事，也给他的学习增加了一次生活体验课。

明明每天都要更新他的微博，以便和他的好朋友一起分享自己愉快的乡村之旅。这天的微博内容是这样的：

我大伯的邻居李叔叔买了台大型拖拉机，想靠它勤劳致富。他把拖拉机开回家的当天，特意请来几个邻居庆祝一下。

有人说："拖拉机也买了，说说你以后还有什么心愿吧。"

李叔叔呵呵一笑，取来纸和笔，很快就写好了一副对联：

"一六一六一一六，六一六一六六一"，还有横幅"一七八八"。

邻居们看着对联有些疑惑不解，李叔叔笑了笑，然后将字用曲调唱了出来。大家一听，连声称妙。原来，这副有趣的对联是根据曲谱"多拉多拉多多拉，拉多拉多拉拉多"来写的，它形象地表达了拖拉机主人依靠勤跑"多拉"走上致富路的心情。

有人又问："那'一七八八'又怎么唱呢？"

"多……"有一位邻居刚开口唱了个"多"就没法唱下去了。

众人跟着起哄："唱啊，多什么呀？"

那位邻居为难地说："乐谱里哪有'八'呀？"众人听了都笑了。

李叔叔等大家笑完，说道："这个就不是唱的了，一七八八，不就是'一齐发发'吗，我希望我们几个能一起发财哦。"

刚发上去不久，就有跟帖：

闹闹说："明明，乡下真好玩，你什么时候也带我去玩玩啊！"

丽丽说："这位农民伯伯真有才！"

牛牛说："网络用语运用得真好！"

连高老师也来凑了回热闹："生活中处处是学问，大家在假期中一定要利用这个机会，从生活中来，到生活中去，这才是语文学习的终极目的。"

4 最不该失败的起义——学好绕口令

有趣的语文课开始了，高老师说："这节课主要讲绕口令，绕口令能提高大家的表达能力，在讲课之前，我想先给大家讲个故事。"

明明一听老师要讲故事，他可喜欢听故事了，就认认真真地听了起来。

1906年，孙中山在海外指挥萍浏醴起义。为了稳妥起见，孙中山请廖仲恺、方瑞麟等前来助阵，大家详细商讨起义的方案。为确保起义成功，参加会议的人员反复研究，最后决定在2月19日4时分头起兵。

2月19日凌晨4时，各路起义军相继整兵待发。然而，其中一支起义军却迟迟没有动静。

这是怎么回事呢？难道那支起义军发生了什么意外吗？还是起义消息外泄了呢？

原来，向那一支起义军的负责人传递命令的传令兵口齿有些不清，导致那位负责人将"4时起兵"误听为"10时起兵"。这样一来，他们起义的时间整整推迟了6小时。更为致命的是，到了10时，他们要起兵的事已经泄露了，最后不得不取消行动，整个起义计划宣告流产。

高老师讲完故事，就开始问大家，听完这个故事，大家有什么感受。

只见同学们都面色凝重，连平时最喜欢发言的闹闹也不声不响了。

大约五分钟后，牛牛说话了："如果传口令的人多练练我搜集的这个绕口令，也许起义就不会失败了。"

高老师问："哪个绕口令？"

牛牛张口念道：

"四是四，十是十，十四是十四，四十是四十。

说好四和十，得靠舌头和牙齿。

谁说四十是'细席'，他的舌头没用力；

谁说十四是'时适'，他的舌头没伸直。

认真学，常练习，十四、四十、四十四。"

同学们开始鼓掌了："好！那我们也来念念……"

精彩的一课就这样开始了，明明想，原来绕口令还有这么神奇的效果，我一定要好好学习。

5 仓颉造字——象形字

今天的语文课学习的是象形字，高老师下课后，给大家布置了一个家庭作业，了解象形字的来源，并要求在第二天口语课上进行抽查，看看谁能将“象形字”的来源介绍得既准确又生动。

明明回到家，就开始翻箱倒柜，看能不能找到相关的资料，别再在语文课上丢脸了。这时候，爸爸下班回家，看到明明这本书也翻翻，那本书也翻翻，桌子上床上全是书，就好奇地问：“明明，你在找什么呢？”

明明将高老师布置的作业跟爸爸说了，并且很无奈地说：“爸爸，我把家里的书都找遍了，都没有找到‘象形字’的来源。”

爸爸说：“明明，爸爸刚好知道这个，要不我给你讲讲，你认真听，明天上课的时候你再把爸爸给你讲的告诉老师，你看怎么样呢？”

明明说：“好啊！好啊！”

爸爸开始讲了：

很久以前，黄帝部落和蚩尤部落之间经常发生战争。黄帝的大臣仓颉用绳子打结，用刀子在木头或竹子上刻符号，来记录战争情况，传递作战信息。

有一次，仓颉的记录出现了误差，导致战败。黄帝很生气。仓颉无奈地说：“如果有种符号能让人一看就明白是什么意思，那该多好啊！”

黄帝觉得有道理，便说：“那你就专门负责研究这种符号吧！”

仓颉犯难了。转眼到了冬天，他还没有想出办法。一天，他踏着厚厚的雪去打猎，正准备返回时，突然有两只山鸡从树林里跑了出来，山鸡走过的雪地上留下了两行长长的爪印。接着，又有两只小鹿也蹿出树林，向远处跑去，雪地上又留下了小鹿的蹄印。

仓颉看着山鸡的爪印和小鹿的蹄印，发现它们的形状不一样。他灵机一动：“对呀，把鸡爪印画出来就叫鸡，把鹿蹄印画出来就叫鹿，世界上任何东西，只要把它的形象画出来不就可以了吗？”

从此以后，仓颉每天观察万物，终于创造了一种一看就懂的符号，用来记录和传递信息。后来，人们把这种符号称作象形字。

爸爸说：“明明，咱们的老祖先是不是很聪明啊？你也要多看书，认真学习，以后也做个发明家。”

6 分草莓——会意字

周末，明明邀请闹闹和丽丽来家里玩。妈妈看到明明的朋友来家里玩，非常高兴，给大家准备这个季节最好吃的水果——草莓。这三只小馋猫一看到好吃的草莓来了，都非常想吃，明明妈妈灵机一动，说："小朋友们，阿姨想看看谁这段时间学习最认真，这样吧，你们三个来个猜字谜比赛，谁猜对了，谁就可以先挑一个草莓。"

明明、闹闹、丽丽都觉得挺有意思的，就满口答应了。

明明妈妈开始出题了：

"日月齐照，猜一个字。"

"日字加月字，不就是明嘛。"明明说出了自己的谜底，然后拿到了一颗最大的草莓。

"上边小小，下边大大，也猜一个字。"

"尖！"丽丽挑到了另一颗大大的

草莓。

“用力在田间耕作的人。”

“男！”这次是闹闹第一个说出了谜底。

就这样，他们一个字谜一个字谜地猜下去，很快就把草莓分完了，然后小朋友们开心地吃了起来。

最后，明明妈妈说：“小朋友们，你们知道吗，其实明明和丽丽猜的‘明’和‘尖’都属于汉字里的会意字。这种字是由两个或几个汉字组成的，并且它的意思就是这几个汉字意思的组合。”

知识大讲堂

汉字六书

六书，指汉字的六种构造条例，是后人根据汉字的形成所做的整理，而非造字法则：象形、指事、形声、会意、转注、假借，其中象形、指事、会意、形声主要是“造字法”，转注、假借是“用字法”。

1. 象形。属于“独体造字法”。用文字的线条或笔画，把要表达物体的外形特征，具体地勾画出来。例如“月”字像一弯明月的形状，“龟”字像一只龟的侧面形状。

2. 指事。属于“独体造字法”。与象形的主要区别是指事字含有绘画较抽象的东西。例如“刃”字是在“刀”的锋利处加上一点，以做标示，这些字的勾画，都有较抽象的部分。

3. 形声。属于“合体造字法”。形声字由两部分组成：形旁（又称“义符”）和声旁（又称“音符”）。形旁是指示字的意思或类属，声旁则表示字的相同或相近发音。例如“樱”字，形旁是“木”，表示它是一种树木，声旁是“婴”，表示它的发音与“婴”字一样。

4. 会意。属于“合体造字法”。会意字由两个或多个独体字组成，以所组成的字形或字义合并起来表达此字的意思。例如“酒”字，以酿酒的瓦瓶“酉”和液体“水”合起来，表达字义。

5. 转注。属于“用字法”。当两个字是用来表达相同的东西，词义一样时，它们会有相同的部首或部件。例如“考”“老”二字，本义都是长者。这些字有着相同的部首（或部件）及解析，读音上也是有音转的关系。

6. 假借。假借就是同音替代。口语里有的词没有相应的文字对应。于是就找一个和它发音相同的同音字来表示它的含义。例如“自”本来是“鼻”的象形字，后来借作“自己”的“自”。

7 魔术师的奇遇——部首

这周五，又是“培优学习”小组的活动时间，组长牛牛想到上次高老师上课时的“故事教学法”很有效果，也想试试这个方法。联想到下节课就要学习“部首”的知识，就给大家讲了一个关于“部首”的有趣故事，以帮助大家提前预习课文。

一天，魔术师来到一个叫旺瑕国的地方。这里的人很奇怪，一个个都愁眉苦脸。于是，魔术师拿起一面小鼓“咚咚咚”地敲起来，想表演个节目逗大家开心。这时，一群士兵走过来，把他带进了王宫。国王见到魔术师，激动地说：“伟大的魔术师，您终于来啦！”

原来，旺瑕国已经很久不下雨了，整个国家的庄稼颗粒无收。能够预知未来的国师说，只有一位来自远方的伟大魔术师才能施展魔法拯救这个国家。

魔术师对国王说，他只懂得一些小把戏，根本不会什么魔法。国王以为魔术师是不肯施展魔法，便赏给他很多珍宝，并让他住在美丽的宫殿里，每天都来诚恳地请求他的帮助。

魔术师被缠得没有办法，只好对国王说：“可能是你们国家的名字不好，改一改吧，改成汪霞国，说不定就会下雨了。”

国王听了，赶紧通告全国，宣布启用新国名。说来也巧，通告刚刚传达给国民，天空便响起了轰隆隆的雷声，随后就下起了大雨。

牛牛说：“魔术师为什么要把旺瑕国的名字改成汪霞国呢？”

明明说：“我知道了，新国名里有了水字旁，有了雨字头，意思也和原来完全不同，感觉上是不是像不缺少雨水的地方了呢？”

丽丽说：“部首的功能真神奇。”

牛牛说：“明天我们就要学习‘部首’这个知识，大家一起来好好预习一下吧。”

“培优学习”小组的活动就这样生动有趣地展开了。

知识大讲堂

汉字的偏旁部首

偏旁是合体字的构字部件。古代人把左右结构的合体字的左方称为“偏”，右方称为“旁”，现在合体字各部位的部件统称为偏旁。如“语”字，由“言字旁”和“吾”两个偏旁组成；“盆”字由“分”和“皿字底”两个偏旁组成；“问”字由“门字框”和“口”两个偏旁组成。

汉字绝大部分是形声字，由形旁和声旁组成，所以，“偏旁”主要包含形旁和声旁两类。

8 一本糊涂账——形近字

明明的爷爷奶奶开了一家小店，明明常帮爷爷奶奶记账。月底盘点，爷爷报账，奶奶用计算器计算。

“7月8日：卖粉条200斤，500元；卖生姜30斤，24元；买花生米2斤，7元。”

爷爷渐渐皱起了眉头，奶奶却边摁计算器边乐：“这下可赚了。”

爷爷看了看奶奶，说：“不可能吧，一天卖了200斤粉条！要是照这样卖，咱家早就发大财了。”

奶奶也有些奇怪：“是呀，你看这儿，我们进货也不会一次只进2斤花生米呀？这哪够卖啊？”

“这账是孙子记的，会不会记错了？”奶奶说。

“明明，你过来。”爷爷压住火气，“你把这几条念来听听。”

“7月8日：mǎi200斤粉条，500元；mǎi生姜30斤，24元……mài花生米2斤，7元……”

爷爷听了哭笑不得，原来小明分不清“卖”和“买”这两个字形相近的字啊。

爷爷告诉小明：“‘卖’和‘买’是形近字，它们是有区别的！‘卖’比‘买’多个‘十’字，多了才‘卖’，少了就‘买’。”

明明一下子就脸红了。

知识大讲堂

形近字

形近字的搭配有一定的规律，并有各自的特点：

1. 笔画相同，位置不同，如“人”和“入”。

2. 字形相近，笔形不同，如“己”“已”“巳”。

3. 字形相近，偏旁不同，如“读”和“续”。

4. 字形相近，笔画不同，如“木”和“本”。

5. 字形相近，读音相同，如“眯”和“咪”。

6. 字形相近，读音不同，如“胶”和“狡”。

7. 部首相同，位置不同，如“旯”和“旮”。

极易混淆的形近字大致可分为五种情况：

1. 读音相同相近。如“食不果腹”误为“食不裹腹”，“粗犷”误为“粗旷”。

2. 字形相似。如“气概”误为“气慨”。

3. 意义混淆。如“凑合”误为“凑和”，“针砭”误为“针贬”。

4. 不明典故。如“墨守成规”误为“默守成规”，不知道“墨”指战国时的“墨翟”，“黄粱美梦”误为“黄梁美梦”，不知道“黄粱”指的是做饭的小米。

5. 忽视语文法规。如“重叠”误为“重迭”，“天翻地覆”误为“天翻地复”。

9 站着吃饭——同音字

今天上午又是语文课了，最近高老师非常喜欢用“故事教学法”来引导大家学习，这些故事成了孩子们的“课堂甜点”。不但缓解了紧张的学习气氛，而且丰富了语文知识，可谓一举多得。

明明最喜欢听人讲故事了，上课还没有开始，就规规矩矩地坐在座位上，期待着“精彩的语文故事课”的开始。

“丁零零，丁零零”，上课铃响了，高老师走上讲台。

都读qū，如果说“qū车”“崎qū”“身qū”，应该立刻能想到它们分别是“驱”“岖”“躯”三个字。因为古代都是用马拉车，所以“qū车”应该是与马有关的“驱”；“崎qū”是形容山路不平的，必须选择与山有关的“岖”；“身qū”则与身体有关，只能用“躯”。这几个字的意义都由形旁标识得清清楚楚，辨别起来并不难。

其次，对于常用的同音字，要随时留意它们经常和什么字一起搭配使用，表示什么意思。常常有同学把“部署”写成“布署”，“布置”写成“部置”，把“刻苦”写成“克苦”，“克服”写成“刻服”，主要是由于没有注意到每个字的不同搭配习惯。其实，像这类同音字，有时从意义上分辨起来比较困难，只要随时注意它们的搭配习惯，就能运用自如了。

10 教室风波——多音字

今天一大早，明明班的教室里发生了争吵，先是轻声轻语，后来声音越来越大，最后竟发展到差点动起手来。

班主任兼语文老师高老师仔细一听，哦，原来是同学们为了多音字中谁的本领最大在争吵。

闹闹说：“我觉得最牛的多音字是“么”，既能读么‘me’，又能读么‘mo’，还能读么‘yāo’”。

可话还没落音，丽丽就说：“这有什么可牛的，‘么’虽然有几种读音，可每次都在句子的最后，当老末，看看，‘一’虽然只有三种读音一‘yī’、一‘yí’和一‘yì’，简单扼要，干净利落，而且每回都是打头阵。”

西西站起来说：“不错，‘一’每次都在前面，可也有不足。”

“什么不足？”丽丽问。

牛牛说：“第一，‘一’的拼音字母一样，第二，它能像别的多音字一样，不同的音放在一起，还能组成一句赞美的话吗？”

闹闹说：“什么字这么厉害啊？”

牛牛说：“‘行’字，行‘háng’行‘háng’行‘xíng’。”

明明见高老师来了，赶紧走了过来。他迫不及待地向高老师请教试卷上自己不懂的那道题。高老师抚摸着明明的头，微笑着说："不要着急，这道题是属于多义词的应用。多义词就是有两个以上意义的词，只要理解了其中多义词的意思，整句话的意思也就简单了。比如这句话：'这饭不热了。'这里面的'热'既可以表示'温度高'，也可以表示'加热'。要排除'热'的歧义，可把'不热'改为'凉'，或者把'热'说为'加热'。所以，这句话可以理解成'这饭已经凉了'，也可以理解成'这饭不加热了'……"明明听了，顿时豁然开朗。

知识大讲堂

辨析多义词

1. 从多音现象辨析

例如：①他这个人不难求，太好说话了。②他这个人太好说大话了。不难判断，①中的"好"读上声，是"易于、便于"的意思；②中的"好"读去声，是"喜欢、爱好"的意思。

2. 从词义上辨析

例如：①山上到处是盛开的杜鹃。②树林里传来了杜鹃的叫声。其中，①中的"杜鹃"指的是"杜鹃花"；②中的"杜鹃"指的是"杜鹃鸟"。

3. 从词性上辨析

例如：①他作为学生代表参加了大会。②他是代表小李来参加大会的。显然，①中的“代表”是名词；②中的“代表”是动词。

4. 从语境上辨析

例如：①把电视关上，我们要学习文件。②大家注意，下午要拿学习文件来。从语境中看出，①中的“学习文件”是指从事的某项活动；②中的“学习文件”，则是要拿的东西，而不是进行的活动。

5. 从对象与搭配上辨析

例如：①我们要学先进，赶先进。②他正在赶苍蝇。③他在百忙之中赶写了这篇文章。其中，①中的“赶”与“先进（人）”搭配，是“追”的意思；②中的“赶”与“苍蝇（昆虫）”搭配，是“驱逐”的意思；③中的“赶”与“文章（涉及的任务）”搭配，是“加快行动，使不耽误时间”的意思。

知识大讲堂

易混字辨析

有些字容易被混淆误写，或因为形似或因为音同、音近，而字义又往往相关；倘若不辨析清楚，难免会张冠李戴。例如：

1. 才　　材

才，指才能，如：德才兼备、才华横溢、人尽其才；材，指材料，如：就地取材、大材小用。“人才”可以写作“人材”。但“大材小用”说的还是材料使用，指人事安排不当，是用它的比喻义，所以仍要写成“材”。

2. 采　　彩

采，用于表示动作，如：采集、采用、采访等；用于指精神状态，如：风采、神采奕奕、兴高采烈等。彩，用于表示物体的颜色花样，如：丰富多彩、光彩照人、彩霞满天、彩声满场等。

3. 察　　查

二者都与看有关系，不同的是：“察”指仔细地看，如观察、考察、察觉、察访（通过观察和访问进行调查）、察看、察言观色等；“查”指检查、调查等，如“追查责任、查户口、查字典、查访（调查打听案情）”等。

13 错别字医院——错别字

明明是一个“小马虎”，平时经常写错别字，考试时也常常因为这一点而丢分。他暗下决心：“我一定要改掉这个毛病！”可是错别字还是常常出现。

一天，明明写作业时把“腊”字写成了“蜡”，他一点也没察觉。过了一会儿，他的语文书忽然变大了，把他“吃”了进去。

明明进到书里后，惊奇地发现这里是一家医院。他好奇地走进了手术室，只见修正液大夫和胶带大夫正在做手术，而病

明明一看有机会当老师，就高兴地当起小老师来了：

“对这个字我一直就很注意，因为它全由横竖构成。从笔形的角度看，横平竖直是汉字的一个重要特点。俗话说：无横无竖不成字。正像解晓东在《中国娃》里唱的：

最爱说的话永远是中国话，

字正腔圆落地有声说话最算话；

最爱写的字是先生教的方块字，

横平竖直堂堂正正做人也像它！

这几句歌词，从字形、笔形、读音等方面高度地概括了汉字与中国人性格相契合的特点。”

丽丽听完明明的讲解，一个劲地夸明明学得真好。

知识大讲堂

字谜

汉字谜是谜海中最光彩夺目的珠贝，是汉文化的一大瑰宝！可以说，汉字谜多如星辰。字谜，是一种文字游戏，也是汉民族特有的一种语言文化现象。它主要根据方块汉字笔画繁复、偏旁相对独立、结构组合多变的特点，运用离合、增损、象形、会意等多种方式创造设置的。

第二章 词语万花筒

1 推敲的故事——动词

今天的语文课高老师讲的是动词，为了加强同学们对动词的理解并提高大家的学习热情，“趣味语文故事课”又开始了。

唐代有位诗人叫贾岛，他平日对于遣词造句常常琢磨到如痴如醉的地步。有一天，他骑在驴背上，边赶路边琢磨着自己作的一首诗。

诗中有一处他总是拿不定主意，那就是在“鸟宿池边树，僧推月下门”中，不知道是用“推”字好，还是用“敲”字好。

贾岛一边嘴里“推，敲”地念叨着，一边伸出手做着推门和敲门的姿势。他只顾全神贯注地反复琢磨诗句，不知不觉闯进了大官韩愈的仪仗队里。韩愈手下的人将贾岛捉住，带到了韩愈马前。贾岛就把事情的经过一一说明，请求恕罪。韩愈是一位大文学家，他看到贾岛如此痴于作诗，非但没有责怪他，反而称赞他认真创作的态度。

韩愈对贾岛的诗句很感兴趣，便和他并马前行，一边交谈，一边研究。韩愈说这句诗还是用“敲”字好，并为贾岛仔

2 有趣的“魔术课”——量词

精彩的语文课开始了，高老师走上讲台。

高老师问：“同学们喜欢玩变魔术的游戏吗？”

同学们齐声回答：“喜欢。”

高老师掏出一个面具戴上，说：“嘛哩嘛哩变！”

只见教室里多媒体的屏幕上出现了一幅画面：

大家好！我是一只可爱的小白兔。我住在一片茂密的森林里。今天是我的生日，好朋友们都来为我庆祝。一头惹人喜爱的小猪要为我跳几支优美的舞。一棵健壮的大树想给我唱三首歌。一对双胞胎狗狗带了一串葡萄，两把香蕉，三个鸡蛋来为我庆祝。我家里可热闹了！小朋友们，你们也来参加我的生日晚会吧。

“嘛哩嘛哩变！”高老师脱掉面具。

高老师：“同学们，接下来请你们说说，刚才你们从图上看到了哪些特别的词？”

牛牛：“我看到了数量词。”

高老师：“用了什么数量词？”

牛牛：“一只。”

高老师：“很好，还有吗？”

闹闹：“几支，一棵。”

高老师：“谁还能说说自己积累的数量词。”

明明说：“一个，一头，一对……”

高老师：“同学们积累的可真多！数量词还能编儿歌呢，我们一起来欣赏欣赏吧。”

一张桌子两杯茶，三棵柳树四朵花。

五条鱼儿水中游，六只鸭子岸上耍。

七本图书八幅画，九面彩旗呼啦啦。

十个娃娃排排座，滴滴答答吹喇叭。

这些量词要记清，千万不要弄混它。

高老师：“同学们，数量词的作用可真大呀！我们平时在看书、看报或者看电视时，如果发现数量词，就赶紧把它写下来，跟它交朋友，好吗？”

明明觉得莫名其妙，牛牛却高兴地冲小男孩直道谢。牛牛拉起明明，毫不犹豫地朝右面的路口走去，一边走还一边解释：“‘石’字出头就是‘右’呀，他是在告诉我们该走右边那条路。”

知识大讲堂

方位词

故事中“右”这种表示方向或位置的词就叫方位词。我们在迷路时找准方位就能找到回家的路。同样，在写作文时正确运用方位词能让描述变得清晰形象。

方位词是名词的一种，是表示方向或位置的词，分单纯的和合成的两类。单纯的方位词是“上、下、前、后、左、右、东、西、南、北、里、外、中、内、旁”。

合成的方位词由单纯词的方位以下列方式构成：

1. 前边加“以”或“之”。如：以上、之下。

2. 后边加“边”“面”“头”。如：前边、左面，里头。

3. 对举。如：上下、前后、里外。

4. 其他。如：底下、头里、当中。

4 有趣的"的"——助词

暑假，明明读初中的表哥来明明家小住。表哥成绩非常好，而且说话幽默，明明很喜欢他。

有一天，表哥跟明明说："我一定要好好学习，争取考上北京大学，而不仅仅是北京的大学。我的目的的确很明确，但也的的确确要付出巨大的努力！"

他的话里用了很多"的"，这把明明搞糊涂了。明明知道，表哥这是有意向他传授知识。明明便问他："这些"的"都有什么区别吗？"

5 实习老师——关联词

明明一回到家，就兴奋地向全家人宣布：

“今天我们班来了个实习老师，他不但讲课很棒，而且同学们听得特别专心！”

爸爸听了，哈哈大笑起来。

“爸爸，你笑什么呀？”明明被爸爸笑得莫名其妙，他上前摇着爸爸的手说，“今天我们学习用关联词造句，老师表扬我学得最认真。”

“怪不得你一开口就‘不但’‘而且’的，”爸爸说，“可惜都说错了呀，看来还得让我来给你补补课。”

“哪儿错了？”明明有点不服气。

“你想想，同学们为什么听得特别专心呢？”爸爸问明明。

“老师讲得好呗！”

“对啊，同学们听得认真的原因是老师讲得好，这是因果关系，‘不但……而且……’表示的可是递进关系。”爸爸让明明再想想到底该用什么关联词。

“我知道啦！”明明说，“应该是‘因为他上课上得好，所以同学们听得很认真’。”

“回答正确！”爸爸点了点头笑了。

知识大讲堂

关联词

把两个或两个以上在意义上有密切联系的句子组合在一起，叫复句，也叫关联句。复句通常用一些关联词语来连接。关联词一般分转折关系、假设关系、条件关系等。

1. 作为连接分句、标明关系的词语，关联词语总是标明抽象的关系，可以作为某类复句的特定的形式标志。

2. 说话时很容易发现必须带有的一到两个词语，虽然意思不同，但连在一起无论是说还是听都觉得很舒服。

7 到底谁对——反义词

放学的路上，明明和牛牛、丽丽一起结伴回家。

牛牛想考考明明，就问他：“你知道‘老’的反义词是什么吗？”

明明答道：“‘新’呗。”丽丽说：“你错了，应该是‘幼’。”他们俩争执起来。这时牛牛开始说话了，“不要争了，你们谁都没有错。”

这时，公路上驶来两辆拖拉机。只见一辆拖拉机很旧，锈迹斑斑，另一辆是新的，开起来声音脆脆的。

牛牛指着拖拉机说：“你们看，这辆拖拉机已经老掉牙了，那一辆呢？”

“是新的！”明明和丽丽齐声回答。

不一会儿，他们又看到一位阿姨右手搀着一位老人，左手拉着一个小孩，牛牛问：“你们说这回用哪个词形容最恰当？”

丽丽抢着说：“扶老携幼！”

“我明白了，在这里‘老’的反义词又变成‘幼’了。”明明高兴地叫了起来。

牛牛说：“高老师上课的时候这样说过，做反义词练习时，有些词应当联系上下文体会一下它在特定的语言环境中的意思，然后再确定它的反义词，这样答案才会准确。”

知识大讲堂

反义词

1. 组成反义词的一对词必须属于同一意义范畴，如：长—短（长度），开头—结尾（过程），古—今（时间）。

2. 不是任何一个词都有反义词。反义词以形容词最多，其次是动词；表示具体事物的名词（书、笔）大部分没有反义词。

3. 多义词可以有几个跟不同义项相匹配的反义词。如：快—慢/钝，清淡—浓郁/油腻。

4. 只有广泛意义上的形容词才有反义词，确定的动词、名词之类的词没有反义词，比如“飞”没有反义词；“鸟”没有反义词。

“原来是这样。”明明点点头接着说，“我的老家不但地方好，人也很好，尤其是我的奶奶，她可安详啦……”

“停，停！”牛牛又大叫起来，“什么？安详？”

“又错了吗？”明明挠挠头，“噢，应该是慈祥，我奶奶可慈祥啦。”

“这还差不多。”牛牛这才满意地点点头。

知识大讲堂

近义词辨析

1. 从意义方面来辨析

（1）词义程度的轻重：不少近义词所表示的事物在概念上差不多，但程度上有轻重的分别。如：信任、相信，相信是认为正确或确信而不怀疑，程度轻。信任指相信而敢于托付，程度较深。

（2）词义的着重点：诡辩与狡辩同是无理强辩，但诡辩重在“诡”，即欺诈、怪异，用欺诈的手段、奇怪的言辞、似是而非的论证来为自己的谬误辩护。“狡辩”则着重在狡，即不老实、耍花招、歪曲事实，狡猾地为自己错误的言行进行辩护。

（3）词义范围的大小：开垦、开拓、开辟都有开发的意思，但开垦指用力把荒芜的土地开发为可以耕种的土地；开拓指在原来开发的基础之上加以扩充，两者词义的范围较小；开辟着重指开发、新开创，词义范围较大。

（4）词义使用的对象：有些词尽管意义相近，但是适用于不同的对象和情况。领略与领会都有理解、体会、认识的意思，但前者着重指情感上的体验、欣赏，可以连接“风味”“风光”等。而后者着重指理性上的了解、体会，适用于抽象的事物，可以连接“内容”“道理”等。

2. 从色彩来辨析

（1）感情色彩不同：鼓动、鼓舞、煽动都有激发人的情绪使之行动起来的意思。但鼓动是中性词，鼓舞是褒义词，煽动是贬义词。

（2）语体色彩不同。语体色彩的区别主要表现在书面语和口语上。

3. 温馨提示

请大家记住，一般互为近义词的两个词中间有一个字是重复的。

如：遨游—漫游　　数不胜数—不计其数　　疲惫—疲倦

9 一字万金的官司——多音多义词

丁叔叔和王叔叔是邻居，二人关系很好。两年前，丁叔叔因做生意缺少周转资金向王叔叔借了1.8万元钱，并且写了欠条。

今年5月份，王叔叔家里出了点事，急需用钱。他想到了丁叔叔借他的那1.8万元钱，于是便去向丁叔叔催还。丁叔叔答应先还一部分，其余等国庆节到了再还清。王叔叔同意了。

这天，丁叔叔找到王叔叔说：“实在不好意思，我只凑了1万元钱，先还给你这些吧。”停了一下，他又说，“咱俩重新写一张欠条吧，免得日后搞错了。”

于是，丁叔叔写了两份欠条：“丁X借王X人民币18 000元，今还欠款10 000元。”双方签字，各执一份。

国庆节到了，丁叔叔并没有还清欠款。王叔叔要过几次，丁叔叔总是找借口不还。于是，王叔叔将丁叔叔告上法庭，称他还欠自己1万元钱，请求法院判其立即返还。

丁叔叔接到起诉书后，带着欠条来到司法所进行咨询，他认为自己实际只欠王叔叔8 000元，王叔叔怎么会要求他返还1万元呢？司法所工作人员看完欠条后，发现里面的文字存在重大歧义：

“今还欠款8 000元”中的“还”既可以读作“还（huán）”，又可以读作“还（hái）”，两种解释大相径庭。

一番较量下来，丁叔叔输了官司。因为欠条上的一个字，他多付给了王叔叔2 000元钱。现在，知道多音多义字有多重要了吧。不过，我们可不能像上文中的王叔叔那样故意利用多音多义字来欺骗别人！

知识大讲堂

常见多音多义字辨析

1. 单：单（shàn，姓）；单（chán）于（匈奴族首领）只会骑马，不会骑单（dān）车。

2. 折：这两批货物都打折（zhé）出售，严重折（shé）本，他再也经不起这样折（zhē）腾了。

3. 喝：武松大喝（hè）一声：“快拿酒来！我要喝（hē）十八碗。”博得众食客一阵喝（hè）彩。

4. 着：你这着（zhāo，名词）真绝，让他干着（zháo，动词）急，又无法着（zhuó）手应付，心里老是悬着（zhe）。

10 吹牛皮——俗语

中午休息的时候，闹闹和西西闲着没事，就在那吹起牛来了。

闹闹说：“我叔叔力气真大，一只手能举起一台洗衣机。”

西西说：“我爸爸力气才大呢，一只手能举起一台冰箱。”

牛牛说：“你们俩就吹吧，那我问问你们，你们知道吹牛皮是怎么来的吗？”

闹闹和西西都摇了摇头，明明说：“牛牛，吹牛皮还有故事？我最喜欢听故事了，你给我们讲讲吧！”

牛牛说：“看在你们好学的份上，我就给你们上上课吧！”

“从前，有两个爱说大话的人，一个叫张三，一个叫李四，他们俩谁也不服谁。

一天，张三和李四在酒馆一起喝酒。刚刚几杯酒下肚，张三就神秘兮兮地对李四说：‘我家有一面祖传的鼓，可以让100个人同时敲打，鼓声震天动地，能传到千里以外。’

李四听罢，瞪眼瞧着他嘿嘿一笑道：‘这算什么。我家有一头牛，奇大无比。它要是站在昆仑山上，还可以把头伸到长江里去喝水呢。’

张三听了李四的话，大笑不止：‘快别说了，把人家笑死了。我说的可是大实话，不像你李四，尽张嘴胡说，世上哪有那么大的牛啊？’

李四咽下一口菜，不慌不忙地说：‘如果没有这么大的牛，哪来那么大的牛皮去蒙你们家的那个大鼓啊？’

‘对啊，哪来那么大的牛皮去蒙你们家的那个大鼓啊？’旁边喝酒的人纷纷说道。

张三一时张口结舌，端着酒盅就是举不到嘴边。大伙儿全都乐了。

这事很快就传开了，由于张三和李四那天相互吹嘘的是关于牛皮的事情，人们便把说大话、胡乱吹嘘称为‘吹牛皮’。久而久之，它就成了一句俗语。”

大伙听了，都觉得牛牛可有学问了。明明心里暗暗地想，我也要向牛牛学习，多看书。这样下次我也能当小老师了。

知识大讲堂

俗语常用的修辞手法

俗语最常用的修辞手法有比喻、比拟、借代、夸张、双关、对偶、顶真、映衬、层递等。

1. 比喻是俗语最常用的修辞手法，这类俗语往往用人们非常熟悉的事物，如飞禽走兽、花草树木、农田作物、生活用品等，来说明抽象、陌生的事物，使深奥的道理变得浅显易懂。

例如，“兵败如山倒”用的是明喻，用“如”把本体“兵败”和喻体“山倒”连接起来，比喻军队战败。

2. 比拟分为拟人和拟物，前者是把物拟作人，后者是把人拟作物。这种修辞手法往往带有讽刺、憎恶意味，用来突出人物待征，特别是思想品德、精神面貌、言行举止等，使形象更鲜明、更生动。

例如，“黄鼠狼给鸡拜年”用的是拟人，把黄鼠狼人格化了，赋予人的活动，黄鼠狼本来吃鸡，却去给鸡拜年，比喻人伪装友善，别有用心。

11 从生活中学习谚语——谚语

“铃……铃……”这节是语文课，高老师来到了教室，对大家说：“同学们，这节课老师教大家一个学习谚语的好方法，叫‘从生活中学谚语’。我们先来做一个游戏：我说出一个方向，然后大家抢答，说出它对应的谚语有哪些。答对一个得一分，得分最多就是我们班的‘谚语大王’。”

同学们听到既能学习，又能做游戏，都非常高兴，纷纷摩拳擦掌、跃跃欲试。

“好，我们先来一个简单的：关于学习方法的谚语。同学们开始！”

“三人行，必有我师。”明明没等举手，就第一个站起来抢答了。

“对，非常好！谁还有补充？”

“学问学问，边学边问。”牛牛也不甘居人后，马上站起来回答了老师的问题。

“读书破万卷，下笔如有神。”闹闹接着说道。

“拳不离手，曲不离口。”西西补充道。

不大一会儿，同学们就想起了很多“关于学习方法”的谚语。后来，老师又让大家说与“气候”“农业”“勤劳”等相关的谚语，同学们都非常积极、踊跃，最后大家一起想出了好多好多的谚语，大大地丰富了词汇量。

牛牛因为抢答得又多又好，当上了“谚语大王”，而明明虽然抢答得最多，但因为有答错的，所以只排在了第二名。

最后高老师总结说：“我们刚刚做的游戏就是‘从生活中学谚语’，这个方法对于扩大词汇量来说，非常有效。处处留心皆学问，大家要学会自己观察生活，并能坚持下去，总有一天，大家都会像牛牛一样成为‘谚语大王’。”

明明虽然没有当上“谚语大王”，但是他觉得自己的收获实在太大了。

12 歇后语大王——歇后语

明明班的丽丽同学，特别喜欢歇后语，开口闭口都是歇后语。

去年暑假，丽丽跟她爸爸妈妈去了一趟呼伦贝尔大草原，她说那美丽的大草原啊，真是“老太太打哈欠——一望无牙（涯）！”

她常常这样评价一些好的文章：这文章在我看来，是“哑巴看戏——妙不可言！”

她与班上的一名班干部似乎结下了八辈子冤仇。我们要她客观公正地评价一下那名班干部。

她说要我评价他，真是“船老大带徒弟——从河（何）说起？”依我看，他是“瞎子逛商店——目空一切！”他说起话来，就如同“阎王出告示——净是鬼话！”他从不身体力行，常常是“哑巴开会——指手划脚！”他对坏人坏事总是“白开水画画——清（轻）描淡写！”你以为那小子聪明能干啊，他是“猪八戒的脊梁——悟（无）能之

背（辈）！”他有时花言巧语唆使我帮他抄作业，当我是“蠢人吸烟——尽冒傻气！”他下次再那样，我就来个“老太太涂口红——给他点颜色看看。”我不肯帮他做作业，他就到老师那里告我不遵守纪律，简直是“裁衣不用剪子——胡扯！”

快期中考试了，同学们要丽丽给那些成绩差的同学一点告诫。丽丽说：搞舞弊是很丑的事，也是会受到严厉处分的！我们一定要好好复习，千万不能“孕妇过独木桥——挺（铤）儿（而）走险！”

知识大讲堂

歇后语

歇后语是由前后有解说关系的两个部分组成的现成语句，有的前一部分是比喻，后一部分是意义的解释；有的前一部分说出一个事物或现象，后一部分用一个双关词语加以解说。歇后语的前一部分像一个谜面，着重从形象方面给人以启示、联想，后一部分解释意义，类似于谜底。

歇后语可分为喻义性的和谐音性的两种。

A. 喻义性的，如：王八翻身——四脚朝天；老大懒惰老二勤——一不做，二不休。

B. 谐音性的，如：和尚打伞——无发（法）无天；外甥打灯笼——照舅（旧）。

13 新女婿拜寿——词语搭配

今天，学校组织大家到“梅兰芳大剧院”观看了一场精彩的京剧演出。明明和牛牛坐在剧院的最前排。在演出过程中，他俩被剧情逗得一直笑个不停。

原来，今天上演的京剧叫《新女婿拜寿》，讲的是一个有些木讷的新女婿去岳父家拜寿的故事。临行前，新女婿的父亲对他千叮咛万嘱咐，让他到了岳父家要多说吉利话，看见东西最好加个“寿”字来叫。

新女婿谨记父亲的教诲，来到了岳父家。他见了蜡烛就叫“寿烛”，见了点心就叫“寿糕”，见了面条就叫“寿面”，岳父见女婿言谈得体，心里非常高兴。

可是，当大家围坐在一起吃面条时，新女婿发现有一只苍蝇停在岳父头上，就对岳父说：“不要动，我给你打苍蝇，放心，我不会拍痛你的寿头的。”岳父听

了，气得浑身发抖。

吃完面条，大家都坐在客厅里喝茶。新女婿看见茶几上有一个红木匣子，就对岳父说："这个寿木可真漂亮！"岳父一听，再也压抑不住胸中的怒火，命人把新女婿赶出了家门。

明明和牛牛的眼泪都笑出来了。忽然，牛牛停住了笑声，小脸也变得严肃起来。明明纳闷地摸了摸他的额头："没发烧啊，你怎么啦？"牛牛握着小拳头，信誓旦旦地说："这个新女婿闹出了这么多笑话，我以后绝对不会像他这样胡乱搭配词语。"

知识大讲堂

词语搭配常见的问题

1. 主谓搭配不当。表现为谓语不能陈述主语；有时主语或谓语由联合短语充当，其中一部分不搭配。

2. 动宾搭配不当。不及物动词却带上了宾语；及物动词不能支配宾语对象；动词不止一个，或宾语包括两项以上，从而造成顾此失彼。

3. 主宾搭配不当。当"是""为""成为"等词语做谓语时，主语和宾语意义上可能不搭配。

4. 修饰成分与中心词搭配不当。表现为定语与中心词，或者状语与中心词，或者补语与中心词不搭配。

第三章 微笑“句乐部”

1 红豆曲——句子类型

今天上午的语文课，高老师给我们讲句类知识。老师和过去一样，用她那悦耳的声音开始讲课——

我们在进行语言交流时，说话人根据需要常常采取一定的说话语气，这种语气大体可以分为陈述、疑问、祈使、感叹四种。陈述句对客观事物或现象加以说明，疑问句提出问题，祈使句要求对方行动或制止对方行动，感叹句抒发自己的某种感情。例如：

①他明天去北京。（陈述句）

②他明天去北京？（疑问句）

③咱们一道去北京吧！（祈使句）

④北京多么美丽啊！（感叹句）

此时，明明的邻桌闹闹打起了呼噜。老师走过来把他叫醒，闹闹却仍是睡眼惺忪。

老师见他手上戴着一根红豆串成的手链，便问道：“你知道这手链是用什么豆子串成的吗？”

“红豆。”闹闹没精打采地答道。

“你如果能背出一首与红豆有关的诗，我就不罚你了！”

他想都没想，王维的绝句《相思》便脱口而出：“红豆生南国，春来发几枝？愿君多采撷，此物最相思！”

高老师没作声，似乎想起了什么。突然，她兴奋地说道：“有意思！有意思！”

我们大家都莫名其妙，个个投去询问的目光。

接着，她说道：“这四句诗不正好代表了四个句类吗？你们看，第一句陈述，第二句疑问，第三句祈使，第四句感叹，这在古诗中可谓绝无仅有啊！”

明明想，王维真有才！

2 明明告状记——被字句

上课休息的时候，调皮鬼闹闹把明明的文具盒藏了起来，明明怎么说闹闹也不拿出来。明明很生气，便去告诉高老师：“我的文具盒被闹闹藏起来了。”

高老师听了，只说了声：“找一找吧。”牛牛出来主持正义，便告诉高老师：“闹闹藏了明明的文具盒。”高老师立刻把闹闹叫过来训斥了几句。闹闹于是把文具盒拿给了明明。

这天，明明正在放风筝，闹闹又来了。他抢过明明的风筝，自顾自地玩了起来。明明跑回家里，对妈妈说：

“我被闹闹抢走了风筝。”

妈妈一听，说：“你怎么连自己的风筝都保管不好？你们不是好朋友吗？他闹着玩的吧！”

明明又跑去向爸爸告状：“闹闹抢了我的风筝。”

旁边的妈妈一听，好像大梦初醒一样：“你说闹闹抢了你的风筝？走，我带你去要回来。”

明明一时愣住了，妈妈不是早就知道了吗，为什么前后反应不一样呢？

爸爸问清情况后告诉明明：“告状时要少用‘被’字，直接说谁伤害到你就行了。不然，听的人都注意‘被’字前面的受害者，而会忽略‘被’字后面的施害者，明白了吗？”

明明这才恍然大悟。

知识大讲堂

被字句和把字句的互换

1. “把字句”的基本格式是“谁把谁怎么样”。其中前者的“谁”为主动者，后面的“谁”为被动者，而“怎么样”为动作。用公式清晰地来表示，即：把字句=主动者+把+被动者+动作成分

例：弟弟把水喝了。（弟弟为“主动者”，水为“被动者”，喝了为“动作”。）

2. “被字句”的基本格式是“谁被谁怎么样”。其中前者的“谁”为被动者，后面的“谁”为主动者，而“怎么样”为动作。用公式清晰地来表示，即：

被字句=被动者+被+主动者+动作成分

例：太阳被乌云遮住了。（太阳为“被动者”，乌云为“主动者”，遮住了为“动作”。）

3. 把字句和被字句的转换的方法

一般句式改为把字句或被字句，不仅是形式的改变，句子的意义也随之有所变化。改为把字句时，原来的主语（施动者）得到强调（放在最前边）；改为被字句时，原来的宾语变为主语（受动者），被放到了强调的位置（放在最前边）。

3 快乐的瘦身运动——缩写

“铃……铃……”语文高老师来到了教室，对大家说：“同学们，我们这节课讲的是‘快乐的瘦身运动’，在正式开始讲课之前，我先给大家讲个小故事。”

明明一听，高老师又要讲故事了，可高兴了。高老师说：

“‘五一’节放长假，句子城的居民们都想出去旅游。他们听说修辞国最近新建了一个大型游乐园，就打算去修辞国玩。

“句子城和修辞国隔着一条大河，句子城的居民们来到河边，准备坐船过河。

“句子城的句子们一个一个都长得五大三粗的，他们一条腿才踏上船，就把船压得歪了一歪。幸好船长抓住了船舷，否则就掉到水里去了。

“‘下去，快下去！’船长大声对着使劲往船上挤的句子国居民们吼道，‘你们会把船压沉的！’接着，船长把锚往水里一抛，说：‘你们都回去减减肥再来，我可不想累死，也不愿意让你们这样糟蹋我的船。’

“‘我们才不肥呢！’句子们嚷嚷着。船长定睛一看，果然不是句子们长得胖，而是他们带了太多东西。

“句子们在船长的劝说下，都把鼓鼓囊囊的背包清空了。‘这下好多啦！’船长把锚拎起来，开船送他们去修辞国。”

我们平时也会遇到给句子“瘦身”的情况，也就是缩写啦。缩写时要在不改变句子原意的基础上，去掉一些修饰成分，只留下句子的主干。

同学们，我们现在就开始“快乐的瘦身运动”吧。

知识大讲堂

缩写句子的方法

缩写句子就是把结构比较复杂的句子中的修饰、限制和补充说明的成分去掉，保留主要成分，而不改变句子的主要意思。缩句训练，有助于我们更清楚地认识句子的基本结构，更好地理解句子的主要意思。

1. 删去“的”前修饰成分。

例如：“美丽的蝴蝶飞走了。”句中“美丽的”是用来修饰“蝴蝶”的，可以删去。

2. 删去“地”前的修饰、限制成分。

例如：“人们都惊讶地呼喊起来。”句中“都惊讶”是用来修饰“呼喊起来”的，可以删去。

3. 删去“得”后补充说明成分。

例如：“他高兴得跳起来。”句中“跳起来”是对“高兴”的程度进行补充说明的，可以删去。

4. 删去数量短语。

例如：“罗丹塑了一座雕像。”句中“一座”这个数量短语可以删去。

4 “坐”与“茶”——扩写

“铃……铃……”语文老师高老师来到了教室，对大家说：“同学们，上节课讲的‘快乐的瘦身运动——缩写’，今天开始讲它的反义词，同学知道要讲的是什么吗？”

明明抢先回答：“扩写”。

高老师说：“明明回答得非常正确，在上课之前，我先给大家讲一个关于‘扩写’的小故事，看看对你们是否有启发。”

相传，宋代大文豪苏东坡在杭州任职时，一次去游莫干山，在庙中小歇。老和尚见他衣着俭朴，就冷淡地说了声：“坐。”又毫无表情地对小和尚说：“茶。”两人稍事交谈后，老和尚发现他谈吐不俗，暗想此人绝不是凡夫俗子，便把他让到客厅，面带笑容地招呼说：“请坐。”又喊小和尚：“敬茶！”经过进一步交谈，方知来人竟是大名鼎鼎的苏东坡，老和尚连忙起身作揖，带着几分歉意，毕恭毕敬地说：“请上坐！”急忙高喊：“敬香茶！”

苏东坡告别时，老和尚迫不及待地拿出纸笔，恳请他题联留念，苏东坡欣然答应，含笑挥笔，即刻书就：

坐，请坐，请上坐！

茶，敬茶，敬香茶！

这副对联巧妙自然，趣味横生，语言幽默，讽刺深刻。不但使那位老和尚自感羞愧，而且对那些趋炎附势，看人行事的势利者，也是一种警诫。

高老师接着说："其实这副对联换个角度来说，就是句子的扩写。同学们，知道什么叫扩写句子了吗？"

同学们异口同声地说："知道了！"

知识大讲堂

扩写句子的方法

句子可以扩充的有五个地方：

1."谁"的前面。2."是"和"动作"的前面。3."什么"的前面。4."怎么样"的前面。5."怎么样"的后面。例句：

1.英勇的战士狠狠地打击来犯的敌人。（"谁"之前）（"动作"之前）（"什么"之前）2.刘胡兰的确是一位了不起的英雄。（"是"之前）（"什么"之前）3.海娃非常高兴。（"怎么样"之前）海娃高兴极了。（"怎么样"之后）4.一个地方可以加上不止一片枝叶。如"刘胡兰是一位了不起的英雄。"在"英雄"的前面就加上了"一位"和"了不起"。

5 明明投稿——病句

《小学生作文辅导》杂志社面向全体小学生征稿，大家都摩拳擦掌，找出自己最满意的作文拿去投稿。

明明也特地找出自己的作文本，从中挑选了一篇，工工整整地抄好后拿起来读了一遍，觉得挺满意，就把作文寄了出去。

没多久，《小学生作文辅导》的编辑给明明回信了：

明明同学：

你寄来的作文太棒啦，正是我们所需要的，下期就刊发，我们随后会给你寄样刊和稿费。

《小学生作文辅导》编辑

启发

明明得意极了，把信拿到班上，每天都炫耀一回，回家还缠着爸爸妈妈要奖励。

可是，等新一期的《小学生作文辅导》一出来，明明就再也不吱声了。许多同学说要去买本《小学生作文辅导》来看看，也被明明想尽办法一一阻扰。

原来，明明的作文不是被当作优秀作文来发表的，而是刊登在“病句诊所”那一页。“病句诊所”以前只登过零散的病句，这一回竟然把明明的整篇作文都放上去了，因为它通篇都是病句。难怪那位编辑说明明的作文“正是我们所需要的”，因为想找一篇这样的“范文”实在是太难了。

知识大讲堂

修改病句的方法

1. 补法。补法多用于修改成分残缺的病句。

例如：“在这次比赛中，得了第一名”（缺主语）

改：“在这次比赛中，我得了第一名。”（补主语）

2. 删法。删法一般用于修改重复累赘、成分残缺、搭配不当和归类不当等病句。

例如：“我断定明天可能会下雨。”

改：“我断定明天会下雨。”

3. 换法。换法多用于修改搭配不当、用词不当、指代不明等病句。

例如：“他的成绩有了明显的增长。”

改：“他的成绩有了明显的提高。”

第四章　小标点，大用途

1　急中生智的书法家——断句

明明像往常一样，做完作业就打开电视机，直接调到少儿频道，开始享受动画时光了。这时候，妈妈走了过来，问：“明明，你的作业做完了吗？”

明明说：“做完了，要不我可不敢看电视呢！”

妈妈说：“把你的作业给我看看。”

妈妈看了看明明的语文作业，眉头一下子就皱了起来，原来她看到明明的日记有一句是这样写的：我的叔叔长得有点胖头大大的眼睛大大的鼻子大大的连嘴巴也是大大的。

妈妈说：“明明，你看看这个句子，怎么念啊。”

明明一看，脸唰地红了。

妈妈说：“我给你讲个故事吧，你就明白你的问题出在哪了！”

清朝末年的一天，慈禧太后举办一个聚会。她听说来了一位大书法家，就要求他在自己的扇面上题一首诗。

只见书法家饱蘸浓墨，一提神，一凝气，挥笔题了首王之涣的《出塞》：

“黄河远上白云一片孤城万仞山羌笛何须怨杨柳春风不度玉门关”。笔才停下，围观者中就有人叫“好”。

慈禧太后看了看，却勃然大怒！原来，书法家兴奋过头，竟漏写了一个“间”字。慈禧认为这是有意小瞧她的学识，当即要判书法家死罪。在场众人都吓得脸色大变，尤其张嘴叫了“好”的人。

书法家倒吸一口凉气，但他突然脑筋一转，说：“太后息怒，小人万万不敢有戏弄太后的念头。小人这是用王之涣的诗意填的词啊。”随后他念道：“黄河远上，白云一片，孤城万仞山。羌笛何须怨！杨柳春风，不度玉门关。”

这句子断得好，但没人敢再叫好，都战战兢兢地看着慈禧。

慈禧一时无言以对，心里也感觉这首词填得不错。于是，她命人赏给书法家十两银子给他压惊。

“明明，你想想，如果这个书法家不会断句，就会被杀头的，你的日记中刚才那句话，如果不断句，别人就看不懂，你把电视关了，妈妈教你怎么断句吧。”

2 单引号和双引号怄气了——引号

单引号对双引号早就憋着一肚子怨气，认为双引号总是管着他，自己一点自由都没有。他愤愤不平地向逗号倾诉着。

双引号正巧路过，他听到单引号的话，不由生气地说："你要是嫌我管得紧，你可以马上离开，看看有谁会收留你。"

单引号一赌气真离家出走了。他一路闲逛着来到一间教室里，看到明明正在写作业，便悄悄地凑了过去。他见明明刚写完"说"字并加上"："，就赶紧说："加单引号，加单引号。"

明明奇怪地看了单引号一眼，一把把他推开，然后加上了双引号。单引号不甘心，又转到了牛牛等其他同学那里，可还是受到同样的待遇。单引号怎么也想不通：为什么人们在记述某个人说的话时，一定要加上双引号，而自己很多时候却像不存在一样呢？这时，一路悄悄跟着单引号的双引号走到他跟前，一句话也没说，拉起他便去看丽丽写作文，只见丽丽写道——

牛牛问："他说'我们一起去'这句话时，谁在场？"

这回单引号终于看到自己的身影了。

“离开了我，你就失去了存在的意义。”双引号拍拍单引号的肩膀说。单引号羞愧地低下了头。

知识大讲堂

引号的用法

名称	符号	用法说明	举例
引号	“” ‘’	1. 用于行文中直接引用的部分。	“满招损，谦受益”这句格言，流传到今天至少有两千年了。
		2. 用于需要着重论述的对象。	古人对于写文章有个基本要求，叫作“有物有序”。“有物”就是要有内容，“有序”就是要有条理。
		3. 用于具有特殊含义的词语。	这样的“聪明人”还是少一点好。
		4.引号里面还要用引号时，外面一层用双引号，里面一层用单引号。	他站起来问：“老师，‘有条不紊’是什么意思？”

3 牛牛写童话——破折号的故事

今天的语文课，高老师讲了标点符号的用法，课后给大家布置作业，用标点符号写一篇简短的童话，并要求周一的时候交上去。

明明回到家里，苦思冥想也无从下手，便打电话向牛牛求助。

明明说："牛牛，你的作文写完了没有？"

牛牛说："我写完了。"

明明说："我都想了一上午了，也不知道从哪儿下手，你给我指点指点吧。拜托了！"

牛牛说："这样吧，我把我写的文章给你念念，我相信你那么聪明，肯定就知道怎么写了。"

牛牛的作文是这样写的：

刚开始时，标点符号家庭的人可不算兴旺，干事情人手总觉得不够。一天，逗号爸爸和省略号妈妈有了一个可爱的宝宝。省略号妈妈高兴得不得了："它多像我呀，细长的身子，跟我一样占两个格，就叫它破折号吧！"

过了一段时间，破折号长大了，省略号妈妈就给它分配任务，破折号高兴地拍手欢叫。省略号妈妈说："你呀，任务还不轻，主要用于解释上文，也表示语意转折、声音停顿、中止、延长等，你干熟了，就知道了。"破折号离开妈妈开始忙碌了，每天都忙得不亦乐乎，深受大家的喜欢。

不久，标点符号家族开了个联欢会。破折号表现得可积极了呢。当提到"岁寒三友"松、竹、梅时，她赶快往那儿一躺："岁寒三友——松、竹、梅"，大家都夸她机灵。当提到歇后语"老虎屁股——摸不得"时，她又上阵了。

破折号就这样来回地在句子间蹿，大家都赞扬她作用大，她听了很得意，自豪地说："这算什么，我还有更绝的呢，我还能连接地名呢！"说完，正要往"广州""上海""北京"之间躺，突然发现早已有一个跟她长得一模一样的家伙躺在那里了。"喂，你是谁呀？你怎么随便占别人的地盘呀？""我叫连接号，是你刚出生不久的弟弟，你太忙，还没见过我呢，咱俩是不是很像？不过，我比你矮，我只占一格，一般用于两个并列的地名之间。"这时，省略号妈妈出来了，说："孩子，他是你弟弟。"破折号一听确实是弟弟，也不生气了。两个小家伙抱在了一起。

明明一听完，说："牛牛，你写得真好，我知道该从哪儿下手了，谢谢你啊！"

知识大讲堂

破折号的用法

名称	符号	用法说明	举例
破折号	——	1. 用于行文中解释说明的部分。	迈进金黄色的大门，穿过宽敞的风门厅和衣帽厅，就到了大会堂建筑的枢纽部分——中央大厅。
		2. 用于话题突然转变。	“今天好热啊！——你什么时候去上海？”张强对刚刚进门的小王说。
		3. 用于声音延长的拟声词后面。	“呜——”火车开动了。
		4. 用于事项列举分承的各项之前。	根据研究对象的不同，环境物理学分为以下五个分支学科： ——环境声学； ——环境光学； ——环境热学； ——环境电磁学； ——环境空气动力学。

4 明明练字——省略号

明明的字写得很不好，妈妈买了本《庞中华字帖》，让他每天照着练。

明明按照妈妈的指示，每天都规规矩矩练两页字。一个星期后，他写的字似乎比以前漂亮些了。妈妈非常高兴，周末带他去肯德基大吃了一顿以表示对他的奖励，并鼓励他继续练下去。

“再坚持练几个星期，说不定你的字能写得比牛牛还好！”妈妈兴奋地说。

得了奖励当然高兴，可是想到还要继续练字，明明又高兴不起来了。好在他想出了一个绝妙的办法，只需要一点点时间就能练完两页字。

这天，明明练完两页字就跑出去找他的小伙伴玩了。晚上，妈妈找出明明的练字本检

查，却发现最新的两页纸上，只有少少的两个字和许多小黑点。

“这是什么？”妈妈指着那些小黑点问明明，“你练的字呢？”

“这是省略号呀。”明明神气活现地解释，“您不认识它吗？它是一种用来省略原文的标点符号。”

“难怪你每页都只写一个字，你是在用省略号代替后边的字吧？”妈妈又好气又好笑，“省略号可不是这么用的！”

知识大讲堂

省略号的用法

名称	符号	用法说明	举例
省略号	……	1. 用于引文的省略。	她轻轻地哼起了《摇篮曲》：“月儿明，风儿静，树叶儿遮窗棂啊……”
		2.用于列举的省略。	在广州的花市上，牡丹、吊钟、水仙、梅花、菊花、山茶、墨兰……春秋冬三季的鲜花都挤在一起啦！
		3. 用于话语中间，表示说明断断续续。	“我……对不起……大家，我……没有……完成……任务。”

5 明明也受表扬了——书名号

明明的学校要举行标点符号应用讨论会，并鼓励大家多提意见。明明听说后，便写了封意见信，塞进了学校的意见箱。

会上，教导主任拿到信，拆开就念：“……我们现在被一个小小的标点符号‘书名号’困扰了。《小学生作文》编辑部杂志名打上了书名号，全能语文编辑部却没有；《童话》杂志社用了，语言规范杂志社却没用。……还有，各大杂志报纸上‘某某栏目’中用得更是乱套。我们都不知道该听谁的了。现在可好，我们班作业本上的人名全给打上了书名号。外面的人看到后，都说我们一个个很了不起，全出了传记……”

台下笑翻了。教导主任抬头微笑着说：“这位同学的意见提得非常好，我们以后一定要正确运用书名号。如果谁再胡

乱用书名号，咱们就让他们每人天天扛着一个铁打的书名号上课。”台下又是一阵大笑。

会议结束了，明明还得到了公开表扬，因为明明的意见提得好，对大家的学习很有帮助，还号召大家向明明同学学习呢！

知识大讲堂

常用标点符号的用法

名称	符号	用法说明	举例
句号	。	1. 用于陈述句的末尾。	北京是中华人民共和国的首都。
		2. 用于语气舒缓的祈使句末尾。	请您稍等一下。
问号	？	1. 用于疑问句的末尾。	他叫什么名字？
		2. 用于反问句的末尾。	难道你不了解我吗？
叹号	！	1. 用于感叹句的末尾。	为祖国的繁荣昌盛而奋斗！
		2. 用于语气强烈的祈使句末尾。	停止射击！
		3. 用于语气强烈的反问句末尾。	我哪里比得上他呀！

（续表）

名称	符号	用法说明	举例
分号	；	2. 用于分行列举的各项之间。	中华人民共和国行政区域划分如下： （一）全国分为省、自治区、直辖市； （二）省、自治区分为自治州、县、自治县、市； （三）县、自治县分为乡、民族乡、镇。
书名号	《》 〈〉	用于书名、篇名、报纸名、刊物名等。	①《红楼梦》的作者是曹雪芹。 ②课文里有一篇鲁迅的《从百草园到三味书屋》。 ③他的文章在《人民日报》上发表了。 ④《〈中国工人〉发刊词》发表于1940年2月7日。

第五章 快快乐乐学修辞

1 西西讲故事——比喻

“培优学习小组”的活动开始了，这次轮到西西来当主讲了。

西西说：“我很喜欢修辞，为了学好修辞，我收集了许多修辞故事。今天我给大家讲个古代有关比喻的故事，希望大家喜欢！”

大家或许看过“侯白论马”的故事。南北朝时期，南朝的陈国派使臣来隋，隋国为探查陈国使臣的应变能力，就派侯白穿着破烂衣服，伪装成服务人员去见陈国的使臣。侯白一进陈国使臣的房间，使臣见是穿着破烂的服务人员，就躺在床上没有起身，而是侧着身子放屁。侯白很生气，但又一时找不到机会整治他。恰在这时，使臣问侯白京城的马价如何，侯白马上说：“有一定技能，品相优良的马，每匹三十贯左右；品相一般，但能乘骑的，每匹二十贯左右；品相较差，只能驮东西的马，每匹三、五贯钱；而品相恶劣，长得头不像头、蹄不像蹄，连尾巴都长不直溜的，什么也不能干，只会侧着身子放屁的马，是一文钱也不值的。”使臣见侯白不是平凡之辈，马上起身笑脸相迎。当使者知道他就是大名鼎鼎的侯白时，感到非常惭愧，慌忙向他道歉，请他原谅。

显而易见，侯白借用劣马连“一文钱也不值”，暗指那个使臣，这里是用打比方来“回敬”对方的，可见比喻的作用。

明明说：“看来，比喻的威力还真大！”

牛牛说：“我也给大家讲一个关于比喻的故事吧。爱因斯坦是当今世界最伟大的量子物理学家，相对论的创立者。他曾这样向前来请教他的人阐述相对论的基本原理：‘如果你在一个漂亮的姑娘身旁坐一个小时，会觉得只坐了片刻；如果你在一个热火炉上坐片刻，会觉得坐了一个小时。这就是‘相对’的意思。’他这个精彩的比喻，让我们觉得相对论离我们很近。”

知识大讲堂

比喻

1. 比喻由三部分构成：本体、喻体、比喻词

作用：将表达的内容说得生动具体形象，给人以鲜明深刻的印象；根据事物的相似点，用具体、浅显、常见的事物对深奥生疏的事物解说，即打比方，帮助人深入理解。

2. 比喻的三种类型

类别	特点	本体	比喻词	喻体	例句
明喻	甲像乙	出现	像、似的、好像	出现	那小姑娘好像一朵花一样。
暗喻	甲是乙	出现	像、如、宛如、好比、犹如	出现	那又浓又翠的景色，简直就是一幅青山绿水画。
借喻	甲代乙	不出现	是、成为/无	出现	地上射起无数的箭头，房顶上落下万千瀑布。

2 王阳明哭象棋——拟人

“培优学习小组”的活动又开始了，这次轮到明明来当主讲了。

明明说：“上次西西同学讲的关于比喻的故事非常精彩，今天我们刚学了拟人这种修辞手法，我来给大家讲一个拟人的故事吧。”

王阳明是我国历史上著名的哲学家，他曾开创一个哲学派别叫“阴阳学派”。他不仅善于思考哲学问题，而且善于作诗弈棋。他从小就特别喜欢下象棋，常常沉迷其中，而忘了吃饭。

有一次，他和小伙伴们在草地上下象棋，玩得高兴，又忘记了吃饭。王阳明的妈妈到处找他吃饭，都找不着他。好不容易在河边找到他。看见王阳明正得意地对对手说：“将，你输喽！”妈妈气不打一处来，立即把象棋扔到了河里。王阳明被妈妈揪回家后，一直闷闷不乐，一直想着他的象棋，于是

便在纸上写了一首诗《哭象棋》：

象棋在手乐悠悠，苦被严亲一旦丢。

兵卒堕河皆不救，将军溺水一齐休。

马行千里随波去，士入三川逐浪流。

炮声一响天地震，象若心头为人揪。

王阳明完全把象棋拟人化，把它当成人来对待，棋子都具有了生命。他的军队遭到了惨重的失败：“兵卒堕河”“将军溺水”“马随波去”“士逐浪流”“炮震天地”“象为人揪”。

故事一讲完，牛牛、西西、闹闹、丽丽都鼓起掌来。

明明接着说：“拟人，是我们常见的一种修辞方法，指把物当作人来写，使物具有人的语言、行为、思想和感情。使用拟人手法可以使文章更加生动和形象。”

知识大讲堂

比拟

借助丰富的想像，把物当成人来写，或把人当成物来写，或把甲物当成乙物来写。

作用：能启发读者想像，令文章更生动。

比拟分为拟人和拟物

1. 拟人

把物当作人写，赋予物以人的思想、感情、活动，用描写人的词来描写物。

作用：把禽兽、鸟虫、花草树木或其他无生命的事物当成人写，使具体事物人格化，语言生动形象。

例句：

①桃树、杏树、梨树，你不让我，我不让你，都开满了花赶趟儿。

②感时花溅泪，恨别鸟惊心。

③太阳的脸红起来了。

2. 拟物

（1）把人比作物，或把此物当作彼物来写。

例句：

①人群不顾一切，涌了上来。

②在群众的呼喝声中，那个恶霸夹着尾巴逃跑了。

（2）把甲事物当成乙事物来写。

例句：

①火山发出一声咆哮。

②月光如流水一般，静静地泻在这一片叶子和花上。

3 头发长得三丈长吗——夸张

高老师让大家用夸张修辞来写句子，明明在作业里写道："他不修边幅，头发长得三丈长了也不肯理！"写完后，他心里还暗自得意：看我多会学以致用啊！

第二天，高老师找到他，说他造的句子不妥当。明明疑惑不解地问："李白诗里有'白发三千丈'的句子，不都说这夸张用得好吗？我怎么不能用那样的句子呢？"

高老师说："确实，李白'白发三千丈'的名句，是夸张修辞运用的典型，但是夸张并不是随意的夸张，必须以事实为基础，头发能长到三丈长吗？不可能。但李白的诗句毫无不真实的感觉，因为下句有'缘愁似个长。'这两句诗是说'愁'之长、'愁'之深，而不是在说'头发'如何。这么一说给人以强烈的形象感。而你写的头发三丈长，给人以胡乱夸说的感觉。因此，我们在使用夸张时，不要随意夸大，否则就成

了‘吹牛皮’‘夸海口’。”

明明听完高老师的解释，明白了夸张也不能随便用了。

知识大讲堂

夸张

1. 定义：对事物的性质、特征等故意地夸大或缩小。

2. 作用：提示事物本质，烘托气氛，加强渲染力，引起联想效果。

3. 类型：

类别	特点	例句
扩大夸张	对事物形状、性质、特征、作用、程度等加以夸大	柏油路晒化了，甚至铺户门前的铜牌好像也要晒化。
缩小夸张	对事物形象、性质、特征、作用、程度等加以缩小	只能看到巴掌大的一块天地。
超前夸张	把后出现的说成先出现，把先出现的说成后出现	她还没有端酒杯，就醉了。

4 买“东西”不买“南北”——借代

“培优学习小组”的活动开始了，大家都爱上了通过小故事来学习知识这种好方法了。这不，丽丽同学也开始讲故事了。”

朱熹是宋代著名的理学家，他与盛温如是好朋友。有一天，朱熹到外面去散步，半途中正好碰上了好友盛温如。朱熹便搭讪道：“温如兄，你提着竹篮急急忙忙地干什么去呀？”“我去买东西。”朱熹一听便乐了，说：“你怎么买‘东西’不买‘南北’呀？”盛温如笑笑说：“你这大学问家可就孤陋寡闻了吧？难道你不知道中国的阴阳五行？五行分别为‘金木水火土’，东边属木，西边属金，南边属火，北边属水，中间为土。我拿着竹篮自然不能买‘南’‘北’，只能买‘东’‘西’啊。”朱熹听后，心里十分佩服，对他说：“真是‘听君一席话，胜读十年书’。”

朱熹接着又问道：“你买这么多的‘东’‘西’干嘛用啊？”盛温如答道：“今天岳父大人过八十大寿，要好好庆祝一番！”“老岳父今年多大岁数了？”“八十一个春夏秋冬。”朱熹想起刚才“东南西北”的事来，戏谑地说：“应为‘八十一个春秋’。”他刚一说完，两个人都不由得哈哈大笑起来。

听完丽丽的故事，明明站起来发言。

明明说：“我明白了，盛温如，用‘东’‘西’两个方位来指要去买的物品；朱熹则用‘春’‘秋’两个季节，代指年岁，两人都运用了借代的修辞手法。”

知识大讲堂

借代

定义：不直接说出所要表达的人或事物，而是借用与它密切相关的人或事物来代替。

借代种类：特征代事物、具体代抽象、部分代整体、整体代部分。

作用：突出事物的本质特征，增强语言的形象性，使文笔简洁精炼，语言富于变化和幽默感；引人联想，使表达收到形象突出、特点鲜明、具体生动的效果。

方法：

①部分代整体。即用事物具有代表性的部分代本体事物。

例如：两岸青山相对出，孤帆一片日边来。

②特征代本体。即用借体（人或事物）的特征、标志去代替本体事物的名称。

例如：朱门酒肉臭，路有冻死骨。

③具体代抽象。

例如：南国烽烟正十年。

④工具代本体。

例如：等到惊蛰——犁土的季节，十家已有八户亮了囤底，揭不开锅。

⑤专名代泛称。用具有典型性的人或事物的专用名称代替本体事物的名称。

例如：你们杀死一个李公朴，会有千百万个李公朴站起来！

5 眉毛、胡子要不要——双关

“培优学习小组”的精彩故事会又开始了，这次的主讲人是学习委员牛牛同学。

我要讲的这个故事的主人公，叫阿凡提。阿凡提是维吾尔族智慧的化身，关于他的机智故事，从古至今广为流传。

相传，阿凡提在闹市区租了一个店面，开了一家理发馆。店主仗着店面是他租给的，每次剃头都不给钱。有一天，店主又来了。阿凡提照旧给他剃了光头，边刮脸边问道：

“东家，眉毛要不要？”

“废话，当然要！”

阿凡提“嗖嗖”两刀，把店主的两道浓眉剃了下来，说：“要，就给你吧！”

店主气得说不出话来，埋怨自己不该说“要”。

“喂，胡子要不要？”阿凡提又问。

“不要！不要！”店主连忙说。

阿凡提“嗖嗖”几刀，

把店主苦心蓄养的大胡子刮了下来，甩到地上。

店主对着镜子一照，整个脑袋光溜溜的，活像一个大灯泡。他气坏了，但又无可奈何。

故事讲完了，牛牛开始提问了：“同学们，你们从我的故事中学到了什么？”

闹闹说：“阿凡提真聪明！”

丽丽说：“那个店主是个势利眼。”

明明说：“你们都说得不错，我觉得牛牛的重点是讲‘双关’这种修辞手法，在这里，阿凡提的话语义双关。‘眉毛要不要’，这句话有两层意思，一层是问眉毛要不要留着，一层是要不要剃下来给你。店主以为是前一层意思，结果给阿凡提钻了空子。‘胡子要不要’，这句话同样有两层意思。店主吸取了“眉毛”的教训，赶快改口，阿凡提则利用另一层意思，把他整治得无可奈何。”

明明一分析，几位组员都鼓起掌来。

知识大讲堂

双关

双关是指在一定语境中，利用语音和语义条件，有意使话语具有双重意义，表面说甲，实际则是指乙，这种修辞方式叫双关。平时我们所说的指鸡骂狗、指桑骂槐，实际上就是双关的运用。

6 无盐女的故事——排比

“培优学习小组”的精彩故事会又开始了，这次的主讲人是小才女丽丽同学，丽丽说：“我今天的故事跟我们刚学到的一种修辞手法有关，我讲完后，让明明同学来回答讲的是什么修辞手法好不好？明明，你可要仔细听哦。”

丽丽开始讲了。

战国时期的齐国有个无盐女，长得奇丑无比。她头发稀疏、眼窝深陷、鼻孔朝天，人人都说世上再也找不到比她更丑的人了。她到30岁还嫁不出去。她虽长得特别丑，但是，她特别聪慧，极有才学。有一天，她来到齐王宫前，跟守门人说：“我就是人人都知道的嫁不出去的无盐女，听说国君圣贤，愿在后宫侍候国王，请给我通报一声。”她的意思是要嫁给齐王做王后。

这时，齐王正在饮酒作乐，听了守门人的报告，虽然有点儿生气，但更觉得好奇，于是就宣无盐女进入宫中。无盐女来到宫中，她不看齐王而是向上望去，连说了四声：“危险啊！”齐王愤怒地说：“齐国在我的统治下，国泰民安，一片繁荣景象，哪有什么危险！你这个女子真是胆大包天，敢说齐国危险，这是怎么回事？”

无盐女不慌不忙地说：“现在我国西有强秦为患，南有楚国之仇，可是奸臣当道，民心不服，这样的国家是危险的；高高的五重楼台，砌满黄金白玉，天下的老百姓疲惫不堪，这样的国家是危险的；贤达的人隐居在深山老林里，只知道阿谀奉承的小人侍奉在大王身边，想要进谏的人无法进谏，这样的国家是危险的；大王饮酒作乐，对外不与外国友好往来，对内不管理国家，这样的国家是危险的啊！”

齐王听到这里，无言以答，脸色大变，长叹一声：“痛心啊！无盐女一席话，使我认识到了我们处于崩溃的边缘。如果不是她，我们很快就灭亡了！”齐王马上停止饮酒作乐，斥退小人，选拔贤人，并立无盐女为后。从此，齐国强盛起来。

无盐女长得虽丑，但是极富远见，她直指齐国的弊端，劝说齐王，最终使得齐国兴旺昌盛。

丽丽问："明明，我这个故事主要讲到了什么修辞手法？"

明明说："排比。"

丽丽接着说："哪些句子用到了排比啊？"

明明一下子就蒙了，他只猜到了排比，但没有注意什么地方用了这种修辞手法，只好老老实实地说不知道。

丽丽说："牛牛，你帮明明来回答一下这个问题吧！"

牛牛不慌不忙地站起来，说："无盐女在告诉齐王什么样的国家是危险的时候，连续用了四句话来说明这个问题，那四句话就是排比句。"

知识大讲堂

排比

定义：把三个或三个以上结构和长度均类似、语气一致、意义相关或相同的句子排列起来。

作用：加强语势、语言气氛，使文章的节奏感加强，条理性更好，更利于表达强烈的感情。

例句：他们的品质是那样的纯洁和高尚，他们的意志是那样的坚韧和刚强，他们的气质是那样的淳朴和谦逊，他们的胸怀是那样的美丽和宽广。

7 不＋不＝？——双重否定

一天，明明和妈妈上街去买东西。他走到一家商店门前，看见墙上贴着一张广告：

本店新到大量新鲜烤鸭，价廉物美，可任意挑选，希望顾客切莫勿失良机。

有位行人指着这张广告说道：“人们如果真按广告上说的做，店主可要关门了。”

明明听了有些疑惑不解，就问妈妈，刚才那位叔叔这么说是什么意思啊？

难道广告有什么问题吗？

妈妈笑着说："明明，这家商店贴广告为的是生意兴隆，可是你再看'莫'和'勿'明明是'不'的意思。你把这两个'不'换进这个广告里，然后再读一读，有什么感觉？"

经妈妈一启发，明明恍然大悟："我懂了！这家商店不知道两个'不'是不能连在一起用的，结果广告内容是在劝顾客放弃这次机会。这是在砸自己的生意啊！"

妈妈说："你这样讲不准确，两个'不'字能不能连起来用要看具体情况。比如：明天我们不能不去春游。这两个'不'表示一定，这种句式叫双重否定句。双重否定句的意思是肯定的，而且它的语气比陈述句要强得多。"

明明点点头，心想今天又学到新知识啦！

知识大讲堂

双重否定句

双重否定就是否定两次，即表示肯定的意思。例如："他不是不来"意思是他要来的。包括有双重否定的句子就是双重否定句。

比如：

我不得不承认那个是我的东西。

"不得不"就是双重否定，这句话的原意为：我承认那个是我的东西。

双重否定句主要有三种形式。

一种是两个否定副词连用；一种是一个否定副词加上一个否定意义的动词；再一种是一个否定副词（或否定意义的动词）加上反问语气。

这三种句式中，否定副词（或否定意义的动词）加反问语气的，都具有加强语气的作用。

例如，“敢于这样做的人，难道不是一个英雄吗？”意思就是“是一个英雄”，但语气更强烈，强调了敢于这样做的人是一个“大大的英雄”。

第六章　阅读全攻略

1　有感情地朗读课文

自习课上，高老师让大家有感情地朗读课文。看着大家摇头晃脑、非常投入地读课文，明明有些不解，为什么要有感情地朗读课文呢？自己这样在心里默默地读不也很好吗？

高老师见明明眉头紧锁，也不读课文，就对明明说："明明同学，你怎么不读课文呀？"

"老师，我没有不读，我在心里读。老师，为什么要有感情地朗读课文呀？"明明问出了自己心中的困惑。

高老师说："有感情地朗读课文有以下几个好处：

1. 朗读可以培养我们的语感，只有有感情地朗读课文，我们才能领略名篇佳作的音韵美、节奏美、气势美，才能真正体会到文章的起、承、转、合，帮助我们加深对文章的理解。

2. 有感情地朗读可以帮助我们集中注意力，提高记忆的效率。

3. 有感情地朗读课文可以帮助我们增强自信，锻炼我们的口才，提高我们的语言表达能力。

4. 大声朗读还可以抵抗疲劳，防止我们打瞌睡。

明明同学，现在你明白了吗？”

“高老师，我明白了。但是老师，怎样有感情地朗读课文啊？”明明现在已经知道有感情地朗读课文的好处了，但是怎样才能像老师说的那样有感情地朗读课文呢？

“明明同学，这个也急不来。首先你要能保证自己正确地朗读，也就是读音要正确、停顿要得当，并且保证不加字不丢字，更不能跳行。其次，你要保证流畅地朗读，也就是在读的时候要注意语调的抑、扬、顿、挫和语气的轻、重、缓、急。再次，你要传神地朗诵，也就是要能够运用语音和表情，表达出文章的风格和神采。只要做到这几点，你就能成为一个非常优秀的朗诵家了。”

“老师，我刚才把您说的要点都记到笔记本上了，我现在就开始有感情地朗读课文了。”

“好的。”

剩下的时间，明明一直在有感情地朗诵课文，而不是像以前那样，在心里默读或者是用嘴小声地嘟嘟。读了一会儿，明明发现课文变得比原来有趣多了，并且自己用不同的声音模仿不同的角色，把自己的感情也融入进去，实在是太有趣了。

2 怎样理解文章主题

高老师让大家预习语文课文，明明按照以前语文老师和牛牛教给自己的预习语文的方法，已经非常顺利地预习完一大部分了。但是，到后来他却卡了壳。原来，明明还是不会理解文章主题。这可怎么办呢？迷茫的明明赶紧向爸爸求救。

“爸爸，你快教教我怎么理解文章主题吧，要不我的作业就完不成了。”

“儿子，你别着急，慢慢说。”

“爸爸，语文老师让我们预习《少年闰土》这篇课文，可是我不会理解文章主题，不会概括课文的中心思想。爸爸，你快帮帮我吧！”

“这样啊，那爸爸教你几个理解文章主题、概括中心思想的好方法吧。你看，爸爸都给你准备好了。”说着，爸爸拿给明明一张纸，上面写着：

理解文章主题的9种方法

1. 看题目

题目是文章的眼睛，有时也是对文章主题的高度概括。有许多文章，看题目就知道它的主题。如《董存瑞舍身炸暗堡》一课，从题目中我们知道事情是围绕“炸暗堡”这件事情展开的，表现了董存瑞的“舍身”精神。

2. 看开头

有的文章开头总起全文，直截了当地点明了文章的主题。如《詹天佑》一文的开头这样写道：“詹天佑是杰出的爱国工程师……”而文章的主题正是表现他的“杰出”与“爱国”。

3. 看结尾

《我的伯父鲁迅先生》在结尾处这样写道：“的确，伯父就是这样一个人，他为自己想得少，为别人想得多。”这种总结性的结尾就直接地点明了文章的主题。

4. 看重点段落

文章的重点段落是表现文章的重要部分，如《飞夺泸定桥》这篇课文，我们只要认真分析“飞”和“夺”的经过，就能领会红军战士机智勇敢、不怕牺牲、勇往直前的革命精神。

5. 看中心句

文章中含义深刻的句子直接表达了作者的感情，分析这些句子，就能体会文章的主题。如《可爱的小蜜蜂》这篇课文的主题正是赞颂小蜜蜂勤劳无私的高尚品格。

6. 看文中的关键词句

文章里的词句，有的带有赞许、肯定、喜爱、拥护的意味，有的带有贬斥、否定、厌恶的意味。我们应反复琢磨，理解文章的中心思想。

7. 看各段意思的共同点

通过归纳各段段意，掌握文章主要内容来确定文章的中心思想。这就是要在弄清文章的各段段意和主要内容的基础上，再认真想一想：文章通过这些主要内容，赞扬什么，批评什么；歌颂什么，反对什么；说明什么道理，抒发什么感情……这类问题都回答正确了，也就抓住了文章的中心思想。

8. 看主要人物

抓住主要人物的言行、思想品德和主要事件的意义来分析文章主题。如《穷人》中的桑娜，抚养邻居孤儿前后的思想斗争、行动和决心，充分表现了劳动人民关心他人胜于关心自己的高尚品德。

9. 看议论和抒情部分

在有的文章中，作者往往直接议论抒情，点明主题。如《不平常的蛋糕》一课，作者最后直抒胸臆："宋奶奶时刻牵挂着孩子们，她关心着祖国的未来！"而这也正是文章的主题。

"爸爸，太好了，这样以后我就会理解文章主题了。"明明高兴地说道。

"对啊，那你快想想《少年闰土》这篇课文该用哪种方法理解文章主题吧！"

"好的！"

知识大讲堂

文章的主题

主题是作者在文章中通过各种材料所表达的中心意思。它贯串着文章的“全部内容”，体现着作者写作的主要意图，包含着作者对文章中反映的客观事物的基本认识、理解和评价。

主题的表达方式因文体而异，在不同文体的文章中，主题有不同的称谓。在文学作品中，主题一般称为“主题思想”，有时也简称“主题”，它指的是作者通过全部题材的叙述和描写，所表现出来的主要思想，或所透露的一种情感和意向。在一般的记叙文中，主题称为“中心思想”或“中心意思”。在说明文中，主题也可称作“中心思想”或“中心意思”。而在议论文中，则一般称作“中心论点”或“基本论点”。

3 好成绩从"悦"读开始

“牛牛，明天来我家玩吧，我爸爸给我买了一个奥特曼的玩具，可棒了！”星期五晚上，爸爸刚刚出差回来，为了奖励明明这些日子以来的进步，特意给明明买了一个新玩具。所以，明明马上想到让自己的好朋友牛牛来分享自己的快乐。

“明天可能不行，我明天得去书店买课外书。”虽然牛牛也很想去玩玩明明的新玩具，但是想到自己的阅读计划，他还是拒绝了明明的邀请。

“是老师让咱们买的吗？”明明有些疑惑，最近他上课也没开小差啊，他怎么没听到老师说让买书呢。

“不是，是我自己要买的。假期的时候，我哥哥帮我制订了一个学习计划，他还说好成绩从‘悦’读开始，是‘喜悦’的‘悦’哦！”牛牛怕明明不明白，马上解释给他听。

“那你都要读什么啊？”明明有点好奇地问。

“我明天打算买本名著，还打算买本益智类的书。”

“读这些书多浪费时间、多枯燥啊？再说读这些书，学习成绩也不会提高啊！”

“阅读不算浪费时间，阅读可以丰富我们的知识，开阔我们的视野，让我们了解更多我们不知道的东西。课外书那么精彩、有趣，怎么会枯燥呢？还有，看课外书、扩大阅读量可以帮助我们积累写作素材，这样以后写作文就轻松多了，学习成绩自然就提高了。还有那些益智类的书籍可以让我们越来越聪明，慢慢地成绩就会越来越好了。”

牛牛的成绩一直都非常好，以前牛牛教给他的那些学习方法也都非常管用。因此，明明一直对牛牛的话深信不疑。所以，他对牛牛说：“牛牛，那你明天去书店的时候，叫我一下吧，我和你一起去，我也去买几本书。”

“好啊，正好我们买完了可以相互换着看。”

“嗯，好的。”明明心想，正好自己的作文写得不好呢，自己多读点课外书，写作水平一定能提高！

4 明明和爸爸一起读名著

星期天的时候，爸爸带着明明一起去了书店，明明兴奋地买了几本小人书和漫画，爸爸却买了三本名著：《秘密花园》《夏洛的网》《鲁滨孙漂流记》。

几天以后，明明就看完了他的小人书和漫画，遭遇“书荒”的明明马上想到要和爸爸再去书店买几本好看的书。

“爸爸，我们还去书店吧，我的小人书看完了。”

“儿子啊，爸爸最近太忙了，没时间。这样吧，爸爸不是还买了几本名著吗，你先看爸爸的，等爸爸忙完这段时间就带你去买，好不好？”

“可是，名著都太长了，爸爸，我不会读。”

“儿子，其实读名著一点都不难，爸爸教教你你就会读了。”

“爸爸，那你快教教吧，牛牛和闹闹都能自己读名著了呢，我可不想被他们落下。”

“好啊，儿子。著名作家茅盾老先生曾经说过，为了真正地理解一本名著，我们可以读三遍：第一遍，我们可以粗读，只要大致掌握名著的主要内容就可以了；第二遍，我们要慢读，细细咀嚼、体味书中的内容，消化第一遍阅读时没有理解的内容；第三遍，我们要精读，要一段一段品味名著的语言，思考作者要表达什么思想，并要做好摘抄和读书笔记。”

“哦，爸爸，我知道了，那我从哪一本开始呢，这几本我都想读，这样我就看过三本名著了！”

“儿子，读名著的时候可不能贪多，名著就跟好酒、好咖啡一样，是需要慢慢品味的。如果你囫囵吞枣、一目十行，那一定没办法真正体会名著的美。”

“哦，我知道了，爸爸。那我应该怎么读呢？”

“明明，爸爸建议你，可以做个读书计划，比如每天读十页，或者读一章、一回，这样读起来就比较轻松了，还能让你一直有兴趣读下去。”

“嗯，爸爸，我知道了。”

明明按照爸爸说的办法认真地看起《鲁滨孙漂流记》来，他发现这本书里充满了冒险和传奇，实在是太有趣了。后来，爸爸说他工作太忙了，没时间自己阅读了，所以，明明又多了一个任务：每天把名著讲给爸爸听。这样，明明读起名著就更加用心了。

数学速算有技巧

第一章　手指计算法

手指计算法：顾名思义，就是用手指进行计算的一种方法。它实用、方便、快捷、准确，把我们的一双手利用起来后，就是一部计算器，你走到哪里，就带到哪里，算到哪里。

手指计算法在我国由来已久，只不过以前计算的数字比较简单而已。过去，人们给手指计数法起了一个很好听的名字叫“袖里吞金”。现在，经过研究，把咱们的这双手都利用起来，加、减、乘、除各种计算，位数可以达到4位之多。

这种方法，只要学，就能学会；只要练，就能练快；只要算，就能算准；一旦掌握，终生受益。

第一节　对手指的认识及表示数

方法指引

双手大拇指各表示5，双手食指、中指、无名指、小拇指各表示1，如图1所示。指形与表示数：

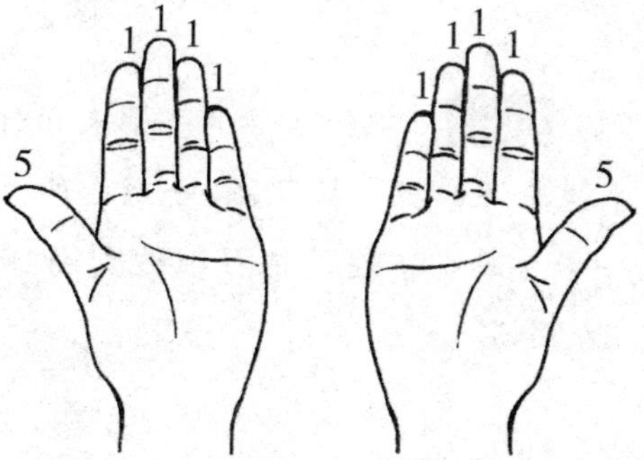

图 1

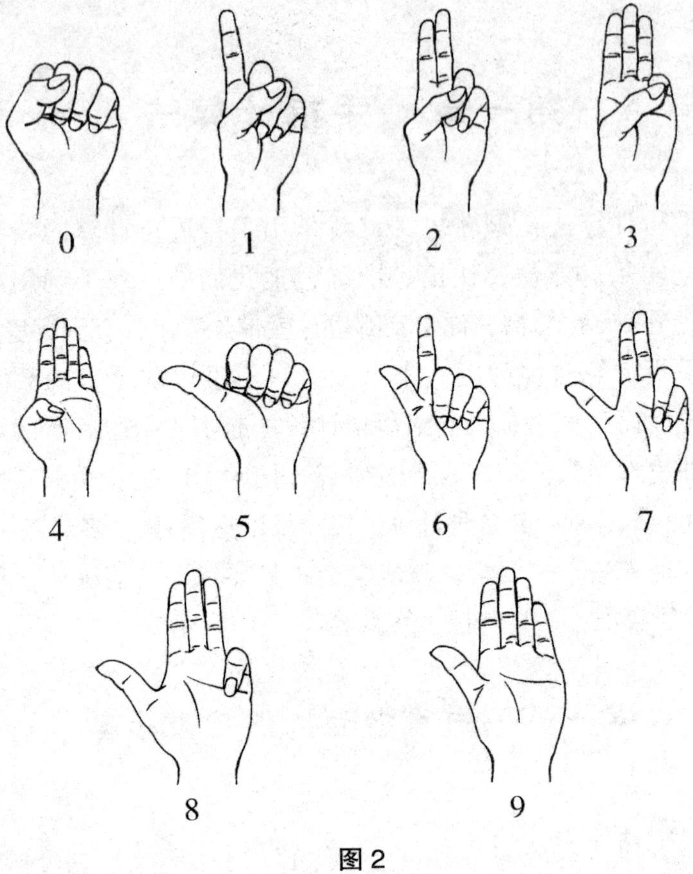

图2

解析：用什么样的手形表示什么样的数字，必须多练习，才能熟练掌握。按照图2手形图所表示出的各数，从0～9，再从9～0，用双手连续练习，达到闭目能准确表示出各个数字相对应的手形。

第二节 100以内的两数连续相加

方法指引

计算100以内的两数连续相加，左手大拇指表示50，食指、中指、无名指、小拇指各表示10。右手的大拇指则表示5，食指、中指、无名指、小拇指各表示1，如图3所示。

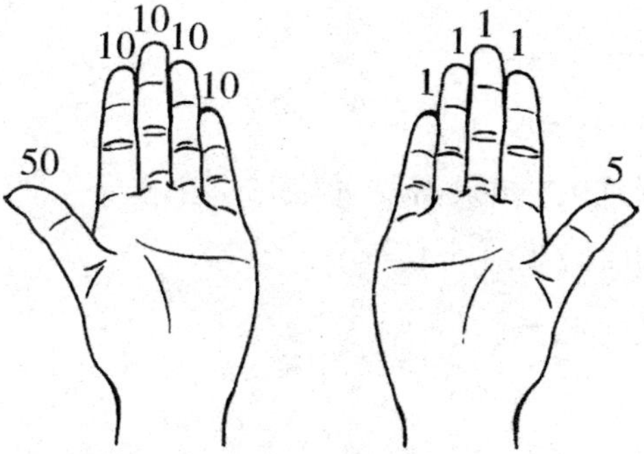

图 3

具体要求：以下几道例题为两数连续相加之和都不超过100的加法题。这是一种非常有效的练习手指灵活性的方法。要想算得又快又准，用补数技巧来进行指算，非常简单、快捷。

什么叫补数呢？两数之和等于10，这两个数就互为补数。如9和1，8和2，3和7，4和6等。

如果加9，需要进位时，往左手进位的同时，则应在右手减少一个1。因为9+1=10，9和1就互为补数。

如果加8，需要进位时，往左手进位的同时，则应在右手减少一个2，因为8+2 =10，8和2就互为补数。

加7如果进位，左手增加一个10，右手则减少一个3。加6如果进位，左手增加一个10，右手则减少一个4，以此类推。

必须掌握补数的使用技巧，进行加法计算时的左手进位、右手减补数的变化规律，并牢记在心，配合自如而且准确无误。

例题详解

例1

9+9+9+9…+9=99

右手连续加9，如果需要进位时，左手多增加一个表示10的手指，右手则应减少一个1。

口诀：进一减一。

例2

8+8+8+8…+8=96

右手连续加8，如果需要进位时，左手多增加一个表示10的手指，右手则应减少一个2。

口诀：进一减二。

例3

7+7+7+7…+7=98

右手连续加7，如果需要进位时，左手多增加一个表示10的手指，右手则应减少一个3。

口诀：进一减三。

例4

6+6+6+6…+6=96

右手连续加6，如果需要进位时，左手多增加一个表示10的手指，右手则应减少一个4。

口诀：进一减四。

例5

5+5+5+5…+5=95

右手连续加5，如果需要进位时，左手多增加一个表示10的手指，右手则应减少一个5。

口诀：进一减五。

例6

4+4+4+4…+4=96

右手连续加4，如果需要进位时，左手多增加一个表示10的手指，右手则应减少一个6。

口诀：进一减六。

例7

3+3+3+3…+3=99

右手连续加3，如果需要进位时，左手多增加一个表示10的手指，右手则应减少一个7。

口诀：进一减七。

例8

2+2+2+2…+2=98

右手连续加2，如果需要进位时，左手多增加一个表示10的手指，右手则应减少一个8。

口诀：进一减八。

第三节　两位数和两位数相加

方法指引

两个两位数相加，左手表示十位数，右手表示个位数。

例题详解

例1

计算24+48=72

解析：两位数和两位数相加，如果数字比较大，需要进位，用补数技巧来计算要简单得多。比如：可以把48当作50来计算（48的补数是2）。把24+48改变成：24+50−2就好算的多了。

解题过程

第一步：24的十位数20用左手表示，24的个位数4用右手表示，如图4所示。

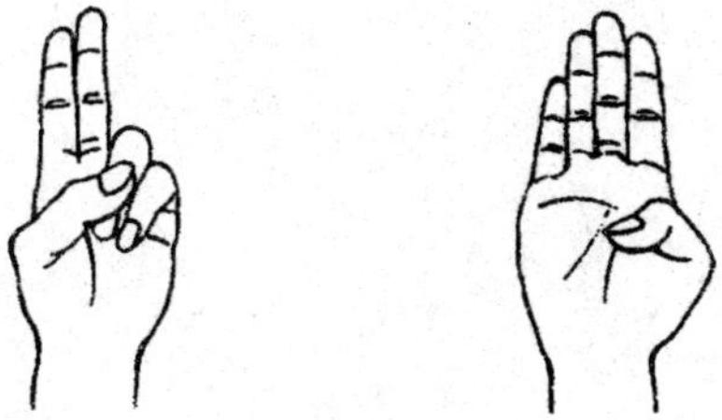

2 4

图4

第二步：把24+48改变成24+50-2来计算。左手20+50=70，右手4-2=2，如图5所示，和是72。

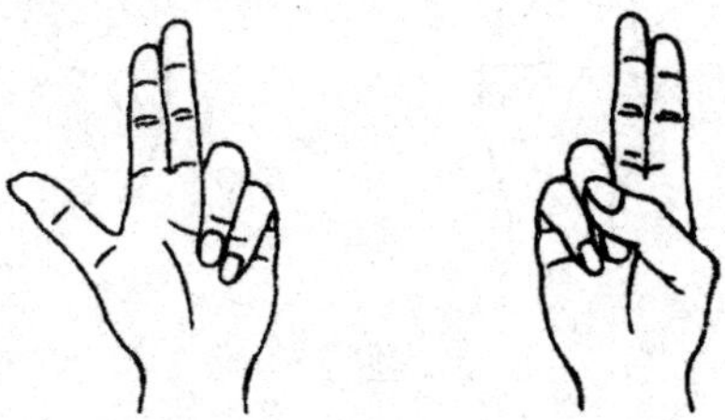

7 2

图5

例2

计算38+56=94

解题过程

第一步：38的十位数30用左手表示，38的个位数8用右手表示，如图6所示。

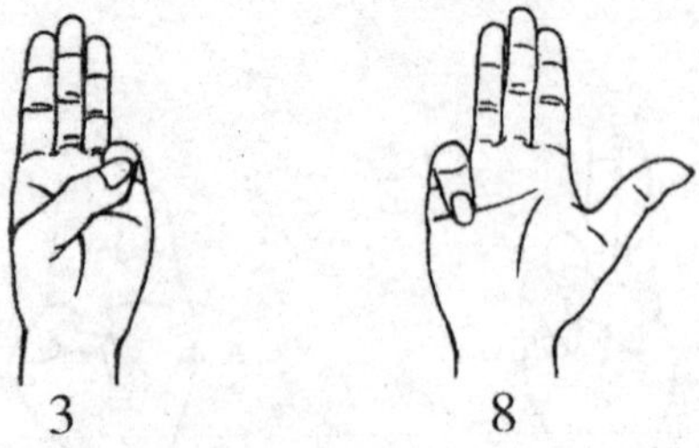

图6

第二步：把38+56改变成38+60−4来计算。左手30+60=90，右手8−4=4。如图7所示，和是94。

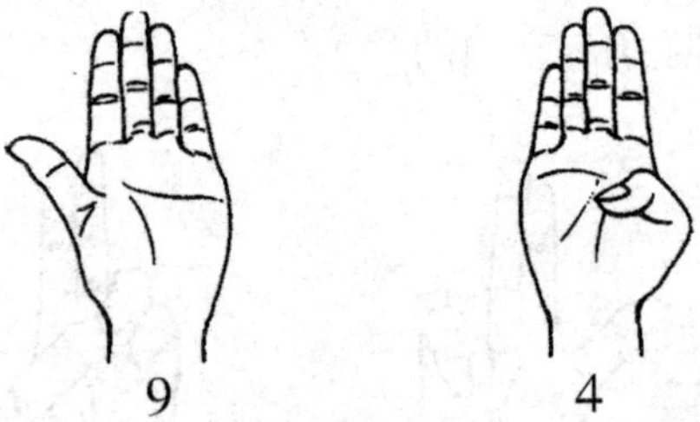

图7

第四节　100以内的两数连续相减

方法指引

第二节100以内两数连续相加，它的计算规律是：右手加几需要进位时，左手多增加一个表示10的手指，右手则应减去这个数的补数。

第四节100以内的两数连续相减，它的计算规律和计算加法的规律完全相反。右手减几不够减，需要向左手借位时，左手减少一个表示10的手指，右手则加上这个数的补数。

例题详解

例1

99–9–9–9⋯–9=0

99连续减9，如果右手不够减9，需要向左手借位时，左手减少一个表示10的手指，右手则应增加一个1。

口诀：借一加一。

例2

99–8–8–8⋯–8=3

99连续减8，如果右手不够减8，需要向左手借位时，左手减少一个表示10的手指，右手则增加一个2。

口诀：借一加二。

例3

99–7–7–7⋯–7=1

99连续减7，如果右手不够减7，需要向左手借位时，左手减少一个表示10的手指，右手则应增加一个3。

口诀：借一加三。

例4

99–6–6–6⋯–6=3

99连续减6，如果右手不够减6，需要向左手借位时，左手减少一个表示10的手指，右手则应增加一个4。

口诀：借一加四。

例5

99–5–5–5⋯–5=4

99连续减5，如果右手不够减5，需要向左手借位时，左手减少一个表示10的手指，右手则应增加一个5。

口诀：借一加五。

例6

99–4–4–4⋯–4=3

99连续减4，如果右手不够减4，需要向左手借位时，左手减少一个表示10的手指，右手则应增加一个6。

口诀：借一加六。

例7

99–3–3–3⋯–3=0

99连续减3，如果右手不够减3，需要向左手借位时，左手减少一个表示10的手指，右手则应增加一个7。

口诀：借一加七。

例8

99–2–2–2⋯–2=1

99连续减2，如果右手不够减2，需要向左手借位时，左手减少一个表示10的手指，右手则应增加一个8。

口诀：借一加八。

第五节　两位数和两位数相减

方法指引

两个两位数相减，左手表示十位数，右手表示个位数。

例题详解

例1

计算86–28=58

解析：两位数和两位数相减，如果数字比较大，需要借位，也同样可以用补数技巧来进行计算。只不过在指算当中，补数的加和减是完全相反的。比如：可以把86−28改变成：86−30+2（28的补数是2），这样计算起来就简单多了。

解题过程

第一步：86的十位数80用左手表示，86的个位数6用右手所示，如图8所示。

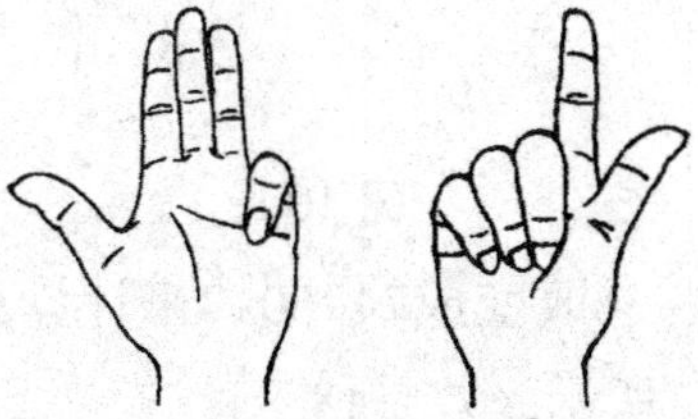

图 8

第二步：把86–28改变成86–30+2来计算。左手80–30=50，右手6+2=8。如图9所示，差是58。

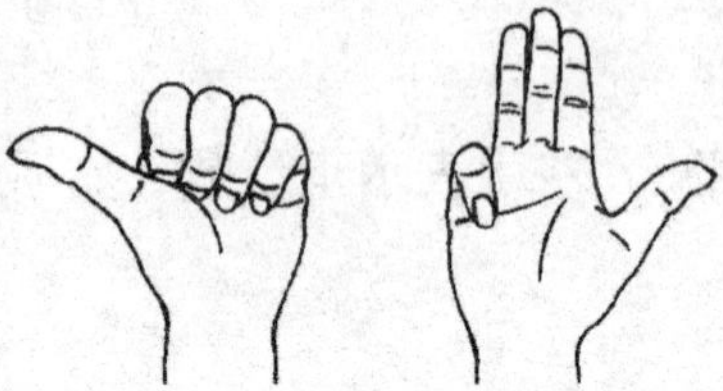

5　8

图 9

例2

计算74–56=18

解题过程

第一步：74的十位数70用左手表示，74的个位数4用右手表示，如图10所示。

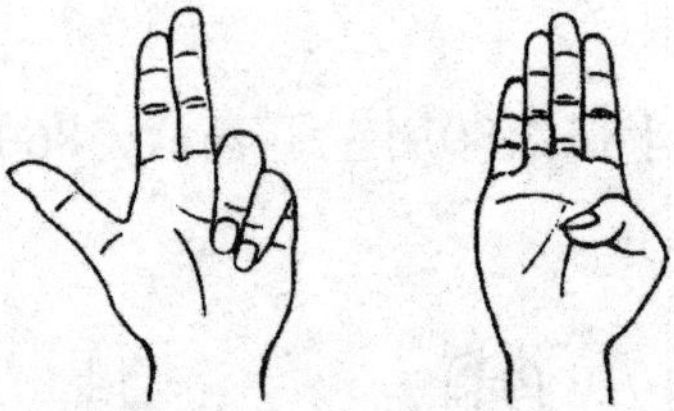

7　4

图 10

第二步：把74–56改变成74–60+4来计算。左手70–60=10，右手4+4=8。如图11所示，差是18。

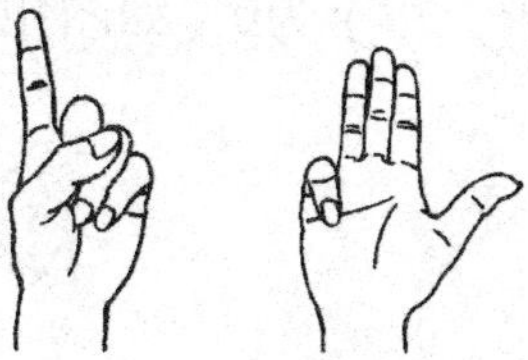

1　　8

图 11

第六节　两位数与一位数相乘

方法指引

前五节主要达到的目的是：在进行加减法的指算当中，向左手进位或借位时，右手减少或增加那个补数应该是几的问题。同时也练习了手指的灵活性和手指的变化规律。解决了这个问题以后，才能开始进行乘法的指算。

本节两位数与一位数相乘，是用手指来进行计算的。指算法进行加、减、乘、除的计算和传统的方法不一样，它们都是从高位数往低位数进行计算的。

例题详解

例1

计算$24\times4=96$

解题过程

第一步：先用被乘数的十位数20，乘以乘数的4，$20\times4=80$，伸出左手表示80的手形，右手为0，如图12所示。

8　　0

图 12

第二步：后用被乘数的个位数4，乘以乘数的4，4 × 4 =16，向左手进位16的十位数10，右手直接伸出16的个位数6，如图13所示，最终积为96。

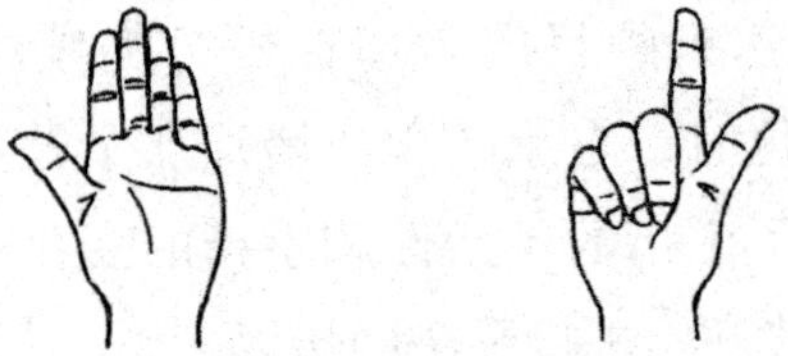
9　　6

图 13

例2

计算63 × 7=441

解析：如果两位数与一位数相乘积是三位数的话，左手就应该表示百位数，右手则应该表示十位数，个位数记在心中。

解题过程

第一步：先用被乘数的十位数60，乘以乘数的7，60 × 7=420，伸出左手表示400的手形，伸出右手表示20的手形，如图14所示。

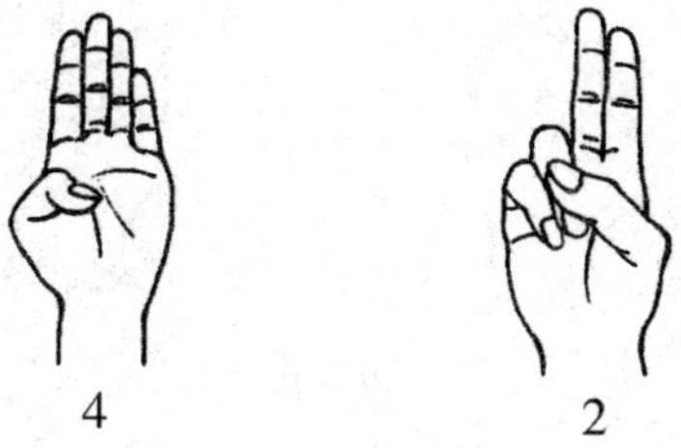

图 14

第二步：后用被乘数的个位数3，乘以乘数的7，3×7=21，向右手进位21的十位数20，21的个位数1记在心中，如图15所示，最终积为441。

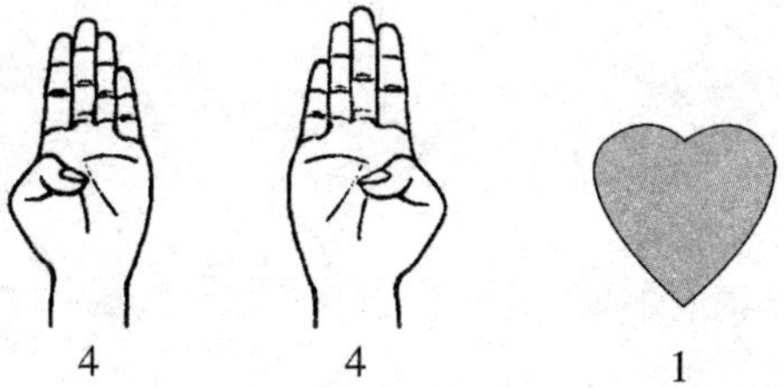

图 15

例3

计算97×8=776

解题过程

第一步：先用被乘数的十位数90，乘以乘数的8，90×8=720，伸出左手表示700的手形，伸出右手表示20的手形，如图16所示。

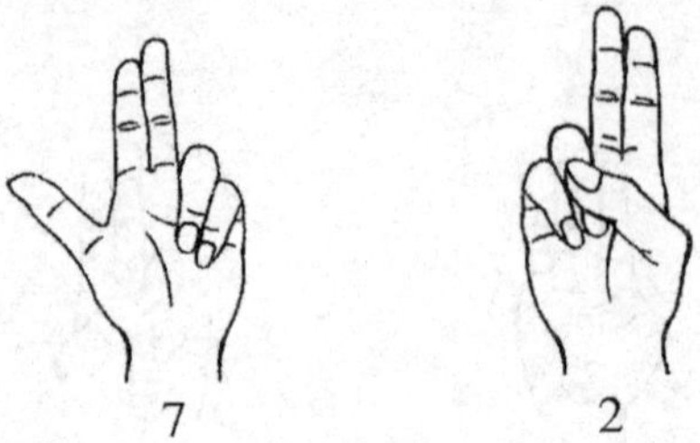

图 16

第二步：后用被乘数的个位数7，乘以乘数的8，7×8=56，向右手进位56的十位数50，56的个位数6记在心中，如图17所示，最终积为776。

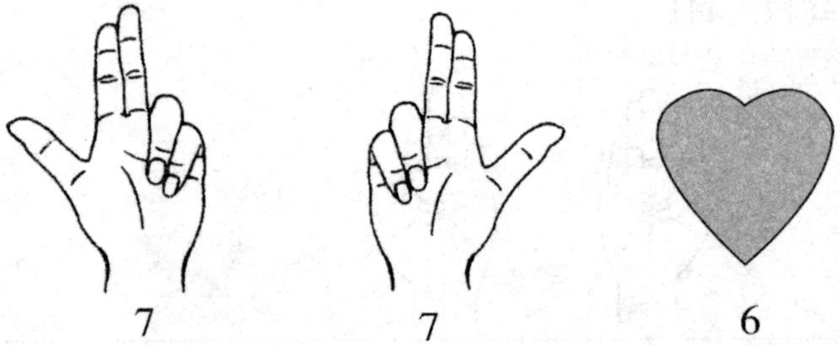

图 17

第七节　9的趣味指算

方法指引

如果一个因数为两位数，并且乘以9，计算方法特别简单而且有趣。双手手心面向自己，左手大拇指表示为1，食指表示为2，中指表示为3；从左往右顺序排列为：1，2，3，4，5，6，7，8，9，10，如图18所示。

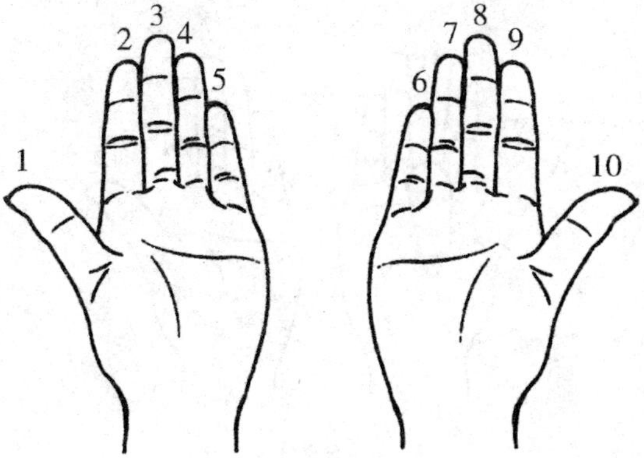

图 18

例题详解

例1

计算23 × 9=207

解析：如果一个因数为两位数，而且个位数又比十位数只大出一个1，并且乘以9，只需要把表示个位数的手指弯下去，答案就能计算出来了。弯指为0，0的左边有几个手指就表示为几百，0的右边有几个手指就表示个位数为几，连起来就是其答案。

解题过程

23 × 9：左手中指表示为3，3弯下去以后就表示为0了，0的左边有两个手指，就表示为200；0的右边还剩7个手指，就表示个位数为7，连起来这3个数字就是其答案：207。如图19所示。

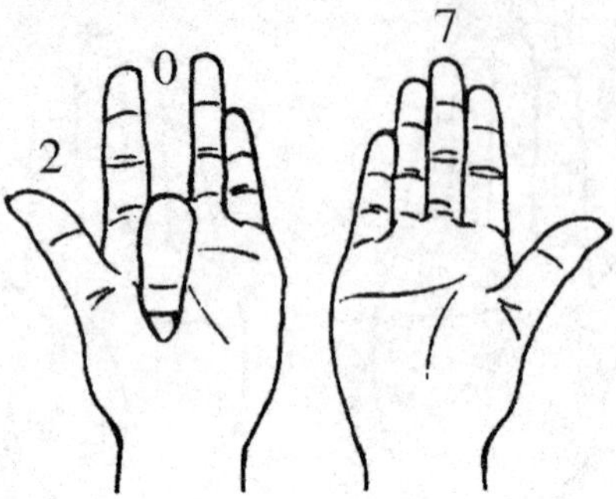

图 19

例2

计算：56 × 9=504

解题过程

56 × 9：右手的小拇指表示为6，6弯下去以后就表示0，0的左边有5个手指，就表示为500；0的右边还剩4个手指，就表示个位数为4，这3个数字连起来就是其答案：504。如图20所示。

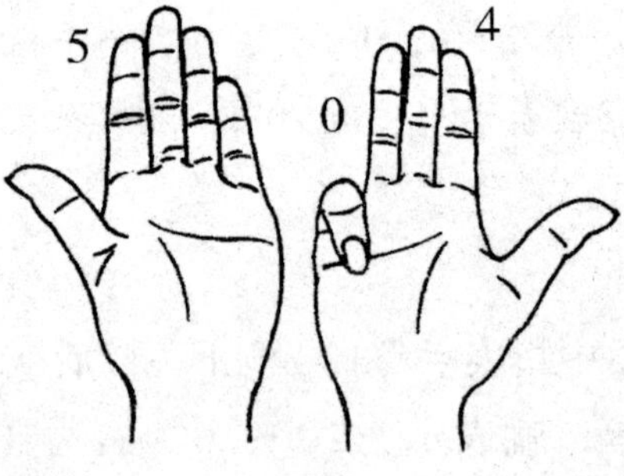

图 20

例3

计算28 × 9=252

解析：如果一个因数为两位数，而且个位数比十位数大出任意数，并且乘以9，照样还是把表示个位数的手指弯下去；只不过弯指表示分界线；分界线的左边表示百位数和十位数；分界线的右边表示个位数，连起来就是其答案。

解题过程

28 × 9：右手中指表示8，8弯下去以后就表示分界线；分界线的左边有7个手指，把28的2读作200，去掉2个手指后，还乘下5个手指就读作50；分界线的右边还有2个手指，就表示个位数为2，这3个数字连起来就是其答案：252。如图21所示。

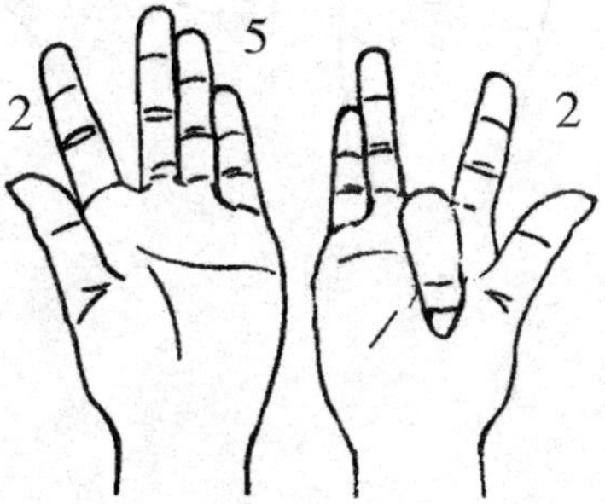

图 21

例4

计算36×9=324

解题过程

36×9：右手的小拇指表示6，6弯下去以后就表示分界线了；分界线的左边有5个手指，把36的3读作300，去掉了3个手指后，还剩2个手指就读作20；分界线的右边还有4个手指，就表示个位数为4，这3个数字连起来就是其答案：324。如图22所示。

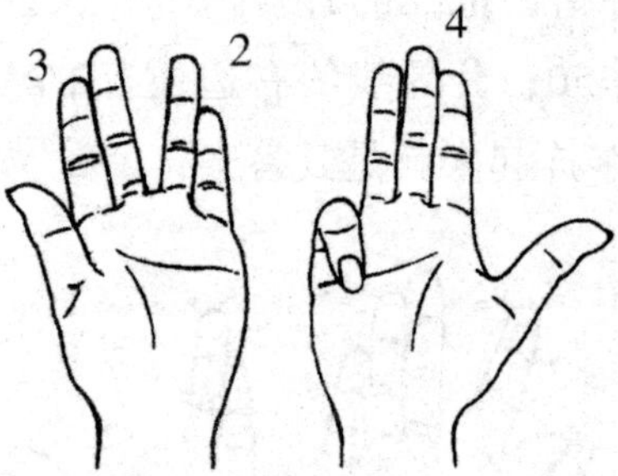

图 22

第二章　加法速算

加法，就是把两个数，或者更多的数，合并成一个数的运算。它运算的结果叫作“和”。

是的，这一章要向你介绍的这条“捷径”，就是加法计算时的各种技巧。

第一节　高斯的巧算

高斯是著名的德国数学家，他从小就喜欢钻研数学，10岁上小学的时候，他就算出了当时一道很难的题。

那一天，老师让同学们把从1～100的所有自然数加到一起，求出总和。像这样一道题按照常规，不间断地连续相加，的确是很麻烦的。但是，许多同学都在认真、耐心地逐个相加的时候，高斯却很快算完了，报告老师：“得数是5050”。老师问他是怎么算的，高斯立刻讲出了他的算法，大家听了以后，连他的老师都对他十分钦佩。

小高斯当时是怎么算的呢？

原来他把这一长串数字进行了重新组合：把第一个加数1和最后一个加数100相加；把第二个加数2和倒数第二的加数99相加；这样，他把100个加数分成50组，每组的两个加数之和都是101。于是，他得出：$1+2+3+4\cdots+99+100=101\times50=5050$。

对于处于他那个知识段的少年来说，这种算法可算是运用创造性的思维进行解题的一个典型例子。

方法指引

我们根据高斯计算的那道题，得出一个新的计算公式，这个公式和高斯的算法本质上相同，但思路上有所区别。它能为我们提供一种重要的数学计算公式。

公式：连续数相加的总和=（首项+尾项）÷2×项数

注：排在开头的数叫“首项”。排在末尾的数叫“尾项”。相加数字所有的个数，叫“项数”。

（首项+尾项）÷2是所有“项数”的平均数。

例题详解

例

计算1+2+3…+79

解析：本题从1连续相加到79，可以根据公式：（首项十尾项）÷2×项数来进行计算，非常简单快捷。

解题过程

1+2+3+…+79

=（1+79）÷2×79

=80÷2×79

=40×79

=3160

第二节 互换位置更简单

方法指引

根据加法交换律和结合律，几个数相加，可以根据运算的需要，交换加数的位置，这样可以使计算更简便。

例题详解

例1

计算2937+892+63

解析：把892和63交换位置，使2937与63结合，凑成3000。

解题过程

2937+892+63

=2937+63+892

=3000+892

=3892

例2

计算53+728+147+72

解析：把728和147交换位置，使53和147结成一对好朋友；728和72结成一对好朋友。

解题过程

 53+728+147+72

=53+147+728+72

=200+800

=1000

例3

计算46.7+16.8+3.3+13.2

解析：把16.8和3.3交换位置，使46.7和3.3结成一对好朋友；16.8和13.2结成一对好朋友。

解题过程

 46.7+16.8+3.3+13.2

=46.7+3.3+16.8+13.2

=50+30

=80

第三节　逆序数相加

一个数的各位数字，倒序又组成的一个数，叫作这个数的逆序数。例如73和37互为逆序数。计算逆序数的和，可以采用特殊的方法。

方法指引

如果两个两位数相加，它们互为逆序数（两位数的个位数不能为0）。计算方法是：十位数加个位数，和是一位数，就将其排成相同的两个数；和是两位数，就将十位数和个位数再加起来，其和插在这个两位数的中间即可。

例题详解

例1

计算43+34

解析：因为43或34，它们的十位数与个位数相加都是一位数，所以和是这个数相同的两个数。

解题过程

43+34

4+3=7　十位数加个位数

和是这个数相同的两个数77

例2

计算87+78

解析：因为87或78，它们的十位数与个位数相加是两位数，所以就将这个两位数的十位数与个位数再次相加，其和插在这个两位数的中间即可。

解题过程

87+78

8+7=15　十位数加个位数

1+5=6　6插在15的中间，和是165

第四节　求几个相差不大的数的和

方法指引

许多数相加，如果这些数都接近某一个数，我们可以把这个数确定为基准数，乘以相加的个数，再将其他的数与这个数比较，加上多出的部分，减去不足的部分。

例题详解

例1

计算78+76+71+67+64+73

解析：观察这6个加数，发现它们都和70接近，可以把70选作“代表”（即基准数），乘以加数的个数，再将其他的数与70比较，加上多出的部分，减去不足的部分。

解题过程

78+76+71+67+64+73=70×6+（8+6+1−3−6+3）

=420+9

=429

例2

计算42+39+43+47+36+38+40+39

解析：观察这8个加数，发现它们都和40接近，可以把40选作“代表”，进行计算。

解题过程

42+39+43+47+36+38+40+39

=40×8+（2−1+3+7−4−2+0−1）

=320+4

=324

第五节　恒等式变形加法

方法指引

恒等式变形加法是数学计算中很重要的一种思维方法。它可以将我们学过的规律、性质，应用到加、减、乘、除之中，是一种有目的性的数学变换。

在一个加法算式中，如果有的数接近整十、整百、整千……可以把它变成整十、整百、整千……来计算。然后根据“多加要减去，少加要补上”的原则来处理。

例题详解

例1

计算297+79

解析：在做加法时，可以用恒等式变形进行计算，一个加数增加一个数，另一个加数同时减少一个数，其和不变。

在本题中，把后一个加数取出一个数，加在前一个加数上，使前一个加数变成整数，从而达到巧算的目的。

解题过程

297+79

=（297+3）+（79−3）

=300+76

=376

例2

计算687+ 3469

解析：在本题中，把后一个加数取出一个数，加在前一个加数上，使前一个加数变成整数进行计算。

解题过程

687+3469

=（687+313）+（3469−313）

=1000+3156

=4156

第六节　两行竖式加法

方法指引

以上五节加法速算都带有一定的局限性和特殊性。本节两行竖式加法，是加法中的通用法，也叫“万能法”。它可以应用到任何加法计算之中，是加法计算的重中之重。

两行竖式加法总共有3句口诀：

1. 后位满10多加1（左为前位，右为后位。满：等于或大于）。

2. 后位和9隔位看。

3. 后位小9直写和。

这种计算方法的特点是从左往右计算，算前看后，提前进位，答案一次写出。熟练掌握后可以不必再列竖式，还能运用到连加、连减的运算之中，是不可多得的好方法。

例题详解

例

计算

$$\begin{array}{r} 8\ 6\ 7 \\ +\ 5\ 7\ 4 \\ \hline \end{array}$$

解析：观察本题两行竖式相加，都要进位，所以，应该用口诀的第一句：**后位满10多加1**。刚开始学习竖式加法时，两个加数前要加零，熟练掌握后，不用再写。

解题过程

$$\begin{array}{r} 千\ 百\ 十\ 个 \\ 0\ 8\ 6\ 7 \\ +\ 0\ 5\ 7\ 4 \\ \hline 1\ 4\ 4\ 1 \end{array}$$

第一步：两个千位数0的后位8+5 =13，已满10，用口诀：后位满10多加1，所以在两个0的下边应写个1，即千位数1。

第二步：8+5 =13（13的十位数已进位），在写个位数3时，应先看后位是否满10。后位6+7 =13，已满10，用口诀：后位满10多加1，所以在个位数3上应多加一个1，变成4，即百位数4。

第三步：6+7=13（13的十位数已经进位），在写个位数3时，应再看后位是否满10，后位7+4=11，已满10，用口诀：后位满10多加1，所以在个位数3上应多加一个1，变成4，即十位数4。

第四步：7+4=11（11的十位数已进位），只写个位数1即可。

第七节　三行竖式加法

方法指引

三行竖式加法，是建立在两行竖式加法的基础上进行计算的。必须熟练地掌握两行竖式加法以后，才能进行三行竖式加法的学习。

例题详解

例1

计算

$$\begin{array}{r} 5\ 2\ 3\ 4\ 5 \\ 7\ 4\ 5\ 6\ 1 \\ +\ 4\ 1\ 6\ 5\ 3 \\ \hline \end{array}$$

解析：本例题是三行竖式加法的计算题，先把第二行74561和第三行41653，用两行竖式加法的口诀，加起来以后，再用第一行的52345加上第二行与第三行相加之和，就简单得多了。

解题过程

$$\begin{array}{r} 52345 \\ 74561 \\ +\ 41653 \\ \hline \end{array}$$

第一步：先把第二行74561和第三行41653用两行竖式加法的口诀相加，计算出其和是116214。

第二步：再列算式

$$\begin{array}{r} 52345 \\ +\ 116214 \\ \hline 168559 \end{array}$$

再把52345与116214相加，和是168559。

例2

计算

$$\begin{array}{r} 36879 \\ 459237 \\ +\ 78468 \\ \hline \end{array}$$

解析：本例题也是先把第二行459237和第三行78468，用两行竖式加法的口诀，加起来之后，再用第一行36879加上第二行与第三行相加之和，就是其总和。

解题过程

$$\begin{array}{r} 36879 \\ 459237 \\ +\ 78468 \\ \hline \end{array}$$

第一步：第二行与第三行用两行竖式加法的口诀计算得出其和是537705。

第二步：再列算式

$$\begin{array}{r} 36879 \\ +\ 537705 \\ \hline 574584 \end{array}$$

再把36879与537705相加，和是574584。

刚开始学习三行竖式加法的时候，第二行与第三行相加之和可以写出来，再与第一行相加。如果熟练以后，就不用再写出来了，那样太慢、太麻烦。相加之和直接与第一行再相加，就是其总和。

横式的多位数连加计算题，甚至根本用不着再去列竖式，而直接用两行竖式加法的口诀来计算，瞬间答案就能计算出来。请同学们考验一下自己的心算能力吧！

第八节　拆开法

方法指引

方法：两个数相加时，可按数的组成将其拆开，再把它们的和相加。

例题详解

例1

计算　458+273

=（45+27）×10+（8+3）

=720+11

=731

例2

计算　3675+528

=（36+5）×100+（75+28）

=4100+103

=4203

第九节　去补法

方法指引

方法：加上一个数，可先加上10、100、1000，再减去它的补数。

例题详解

例1

计算 26+89 =115

①加上一个数，可先加上10、100、1000：

26+100=126

②再减去它的补数（即：100−89=11）

126−11=115。

例2

5276+865=6141

①加上一个数，可先加上10、100、1000：

5276+1000=6276

②再减去它的补数（即：1000−865=135）

6276−135=6141。

第三章　减法速算

减法，是已知两个数的和与其中的一个加数，求另一个加数的运算，运算出的结果叫作“差”。

一般情况下，两个数相减并不难，如果数字适宜，凑整后再减，就更容易。

但是，在实际计算时，会遇到许许多多不同的情况。如：一个数连续减几个数；几个数的和减去几个数的和等，如果按照常规计算，就很麻烦。我们也把它变一变、换一换，竟然也能找到一条“捷径”。

不过，再次提醒，“万变不离其宗”，不论怎么变，一定要运用减法的规则和定理，必须和原算式相等。这就如同现代化的战争，不管是电子战还是信息战，不管武器多么先进，目的都是用最小的牺牲、最快的速度，取得战争的最后胜利。

第一节　凑整求差

方法指引

整十、整百、整千……进行加减，都比较容易，在一个减法算式里，若能有条件凑成整数，再进行计算，能使计算更简便。

例题详解

例1

计算4687−1988

解析：这道题用凑整减法计算就很简单，先将1988看作2000来计算，然后再加上多减去的12。

解题过程

4687−1988

=4687−2000+12

=2687+12

=2699

例2

计算3246−258

解析：观察本题，可先把258改变成246+12再进行计算，这样比较好算。

解题过程

3246−258

=3246−246−12

=3000−12

=2988

第二节　逆序数相减

方法指引

两位数的逆序数相减，它们的差是：**十位数减个位数差的9倍。**

三位数的逆序数相减，它们的差是：**百位数减个位数差的99倍。**

四位数的逆序数相减，如果百位数和十位数上的数字都相同，它们的差是：**千位数减个位数差的999倍。**

例题详解

例1

计算 97–79

解析：97和79是两位数的逆序数相减。应用两数之差，乘以9来计算。

解题过程

97– 79

=（9–7）×9

=18

例2

计算875–578

解析：875和578是三位数的逆序数相减，应用百位和个位之差，乘以99来计算。

解题过程

875–578

=（8–5）×99

=297

例3

计算7996–6997

解析：7996和6997符合四位数的逆序数相减的条件，应用千位数和个位数之差，乘以999来计算。

解题过程

7996–6997

=（7–6）×999

=999

第三节 恒等式变形减法

方法指引

在计算减法时，常常可以利用恒等式变形的方法来进行计算，其原因是被减数和减数增加同一个数或减少同一个数，其结果不变。

例题详解

例1

计算 576−87

解析：本题可以让减数87增加13，变成100，为了恒等，必须使被减数也增加13。

解题过程

576−87

=（576+13）－（87+13）

=589−100

=489

例2

计算687−279

解析：观察本题，减数279把79减去，变成200，为了恒等，必须使被减数也减去79。

解题过程

687−279

=（687−79）−（279−79）

=608−200

=408

第四节 两行竖式减法

方法指引

以上三节减法速算，往往要符合某些特定的条件，计算起来才比较简单快捷。本节两行竖式减法，是减法中的通用法，也叫“万能法”。因为这种计算方法不需要任何特定的条件，它可以应用到所有的减法之中，所以它又是减法计算的重中之重。

两行竖式减法总共有3句口诀。

1. 后位上小下大多减1（左为前位，右为后位）。

2. 后位上下相等隔位看。

3. 后位上大下小直写差。

这种计算方法也是从左往右计算，算前看后，提前退位，答案一次得出。熟练掌握后，不必再列竖式，用眼一看，答案马上就能得出。

例题详解

例

计算

$$\begin{array}{r} 6\ 7\ 2 \\ -\ 4\ 8\ 3 \\ \hline \end{array}$$

解析：本道例题经观察，十位数和个位数都是上边小下边大，所以，应用两行竖式相减的第一句口诀：后位上小下大多减1来进行计算。

解题过程

$$\begin{array}{r} 百\ 十\ 个 \\ 6\ 7\ 2 \\ -\ 4\ 8\ 3 \\ \hline 1\ 8\ 9 \end{array}$$

第一步：百位数相减，为什么6减4得1呢？因为百位数的后边十位数上面是7，下面是8，应用第一句口诀：后位上小下大多减1，所以6减4再减1得1，即百位数1。

第二步：十位数相减（百位数多减1，所以十位是17），因为十位数的后边个位数上面是2，下面是3，用口诀：后位上小下大多减1。所以17减8再减1得8，即十位数8。

第三步：个位数相减12−3=9（十位数多减1，所以个位数是12），即个位数9。全差为189。

第五节　三行竖式减法

方法指引

三行竖式减法，用常规的方法计算，当然比较麻烦又容易出差错。如果把它改一改、变一变，把第二行和第三行先加起来，再用第一行减去其和，那就既简单又准确。只不过必须熟练地掌握两行竖式加法和两行竖式减法以后，方可顺利地进行三行竖式减法的计算。

例题详解

例1

计算

$$\begin{array}{r} 8\ 9\ 4\ 7 \\ -\ 2\ 3\ 4\ 6 \\ 1\ 8\ 9\ 7 \\ \hline \end{array}$$

解析：本例题是三行竖式减法的计算题，先把第二行的减数2346和第三行的减数1897，用两行竖式加法的口诀，加起来以后，再用第一行的被减数8947减去其和，就简单快捷多了。

解题过程

$$\begin{array}{r} 8\ 9\ 4\ 7 \\ -\ 2\ 3\ 4\ 6 \\ 1\ 8\ 9\ 7 \\ \hline \end{array}$$

第一步：先把第二行的减数2346和第三行的减数1897用两行竖式加法口诀，计算出其和是4243。

第二步：再列算式。

$$\begin{array}{r} 8\ 9\ 4\ 7 \\ -\ 4\ 2\ 4\ 3 \\ \hline 4\ 7\ 0\ 4 \end{array}$$

用两行竖式减法的口诀计算出其差为4704。

例2

计算

$$\begin{array}{r} 9\ 8\ 6\ 7 \\ -\ 2\ 9\ 8\ 4 \\ 3\ 8\ 3\ 7 \\ \hline \end{array}$$

解析：如果先把第二行的减数2984和第三行的减数3837，用两行竖式加法口诀得出其和，再用第一行的被减数减去其和，那就能简便地得出其差。

解题过程

$$\begin{array}{r} 9\ 8\ 6\ 7 \\ -\ 2\ 9\ 8\ 4 \\ 3\ 8\ 3\ 7 \\ \hline \end{array}$$

第一步：第二行和第三行用两行竖式加法口诀得出其和是6821。

第二步：再列算式。

$$\begin{array}{r} 9\ 8\ 6\ 7 \\ -\ 6\ 8\ 2\ 1 \\ \hline 3\ 0\ 4\ 6 \end{array}$$

用两行竖式减法口诀得出其差为3046。

第六节　分解减数直减法

方法指引

先把减数分成与被减数的后两位数相同的数和另一个数，再用被减数依次减去这两个数。

例题详解

例1

216−58

①先把减数分成与被减数的后两位数相同的数和另一个数：58分成16+42

②再用被减数依次减去这两个数：

216−16−42=200−42=158

例2

143−65

①先把减数分成与被减数的后两位数相同的数和另一个数：65分成43+22

②再用被减数依次减去这两个数：

143−43−22=100−22=78

第四章　乘法速算

求一个数的若干倍是多少的方法叫乘法。乘法是加法的速算，是把一大堆相同的数累积成一个数，乘法的结果是“积”。

乘法在四则运算中占据的位置非常重要，因为使用的比较多，计算起来又比较难，所以人们研究的办法也最多，计算技巧也更加丰富多彩。

第一节　乘法的基础知识

一、乘法的运算定律

乘法的运算定律有乘法交换律、乘法结合律、乘法分配律和乘法扩缩律。

1. 乘法交换律

两个数相乘，交换因数的位置，它们的积不变。

用字母表示：$a\times b=b\times a$

例

$125\times 6\times 8$

$=125\times 8\times 6$

$=1000\times 6$

$=6000$

$8\times 7\times 125\times 3$

$=8\times 125\times 7\times 3$

$=1000\times 7\times 3$

$=21000$

2. 乘法结合律

三个数相乘，先把前两个数相乘，再与第三个数相乘，或者先把后两个数相乘，再与第一个数相乘，它们的积不变。

用字母表示：$a\times b\times c=(a\times b)\times c$

$=a\times(b\times c)$

例

$25\times4\times7$

$=(25\times4)\times7$

$=100\times7$

$=700$

$13\times8\times125$

$=13\times(8\times125)$

$=13\times1000$

$=13000$

3. 乘法分配律

两个加（减）数乘一个数，可以先把两个加（减）数分别与这个数相乘，再把这两个积相加（减），其结果不变。

用字母表示：$(a\pm b)\times c=a\times c\pm b\times c$

例

$(40+20)\times25$

$=40\times25+20\times25$

$=1000+500$

$=1500$

$(40-4)\times25$

$=40\times25-4\times25$

$=1000-100$

$=900$

4. 乘法扩缩律

如果一个因数扩大若干倍，另一个因数缩小相同的倍数，它们的积不变。

用字母表示：$a\times b=(a\times n)\times(b\div n)$

$$=(a \div n)\times(b \times n)\quad(n \neq 0)$$

例

25×16

=（25×4）×（16÷4）

=100×4

=400

32×125

=（32÷8）×（125×8）

=4×1000

=4000

二、 乘法公式定位法

“公式定位法”，也叫通用定位法，这个方法适用于各种乘除法，同时对于珠算、笔算、心算等也广泛适用。一般来说，被乘数和乘数相乘，积的位数有两种方法来确定：**1是直加法，2是减1法。**

1. 直加法

在一个乘法算式里，如果积的首位数小于被乘数和乘数的首位数时，积的整数位数应是被乘数和乘数整数位数之和的位数。

例1

45×56=2520

积的首位数是2，小于被乘数和乘数的首位数4和5，所以积的整数位数应是被乘数和乘数的整数位数之和的位数。

即：2位（45）+2位（56）=4位（2520）

例2

125×8. 02 =1002.5

积的首位数是1，小于乘数的首位数8，却和被乘数的首位数1相同，再用被乘数的前两位数12和积的前两位数10相比，还是属于积的首位数小于被乘数和乘数的首位数之列，所以积的整数位数应是被乘数和乘数整数位数之和的位数（小数点后面的数字，不能计为整数位数）。

即：3位（125）+1位（8）=4位（1002）

2. 减1法

在一个乘法算式里，如果积的首位数大于被乘数和乘数的首位时，积的整数位数应是被乘数和乘数的整数位数之和再减1。

例1

33×25=825

积的首位数是8，大于被乘数和乘数的首位数3和2，所以积的整数位数应是被乘数和乘数的整数位数之和再减1。

即：2位（33）+2位（25）–1位=3位（825）

例2

297×3. 13=929. 61

积的首位数是9，大于被乘数和乘数的首位数2和3，所以积的整数位数应是被乘数和乘数的整数位数之和再减1（小数点后面的数字，不能计为整数位数）。

即：3位（297）+1位（3）–1位=3位（929）

第二节　双数一口清

一、20以内的两数相乘

方法指引

十几和十几相乘，是十位数相同乘法中的一种特殊情况，可以很简单地进行计算。只要用被乘数（首数）加上乘数（尾数）的数尾，扩大10倍，再加上两个数尾的积，就可以了。

口诀：**首数加上尾数尾，得数扩大整10倍。**

再加两尾相乘积，欲求之积无不对。

例题详解

例1

计算12×13

解析：按口诀计算，先用被乘数12（首数）加上乘数13（尾数）的个位数3（尾数尾），乘以10；再加两尾的乘积，也就是12和13的个位数2×3=6。156便是全积。

解题过程

$$
\begin{aligned}
& 12\times13 \\
=& (12+3)\times10+2\times3 \\
=& 150+6 \\
=& 156
\end{aligned}
$$

例2

计算：140×1200

解析：如果是一百几十乘以一千几百或者十几乘以一百几十等情况，先按十几乘以十几的方法进行计算，最后有几个零，写在后边就行了。

解题过程

140×1200

=[（14+2）×10+4×2]×1000

=[160+8]×1000

=168000

二、首同尾互补的两数乘法

方法指引

两个两位数相乘，如果它们的十位数相同，而个位数又互补（互补=10），计算起来就特别简单。

计算方法是：在其中的一个十位数上先加个1，然后，十位数和十位数相乘为前积；个位数和个位数相乘为后积，前积和后积依次相连即是全积。

口诀：**首加1后与首乘，两尾之积随后行，**

尾积小10前加0，依次相连全积成。

注意：稍加练习，可以延伸到三位数乘法。

例题详解

例1

计算72×78

解析：按口诀计算，先在一个首位数7上加1为8，然后两个首位数相乘，8×7=56，为前积；随后两个尾数相乘，2×8=16为后积；前积和后积依次相连，5616便是全积。

解题过程

72×78

（7+1）×7=56　首加1后与首乘为前积

2×8 =16　两尾相乘之积为后积

5616　依次相连便是全积

例2

计算35^2

解析：凡是个位数是5，十位数是任意数的平方，也都可以按此方法进行计算。

解题过程

35^2

（3+1）×3=12　首加1后与首乘为前积

5×5=25　两尾相乘为后积

1225　依次相连便是全积

三、 首相同尾非互补的两位数相乘

方法指引

两个两位数相乘，如果它们的十位数相同，但两个个位数之和不互补，计算起来也很简单。

计算方法是：用一个乘数加上另一个乘数的个位数，相加之和乘以另一个乘数的十位数，然后再加上两个乘数个位数相乘之积，得数就是最终积。

口诀：**首数加上尾数尾，和数乘首再10倍，**

加上两尾相乘积，终积之数无不对。

首相同尾非互补的两位数相乘之计算口诀，对于任意两位数的平方，也都一样可以使用。

例题详解

例1

计算43×46

解析：按口诀计算，首数43加上尾数的尾6，43+6=49，和49与另一个尾数的十位数40相乘，49×40 =1960。然后再加上两个乘数个位数相乘之积，1960+3×6=1978，最终积就是1978。

解题过程

43×46

$=(43+6)\times40+3\times6$

$=49\times40+18$

$=1978$

例2

计算67×68

解析：按口诀计算，首数67加上尾数的尾8，$67+8=75$，和为75与另一个尾数的十位数60相乘，$75\times60=4500$。然后再加上两尾之积，$4500+7\times8=4556$，最终积为4556。

解题过程

67×68

$=(67+8)\times60+7\times8$

$=75\times60+56$

$=4556$

四、首相同尾互补的变数乘法

方法指引

变数：就是其中一个因数扩大或缩小后的数字，称为变数。

两个两位数相乘，它们的十位数相同，而个位数又互补，计算起来特别简单，上面刚刚学过。

如果把两个乘数中的一个乘数扩大一倍或缩小一半，用上面的方法进行计算，照样可行。但应该在没有改变的那个乘数的首位数上加1，其他的完全按上面的口诀计算便是全积。

改变的那个乘数，有两个前提条件必须遵守。

1. 不管扩大一倍或若干倍，不能进位。

2. 不管减少一半或若干份，不能借位。

本节的变数乘法，对于一个两位数的首尾互补，而另一个乘数都是相同的多位数时，也同样适用。

例题详解

例1

计算29×42

解析：本例题的乘数42，就是：29×21，乘数21扩大一倍的数字，42就是变数。它还可以扩大两倍是63，再扩大三倍是84。

这些数字都是扩大一倍或若干倍，而没有进位的数字。

只要在没有改变29的首位数2上加1，其他的按第二节的口诀：首加1后与首乘，两尾之积随后行，尾积小10前加0，依次相连全积成，来进行计算就可以了。

解题过程

29×42

（2+1）×4=12　首加1后与首乘为前积

9×2 =18　两尾相乘之积为后积

1218　依次相连便是全积

例2

计算42×24

解析：本例题的乘数24，就是42×48中乘数48的一半，24就是变数。48可以分成4等份：12，24，36和48。这4个数字都是缩小一半或若干份，而没有借位的数字。

只要在没有改变42的首位数4上加1，其他的按第二节的口诀计算。

解题过程

42×24

（4+1）×2=10　首加1后与首乘为前积

2×4=08　两尾相乘之积为后积

1008　依次相连便是全积

五、首互补尾相同的两位数乘法

方法指引

两个两位数相乘，如果他们的十位数互补（互补=10），而个位数又都是一样，计算起来也特别简单。

计算方法是：两个十位数相乘之后，加上一个个位数，为前积；两个个位数相乘为后积；依次相连即是全积。

口诀：一尾加上两首乘，两尾之积随后行，

尾积小10前加0，依次相连全积成。

例题详解

例1

计算47×67

解析：按口诀计算，一尾加上两首乘，就是个位数7，要加上两个首位数相乘之后的积，$7+4\times 6=31$，为前积；随后两个尾数相乘，$7\times 7=49$为后积；前积和后积依次相连，3149便是全积。

解题过程

47×67

$7+4\times 6=31$　一尾加上两首乘为前积

$7\times 7=49$　两尾相乘之积为后积

3149　依次相连便是全积

例2

计算83×23

解析：83×23的两个个位数（尾）相乘以后等于9，小于10，按口诀：尾积小10前加0，应在尾积9的前边加个0，顶替十位数，后积为09。

解题过程

83×23

$3+8\times2=19$　一尾加上两首乘为前积

$3\times3=09$　两尾相乘之积为后积

1909　依次相连便是全积

例3

计算59^2

解析：凡是十位数是5，个位数是任意数的平方，也都可以用此口诀进行计算。因为五十几的平方，两个十位数都是5，是互补数（互补=10）。

解题过程

59^2

$9+5\times5=34$　一尾加上两首乘为前积

$9\times9=81$　尾自乘为后积

3481　依次相连便是全积

六、　两位数和为9与连续数相乘

方法指引

连续数：就是两位或两位以上依次大1的数字就为连续数。

比如：34、567、6789等，为连续数。如：35，578，5789因没有依次大1，就不能算是连续数。

一个两位数，十位数与个位数相加和为9，与另一个连续数相乘，其计算方法是：先在和为9的首位数上加1，然后首位数与首位数相乘为前积；随后两个尾数的补数相乘为后积；依次相连即是全积。

口诀：**首加1后与首乘，尾补之积随后行，**

补积小10前加0，依次相连全积成。

例题详解

例1

计算72×56

解析：一个两位数，十位数与个位数相加和为9的数字有：18，81，27，72，36，63，当然还有45和54，这些数与一个连续数相乘，计算方法可按口诀进行。

先在和为9的首位数7上加上1为8，然后首位数与首位数相乘，8×5=40为前积；随后两个尾数的补数相乘，尾数2、6的补数分别为8、4。8×4= 32为后积；前积和后积依次相连，4032便是全积。

解题过程

72×56

（7+1）×5=40　首加1后与首乘为前积

8×4=32　两尾的补数之积为后积

4032　依次相连便是全积

例2

计算27×6789

解析：本例题的被乘数27和为9，另一连续数6789是4位数，计算时除了按口诀进行计算之外，中间还有两个数7和8，这两个数不需要计算，首加1后的那个数重复两次，插在前积和后积中间便是全积。

解题过程

27×6789

$(2+1)\times6=18$　首加1后与首乘为前积

$3\times1=03$　两尾的补数之积为后积

183303　中间插进首加1后的两个3便是全积

七、一个个位数是9的两位数相乘

方法指引

一个个位数是9，十位是任意数，可以先把这个数当作整数来和另一个乘数相乘，然后再减去另一个数即是其积。

例题详解

例1

计算43×19

解析：一个数乘以19，可以先把这个数乘以20，根据2的单数一口清进行计算，然后再减去这个数即是其积。

解题过程

43×19

$=43\times20-43$

$=860-43$

$=817$

例2

计算123×39

解析：一个数乘以39，可以先把这个数乘以40，根据4的单数一口清进行计算，然后再减去这个数即是其积。

解题过程

123×39

$=123\times40-123$

$=4920-123$

$=4797$

以此类推，你能用这种方法瞬间计算出一个任意两位数，乘以49，59，69，79，89，99的积吗？

八、 一个数与11相乘

方法指引

一个数与11相乘，一般是首尾两数字不变，中间的数字是各相邻的两位数依次相加之和。

口诀：**首尾不动两边拉，相邻之和中间插。**

相邻之和如满10，往前进位积不差。

注意：此方法可延伸到22，33，44，55，66，77，88，99的乘法运算。

例题详解

例1

计算234×11

解析：按口诀计算：被乘数首位数2和尾数4不变，拉开放在两边。2和3相邻，3和4相邻，相加之和为5和7，插在2和4中间，2574便是全积。

解题过程

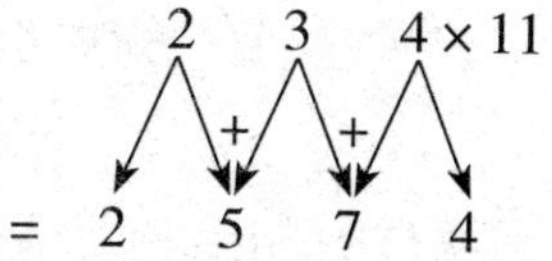

例2

计算5372×11

解析：如果相邻的两个数字相加满十，就要进位。本例题的被乘数5372，它的百位数3和十位数7相加为10，要往千位数上进位1，其积才能正确。

解题过程

$$
\begin{array}{cccccc}
 & 5 & 3 & 7 & 2 & \times 11 \\
 & & + & + & + & \\
= & 5 & 8 & & & \\
= & & 1 & 0 & 9 & 2 \\
= & 5 & 9 & 0 & 9 & 2
\end{array}
$$

如果一个乘式中，若有的乘数是11的倍数，可以通过变形使运算简便。如：22 =11×2；33=11×3。

九、任意两位数相乘的万能法

方法指引

将要介绍的两位数和两位数相乘的万能法，可以说是双数一口清中最重要的一节，不但要学，而且还要学好学精，它也是多位数相乘的基础，掌握它的速算诀窍非常重要，千万不要轻视它的作用。

那么任意两位数和两位数相乘，万能速算法又是怎么计算的呢？

它共分三步。

1.被乘数的“数首”和乘数的“数尾”、被乘数的“数尾”和乘数的“数首”相乘以后，两积相加再扩大10倍，得一数。

2．被乘数的“数首”和乘数的“数首”、被乘数的“数尾”和乘数的“数尾”相乘以后，两积相加得一数。

3．把以上得到的那两个数相加便是全积。

为了便于记忆，特编成口诀：

首尾尾首交互乘，乘积相加添一零，

两首两尾积之和，再次相加积便成。

注：两首是指两个因数的十位数。比如：53×42，它们的两首应是50和40，而不是5和4。

例题详解

例1

计算53×42

解析：按口诀计算

1．被乘数的“数首”5和乘数的“数尾”2，被乘数的“数尾”3和乘数的“数首”4相乘即5×2=10，3×4=12，积相加再扩大10倍得一数，（10+12）×10=220。

2．被乘数的“数首”50和乘数的“数首”40、被乘数的“数尾”3和乘数的“数尾”2相乘以后，50×40=2000，3×2=06，两积相加得一数，2006。

3. 把以上得到的两个数再次相加起来，220+2006=2226，便是全积。

解题过程

53×42

=（5×2+3×4）×10+50×40+3×2

=220+2006

=2226

例2

计算48×54

解析：按口诀的第一步计算非常重要，虽说不太难算，但有一些麻烦，而且两个相乘的数字要看准，千万不能搞错，（4×4+8×5）×10=560。

第二步按口诀计算就比较容易2032，但计算第二步的同时还要记着第一步算出来的数字，这就需要经过锻炼方可自然准确。

第三步把上边心算出来的两组数字，在心里再次相加才是全积。这必须经过很多次的练习方可达到目的。

解题过程

48×54

=（4×4+8×5）×10+（40×50+8×4）

=560+2032

=2592

第三节　三数一口清

一、一百多至两百之内的两数相乘

方法指引

当两个数相乘而且都比100大出一小部分，而又不超过200，求它们的积可分成三步来计算。

1. 用一个乘数加上另一个乘数的“尾”，得出一数为前积。

2. 两个乘数的“尾”相乘之积，又得出一数为后积。

3. 前积和后积依次相连便是全积。

（这里的“尾”是指两个乘数的十位数和个位数）

编成口诀：**首数加上尾数尾，两尾之积依后随，**

尾积小10前加0，依次相连积便成。

例题详解

例1

计算115×106

解析：看本例题115×106，按口诀计算。

1. 首数加上尾数尾，也就是用“首数”115加上“尾数”106的“尾”06和为121，为前积。

2. 两尾之积依后随，也就是用“首数”的“尾”15与“尾数”的“尾”06相乘，等于90为后积。

3. 前积和后积依次相连12190便是全积。

解题过程

115 × 106

115+06=121　首数加上尾数尾为前积

15 × 06=90　两尾相乘之积为后积

12190　依次相连便是全积

例2

计算104 × 102

解析：按口诀计算，首数加上尾数尾，104+02 =106，为前积；两尾之积依后随，4 × 2=8，如果两“尾”之积不满10，应在十位数上加0顶位，后积为08。前积和后积依次相连，10608便是全积。

解题过程

104 × 102

104+02=106　首数加上尾数尾为前积

04 × 02=08　两尾相乘之积为后积

10608　依次相连便是全积

二、 中间是零的三位数乘法

方法指引

如果三位数和三位数相乘，十位数都是零，因为情况特殊，当然就用特殊的方法进行计算。它们的积可分成四步计算。

1. 两个百位数的“首”相乘为前积。

2. 两个乘数的“首”和两个乘数的“尾”，交叉相乘，所得之积再相加，和为中积。

3. 两个乘数的“尾”相乘为后积。

4. 前积、中积和后积依次相连便是全积。

为了便于记忆，特编成口诀：

两首之积前边行，首尾尾首交叉乘。

两积相加中积成，两尾之积随后行。

中积后积不满10，前边加0积便成。

注：后三句口诀计算之积如果是一位数的话，前位必须用零来占位，否则乘积便会出错。如：103×102、102×104等。

例题详解

例1

计算305×407

解析：1. 按口诀计算两首之积前边行：3×4=12，为前积。

2. 首尾尾首交叉乘，两积相加中积成：也就是用305的“首3”与407的“尾7”相乘积为21；用305的“尾5”与407的“首4”相乘积为20；两积再相加和为41，为中积。

3. 两尾之积随后行：5×7=35为后积。

4. 前积、中积和后积依次相连124135，便是全积。

解题过程

305 × 407

3 × 4 =12　两首之积前边行为前积

3 × 7+5 × 4=41　首尾尾首交叉乘，两积相加中积成，为中积

5 × 7=35　两尾之积随后行

124135　前积、中积和后积依次相连便是全积

例2

计算807 × 709

解析：按口诀计算。

1. 两首之积前边行：8 × 7=56为前积。

2. 首尾尾首交叉乘，两积相加中积成：8 × 9=72，7 × 7=49，72+49 =121为中积。如果相加之后中积是三位数，百位数还应该往前进位，千万要记住这一点。

3. 两尾之积随后行：7 × 9=63，为后积。

4. 前积、中积和后积依次相连572163便是全积。

解题过程

807 × 709

8 × 7=56　两首之积前边行为前积

8 × 9+7 × 7=121　首尾尾首交叉乘，两积相加中积成，为中积

7 × 9=63　两尾之积随后行

572163　中积进位后，依次相连便是全积

三、比同一个整几百多几、又少几的两数相乘

方法指引

如果一个乘数比整几百大出一小部分，而另一个乘数又比这个整几百少一小部分，计算起来就非常简单。求它的积可分成三步来计算。

1. 把一个乘数“尾”加到另一个乘数上，使其变成整数，然后两个乘数相乘，为前积。

2. 用一个整几百的“尾”与另一个乘数的“补数”相乘，为后积。

3. 前积减后积便是全积。

例题详解

例1

计算213×197

解析：1. 先把213的“尾”13加到另一个乘数197上，然后两个乘数相乘（213−13）×（197+13）=200×210=42000，为前积。

2. 用乘数213的“尾”13与另一乘数197的“补数”3相乘，13×3=39，为后积。

3. 前积42000减去后积39，41961便是全积。

解题过程

213 × 197

=（213−13）×（197+13）−13 × 3

=200 × 210−39

=42000−39

=41961

例2

计算317 × 289

解析：1. 先把乘数317的“尾”加到另一个乘数289上，然后两个乘数再相乘（317−17）×（289+17）=300 × 306=91800，为前积。

2. 用乘数317的“尾17”与另一个乘数289的“补数11”相乘，17 × 11=187，为后积。

3. 前积91800减去后积187，91613便是全积。

解题过程

317 × 289

=（317−17）×（289+17）−17 × 11

=300 × 306−187

=91800 −187

=91613

四、比相同的两个百位数都多几的两数相乘

方法指引

当相同的两个百位数相乘而且都比整几百大出一小部分，求他们的积可分成三步来计算。

1. 把一个乘数的“尾”加在另一个乘数上，然后两个乘数再相乘，为前积。

2. 用两个乘数的“尾”相乘，为后积。

3. 前积加后积便是全积。

例题详解

例1

计算212×213

解析：1. 先把乘数212的“尾”12加到另一个乘数213上，然后两个乘数再相乘：（212－12）×（213+12）=200×225 =45000，为前积。

2. 用两个乘数的“尾”相乘：12×13=156，为后积。

3. 前积45000加后积156，45156便是全积。

解题过程

212×213

=（212－12）×（213+12）+12×13

=200×225+156

=45000+156

=45156

例2

计算318×316

解析：1. 先把乘数318的“尾”18，加到另一个乘数316上，然后两个乘数再相乘：（318−18）×（316+18）=300×334=100200，为前积。

2. 用两个乘数的“尾”相乘：18×16 =288，为后积。

3. 前积100200加后积288，100488便是全积。

解题过程

318×316

=（318−18）×（316+18）+18×16

=300×334+288

=100200+288

=100488

比相同的两个百位数都少几的两个三位数相乘，同样也可以使用此方法进行计算，只不过后积是由补数乘补数组成的而已。

五、求任意三位数的平方

方法指引

求任意一个三位数的平方有一种方法比较简便、快捷，它可以分成四步来计算。

1. 从左往右，顺序把百位^2、十位^2、个位^2，用两位数表示（如果是一位数，左边加0补足）。

2. 往右移一位，把百位和十位相乘、十位和个位相乘积的两倍，写在第二行。

3. 再往右移一位，把百位和个位相乘积的两倍，写在第三行。

4. 把这三行数字加起来，便是这个三位数的平方。

例题详解

例1

计算369^2

解析：1. 从左到右，顺序把3^2，6^2，9^2用两位数表示为：093681写在第一行（3^2是一位数，左边加0补足）。

2. 往右移一位，把百位3和十位6相乘积的两倍36，十位6和个位9相乘积的两倍108（如果是三位数，往前边进一位），连续写出来是：3708为第二行。

3. 再往右移一位，把百位3和个位9相乘积的两倍54写出来为第三行。

4. 把这三行数字加起来，便是这个三位数的平方积。

解题过程

$$
\begin{array}{r}
369^2 \\
\hline
093681 \\
3708 \\
+\quad 54 \\
\hline
136161
\end{array}
$$

例2

计算872^2

解析：1. 从左往右，顺序把8^2、7^2、2^2用两位数表示为：644904，写在第一行。

2. 把百位8和十位7相乘积的两倍112、十位数7和个位数2相乘积的两倍28，连续写出来是：11228，为第二行（如果百位和十位相乘积的两倍是三位数，不再往右移位）

3. 再往右移一位，把百位8和个位2相乘积的两倍32写出来为第三行。

4. 把这三行数字加起来，便是这个三位数的平方。

解题过程

$$\begin{array}{cccccc} & & 8 & 7 & 2^2 & \\ \hline 6 & 4 & 4 & 9 & 0 & 4 \\ 1 & 1 & 2 & 2 & 8 & \\ + & & 3 & 2 & & \\ \hline 7 & 6 & 0 & 3 & 8 & 4 \end{array}$$

这个计算方法，看起来很复杂，熟练之后其实很简单，而且它的实用价值非常高。

如果是任意四位数的平方，任意五位数的平方，原理同上。

六、任意三位数相乘的万能法

方法指引

前边已经学过的任意两位数相乘的万能法，只要熟练地掌握之后，任意三位数相乘的万能法那就很容易学会，只不过计算的步骤是分为五步来进行的。

1. 个位数和个位数相乘之积，只写个位数，进位数记心里。

2. 个位数和十位数交叉相乘之积再相加，再加上一个进位数后，只写个位数，进位数记在心里。

3. 个位数和百位数交叉相乘之积相加后再加上两个十位数相乘之积，得数再加上一个进位数后，只写个位数，进位数记心里。

4. 十位数和百位数交叉相乘之积再相加，再加上一个进位数后，只写个位数，进位数记心里。

5. 百位数和百位数相乘之积，再加上一个进位数后和是几位就写几位数，五步的数字依次相连便是全积。

例题详解

例

计算352×423

解析：1. 个位数和个位数相乘：2×3=6，只写6。没有进位数。

2. 个位数和十位数交叉相乘再相加：（2×2）+（3×5）=19，只写个位数9，进位数1记心里。

3. 个位数和百位数交叉相乘之积相加后再加上两个十位数相乘之积，再加进位数1：（2×4）+（3×3）+（5×2）+1=28，只写个位数8，进位数2记心里。

4. 十位数和百位数交叉相乘之积再相加，再加进位数2：（5×4）+（2×3）+2=28，只写个位数8，进位数2记心里。

5. 百位数和百位数相乘之积，再加进位数2：3×4+2=14，14写前面，五步的数字依次相连：148896便是全积。

解题过程

第一步	第二步	第三步
3 5 2	3 5 2	3 5 2
× 4 2 3	× 4①2 3	×②4 2 3
6	9 6	8 9 6

第四步	第五步
3 5 2	3 5 2
×③4 2 3	× 4 2 3
8 8 9 6	148 8 9 6

第四步　　第五步

第四节　单数一口清

单数一口清，就是一位数和多位数相乘时，能快速得出其结果的一种计算方法。这种方法是直接凭大脑进行计算的，不需任何计算工具，这种方法打破了人类几千年来从低位往高位计算的习惯，它运用进位规律，提前进位，由高位往低位算起，并能瞬间运算出正确结果。这种方法还可以锻炼大脑，开发智力，启迪思维。

单数一口清是乘法计算的重中之重，它又是多位数乘除法及乘方、开方等数学计算中的基础。下边将要介绍从2~9一口清计算时所用的各种口诀，方法及技巧。

一、 2的单数一口清

方法指引

单数一口清的计算是从左往右进行的，积的每位数字都是由“本个”+“后进”=“和”的个位数所组成的。

单数一口清中所有从2~9的“本个”都有其单独的口诀，“后进”也有其单独的进位律。

2的单数一口清“本个”和“后进”的口诀是：**本位翻倍；**

满5进1。

例题详解

例

计算2378×2

解析：2378×2的一口清，它们积的每个数都是由“本个”加“后进”组成的。“本个”的口诀是：本位翻倍。本位翻倍后的“本个”应该分别是4，6，4，6。

而“后进”的口诀是：满5进1。十位数7满5，应往百位数上进1；个位数8满5，应往十位数上进1。

解题过程

2　3　7　8×2 =4756

2翻倍的本个是4，后位是3不满5，积的千位数为4

3翻倍的本个是6，后位是7满5进1，积的百位数为6+1=7

7翻倍的本个是4，后位是8满5进1，积的十位数为4+1=5

8翻倍的本个是6，积的个位数为6

二、3的单数一口清

方法指引

3的单数一口清，积的每位数字也都是由“本个”+“后进”=“和”的个位数所组成的。只不过它“本个”的口诀比较麻烦一些。3的单数一口清“本个”的口诀是：**1，2，3直写倍；4，8分半；5个5；6负2；7是1；9是7。**

“后进”的口诀是：**超3进1；超6进2。**

例题详解

例

计算2486×3

解析：3的单数一口清“本个”的口诀中：1，2，3直写倍，就是直写乘以3的倍数3，6，9；4，8分半就是“本个”的数字应是4和8的一半2和4；5的本个还是5；6负2的意思是比10少2“本个”应该是8；7的“本个”是1；9的“本个”肯定是7。

后进的口诀是超3进1，超6进2。就是说后位数必须超过3的循环数才能进位1，如3，4，5等；超过6的循环数才能进2，如6，7，8，9等。

解题过程

2　4　8　6×3=7458

2直写倍，本个是6，后位是4、超3进1，积的千位数为6+1=7

4分半，本个是2，后位是8，超6进2，积的百位数为2+2=4

8分半，本个是4，后位是6，超3进1，积的百位数为4+1=5

6负2，本个是10−2=8，积的个位数为8

三、 4的单数一口清

方法指引

4的单数一口清“本个”的口诀是：**偶为补数；奇为凑数。**“后进”的口诀是：**满25进1；满5进2；满75进3。**

例题详解

例

计算2349×4

解析：4的单数一口清“本个”的口诀是：偶为补数；

奇为凑数。也就是说偶数2，4，6，8乘以4的“本个”应分别是它们所对应的“补数”8，6，4，2；而奇数1，3，5，7，9乘以4的“本个”应分别是它们所对应的“凑数”4，2，0，8，6。

（凑数：两数之和等于5或15时，它们互为凑数）

“后进”的口诀是：满25进1；满5进2；满75进3。也就是说“后位”数只要是等于或大于25、5和75时，就应该进位1、2和3。

解题过程

2　3　4　9×4=9396

2的本个是补数8，后位是34，满25进1，积的千位数为8+1=9

3的本个是凑数2，后位是49，满25进1，积的百位数为2+1=3

4的本个是补数6，后位是9（可看成90），满75进3，积的十位数为6+3=9

9的本个是凑数6，积的个位数为6

四、5的单数一口清

方法指引

在所有的8个单数一口清的数字当中，只有2和5最为简单好学。5的单数一口清口诀是四个字：**减半加零**。

例题详解

例1

计算8246×5

解析："减半加零"是5的单数一口清口诀，很简单。但它包含的原理是乘法运算定律中的第4条，乘法扩缩律：如果一个因数扩大若干倍，另一个因数缩小相同的倍数，它们的积不变。

本例题8246×5用乘法扩缩律可改变为：

（8246÷2）×（5×2）其积不变。"减半加零"中的"减半"就是除以2，"加零"就等于是乘以10。

解题过程

$$
\begin{aligned}
&8246\times5\\
=&(8246\div2)\times(5\times2)\\
=&4123\times10\\
=&41230
\end{aligned}
$$

例2

计算49.36×5

解析：49.36×5带有两位小数，凡带有小数的任何数乘以5，先按整数进行计算，最后看有几位小数，小数点往前挪几位就行了。

解题过程

49.36×5

=[（4936÷2）×（5×2）]÷100

=[2468×10]÷100

=246.8

五、 6的单数一口清

方法指引

6的单数一口清“本个”的口诀是：**偶数本个是自身，奇数加5本个取。**

“后进”的口诀是：**超16进1；超3进2；满5进3；超6进4；超83进5。**

例题详解

例

计算1238×6

解析：6的单数一口清“本个”的口诀中：**偶数本个是自身**，是说偶数2，4，6，8乘以6时，“本个”就是它们自身原来的那个数。

奇数加5本个取，是说奇数乘以6时，“本个”是加上5以后，取个位的那个数字。

“后进”的口诀是：**超16进1**，就是说超过16的循环数才能进1，比如167，1667等。进2，进3，进4，进5同前边进1的意思相同。

解题过程

1 2 3 8 × 6=7428

1是奇数本个是1+5=6，后位数是23，超16进1，积的千位数为6+1=7

2是偶数本个还是2，后位是38，超3进2，积的百位数为2+2=4

3是奇数本个是3+5=8，后位是8，超6进4，8+4=12，只取和的个位数2，积的十位数为2

8是偶数本个还是8，积的个位数为8

六、 7的单数一口清

方法指引

在所有单数一口清当中，7的进律是最难记的，它共有6句进位口诀，每一句又都是6位数字。

7的进位规律如下。

超$\dot{1}4285\dot{7}$进1，超$\dot{2}8571\dot{4}$进2，

超$\dot{4}2857\dot{1}$进3，超$\dot{5}7142\dot{8}$进4，

超$\dot{7}1428\dot{5}$进5，超$\dot{8}5714\dot{2}$进6。

不过在实际的运算中，很少遇到这种情况，绝大多数只要看后边二、三位数就能判断出“超几或不超几”了。

况且这6句口诀中，倒过来、换过去，还是那么6个数字，只要记准其中的一句，就能找出其他5句口诀的规律了。

为此，特将7的单数一口清编了一个顺口溜。

7的进位较难记，找出窍门就容易。

142857进位1，285714进2没问题，

进3将1按在尾，进4把57前边移，

进5将7当作首，进6分半交换移。

1是7来3是1，5是本身特好记，

7是9，9是3，偶数本个翻倍记。

例题详解

例

计算2765×7

解析：背熟进位律，理解顺口溜后再进行计算。

偶数2，4，6，8的“本个”是翻倍后取个位，比较好记，但奇数1，3，5，7，9的“本个”规律不明显，要强行牢记。

本例题中四位数字的“本个”应分别是：4，9，2，5。

按进位律观察细看，有四个进位，分别是：1，5，4，3。

解题过程

2 7 6 5 × 7=19355

- 2：前两位27超14，应首先进位1。2是偶数，本个是4，后位76，超71进5，4+5=9。积的万位数和千位数为19
- 7：7是奇数，本个是9，后位65，超57进4，9+4=13，只取和的个位3。积的百位数为3
- 6：6是偶数，本个是2，看后位5，（可看作50）超42进3。2+3=5，积的十位数为5
- 5：5是奇数，本个还是5，积的个位数为5

七、 8的单数一口清

方法指引

8的单数一口清“本个”的口诀是：**取补再翻倍**。

比如：6取补为4，4翻倍是8，6的本个为8。

9取补为1，1翻倍是2，9的本个为2。

5取补为5，5翻倍是0，5的本个为0，等。

所以，本个就等于“取补再翻倍”。

“后进”的口诀共有7句。

满125进1；满25进2；（25可以看作250）

满375进3；满5进4；（5可以看作500）

满625进5；满75进6；（75可以看作750）

满875进7。

例题详解

例

计算6724×8

解析：8的单数一口清“本个”的口诀是：取补再翻倍。它是说不管是奇数、偶数，“本个”的数字是它自身的补数，再翻倍以后的个位数。比如：6本个是8，7本个是6，8本个是4，9本个是2，5的本个是0。只要理解“取补再翻倍”的口诀，“本个”就能脱口而出。

“后进”的口诀看起来很多，共有7句，但把4的进位律口诀联系起来那就非常好记了。比如说8是4的两倍，反过来进位律却是4的一半。4的进位律是满25进1；满5进2；满75进3。而8的进位律却是满25进2；满5进4；满75进6。

如果再把单数一口清中的3和6、4和8的进位律拿出来都比较思考一下，既能找出各数进位律倍数与半数的变化规律，还能提高兴趣、加强记忆，是一举两得的好方法。

解题过程

6　7　2　4×8=53792

- 6：前三位672，满625首先进位5。6的本个是8，后位724，满625进5，8+5=13，只取和的个位3。积的万位数和千位数是53
- 7：7的本个是6，后位24，没满25进1，6+1=7，积的百位数为7
- 2：2的本个是6，后位4（可看作400），满375进3，6+3=9，积的十位数为9
- 4：4的本个是2，积的个位数为2

八、9的单数一口清

方法指引

9是10个自然数中最大的一个，当9出现在各种算式里，它的奇妙特性尤其引人入胜。当一个多位数乘以9时，也特别好算。

口诀是：**本个为补，超几进几。**

例题详解

例

计算4563×9

解析："本个"的口诀是：本个为补。它是说所有的数字，它的"本个"是这个数的补数。比如：1，2，3，4，5，6，7，8，9，如果乘以9，它的"本个"肯定是9，8，7，6，5，4，3，2，1。

"后进"的口诀是：超几进几。它是说只有超过这个数的循环数，才能进位这个数；否则只能进位这个数减1的那个数。

解题过程

4　5　6　3×9=41067

4：前两位45，超4，应先进位4。4的本个是补数6，看后两位数56，超5，应进位5，6+5=11，只取和的个位1。积的万位数和千位数为41

5：5的本个是补数5，看后两位63，未超6，应进5，5+5 =10，只取和的个位数0，积的百位数为0

6：6的本个是补数4，看后位3未超3，应进2，4+2=6，积的十位数为6

3：3的本个是补数7，积的个位数为7

第五节　多位数乘法

多位数的乘法，就是三位数以上的两数相乘，也能快速准确地计算出其正确的结果。

也许你会想：前边介绍的大多数的速算方法，都是有条件的，而把这些条件找出来是一件很麻烦的事。

事实上是你缺乏自信，而且思想懒惰，如果你能做个有心人，勤于实践、处处留心，就能发现别人没有发现的很多东西。

英国哲学家培根说过："在人类历史的长河中，真理因为像黄金一样重，总是沉于河底而很难被人发现。"要想"沙里淘金"必须付出艰苦的劳动代价。

多位数的乘法也是这样，要想成功，只有透彻地理解数学概念，牢固地掌握口诀、定律、公式，并且不断地实践，总结经验教训，那么在不长的时间里，你便可以熟练掌握。

一、 多位数的变数乘法

方法指引

在众多的多位数乘法算式里，猛看一下并没有特殊的地方，但仔细观察以后，就有可能发现它们之中的确也存在着很多速算的因素在里边。

比如：8756×842这道题并不特殊，但认真看过之后，你会发现乘数的十位数4是百位数8的一半，而个位数2又是十位数4的一半。

只要算出百位数的积，后边的积都往右移一位，并把前边的积缩小一半再相加之后便是全积。

例题详解

例

计算8756×842

解析：乘数的十位数4是百位数8的一半，而个位数2又是十位数4的一半。

只要算出百位数的积：8756×8= 70048

十位数的积把百位数的积缩小一半：70048÷2=35024。

个位数的积把十位数的积缩小一半：35024÷2=17512。

缩小后的积按顺序都往右移一位，相加之后，便是全积。

解题过程

$$
\begin{array}{r}
8756 \\
\times \quad 842 \\
\hline
70048 \\
35024 \\
+\quad 17512 \\
\hline
7372552
\end{array}
$$

二、补数乘法

方法指引

在一个多位数的乘法算式里，如果有一个乘数接近整一百、整一千或整一万时，就把它凑成整数后再进行计算，这种计算方法，就称之为“补数乘法”。

补数乘法可以明显地提高运算速度和准确率，而且是多位数乘法中最简单、最快捷的速算方法。计算的过程分四步进行。

1. 先找出两个乘数各自的补数。找补数的口诀是：**末位凑十、前位凑九**。如果原数的本身是九，用零占位。

2. 用首位数字较小的乘数，减去接近整数的补数，为前积（减补数时切记：一个因数的前位数，一定要和另一个因数补数的前位数对齐后再减）。

3. 两个乘数的补数相乘为后积。

4. 前积和后积，依次相连便是全积。

例题详解

例

计算896 × 997

解析：

1. 乘数896的补数是104，另一个乘数997的补数是003。

2. 用首位数字较小的乘数896，减去另一个接近整1000的乘数997的补数003，差是893，为前积。

3. 乘数896的补数104和另一个乘数997的补数003相乘：104×003=312，为后积。

4. 前积和后积依次相连便是全积。

解题过程

8 9 6 × 9 9 7

↕ ↕ ↕　↕ ↕ ↕

（补数）1 0 4　0 0 3（补数）

896－003=893　为前积

104×003=312　为后积

893312　为全积

三、补数乘法之二

方法指引

在一个多位数的乘法算式里，如果有一个乘数接近整几十、整几百或整几千，同样也可以用补数乘法来进行计算，计算的过程分三步来进行。

1. 把接近整数的乘数，当成整数和另一个乘数相乘，为前积。

2. 用差几才能凑成整数的那个“补数”，和另一个乘数相乘，为后积。

3. 这个“补数”的前边有几位数，就往右移几位，然后用前积减去后积，便是全积。

例题详解

例1

计算3472×693

解析：

1. 把乘数693当成700和另一个乘数3472相乘：3472×700=2430400，为前积。

2. 因为差7才能把693凑成整700。所以用补数7和另一个乘数3472相乘：3472×7=24304，为后积。

3. 前积减后积便是全积。

解题过程

3472×700=2430400　为前积

3472×7=24304　为后积

$$\begin{array}{r} 2\ 4\ 3\ 0\ 4\ 0\ 0 \\ +\qquad 2\ 4\ 3\ 0\ 4 \\ \hline 2\ 4\ 0\ 6\ 0\ 9\ 6 \end{array}$$ 为全积

例2

计算7863×496

解析：

1. 把乘数496当成500和另一个乘数7863相乘：

7863×500=3931500为前积。

2. 因为差4才能把496凑成500，所以用补数4和另一个乘数7863相乘：7863×4=31452，为后积。

3. 这个“补数”4的前边有十位9和百位4两位数，往右移两位，前积减后积便是全积。

解题过程

$$
\begin{array}{r l}
7863 & \\
\times\quad 496 & \\
\hline
3931500 & \text{为前积} \\
-\quad 31452 & \text{为后积} \\
\hline
3900048 & \text{为全积}
\end{array}
$$

⑪、同数与和10数的两数乘法

方法指引

解释：同数：首尾数相同；和10数：首尾相加为10。

方法：先写上被乘数的十位数乘以比乘数的十位数大1的数的积，再写上个位数的积（如果个位数的积不满10，就在它前面补一个0）。

例题详解

例1

$33\times82=2706$

①先写上被乘数的十位数（即：3）乘以比乘数的十位数大1（8+1=9）的数的积：$3\times9=27$。

②再写上个数的积（如果个位数的积不满10，就在它前面补0，即：06）：2706。

例2

$66\times37=2442$

①先写上被乘数的十位数（即：6）乘以比乘数的十位数大1（即：3+1=4）的数的积：$6\times4=24$。

②再写上个位数的积（如果个位数的积不满10，就在它前面补一个0），（即：$6\times7=42$）：2442。

五、求几十一乘以几十一的积

方法指引

在两个数的十位数的积的后面，写上它们的和（和满10进1），再写上1。

例题详解

例1

$21\times71=1491$

在两个数的十位数的积（即：$2\times7=14$）的后面，写上它们的和（和满10进1），（即：$2+7=9$），再写上1491。

例2

$61\times81=4941$

在两个数的十位数的积（即：$6\times8=48$）的后面，写上它们的和（和满10进1）（即：$6+8=14$，满10往前进1）（即$48+1=49$），再写上4941。

六、首邻尾互补的两数乘法

方法指引

先写上较大数的十位数的平方减去1的差，再写上较大数的个位数的平方对于100的补数。

例题详解

例1

$32\times28=896$

①先写上较大数的十位数的平方减去1的差：

$3\times3-1=8$

②再写上较大数的个位数的平方对于100的补数：

$100-2\times2=96$

③结果为896。

例2

$57\times63=3591$

①先写上较大数的十位数的平方减去1的差：

$6\times6-1=35$

②再写上较大数的个位数的平方对于100的补数：

$100-3\times3=91$

③结果为3591。

七、相邻数的平方速解（知一成二）

方法指引

观察一下：$9\times9=81$

$10\times10=100$

$11\times11=121$

分析：9，11做为10的相邻数，10的平方为100，那么用10的平方100依次减去10和9，即为9的平方：81。

10的平方100，那么用10的平方100依次加上10和11，即为11的平方121，以此类推。

$24\times24=576$

25×25=625

26×26=676

方法：用25平方625依次减去25，再减去24等于576，即为24的平方。

用25平方625，依次加上25，再加上26等于676，即为26的平方。

八、任意多位数相乘的万能法

方法指引

任意多位数相乘，是乘法计算中的重中之重，它是前边学过知识的综合体现，其中包括两行竖式加法，两行竖式减法和乘法的单数一口清。计算步骤如下。

1. 用较少位数乘数的首位数，和另一个乘数相乘，为前积，写在第一行。

2. 用乘数的次位数和另一个乘数相乘为中积，往后移一位写在第二行。

3. 用乘数的末位数和另一个乘数相乘，为后积。往右移两位，写在第三行。

4. 乘数有几位，单数一口清的积就有几行，这几行相加之后，便是全积。

例题详解

例

计算5876×473

解析：

1.用乘数473的首位数4和另一个乘数5876相乘：5876×4=23504，为前积，写在第一行。

2. 用乘数473的十位数7和另一个乘数5876相乘：5876×7=41132，为中积，往右移一位，写在第二行。

3. 用乘数473的末位数3和另一个乘数5876相乘：5876×3=17628，为后积，往右移两位，写在第三行。

4. 本题乘数473是三位数，所以把前积、中积和后积共三行，用竖式加法的口诀，从左往右计算出来，便是全积。

解题过程

$$
\begin{array}{cccccccc}
 & & & & 5 & 8 & 7 & 6 \\
 & & & \times & & 4 & 7 & 3 \\
\hline
 & 2 & 3 & 5 & 0 & 4 & & \\
 & & 4 & 1 & 1 & 3 & 2 & \\
- & & & 1 & 7 & 6 & 2 & 8 \\
\hline
 & 2 & 7 & 7 & 9 & 3 & 4 & 8
\end{array}
$$

第五章　除法速算

除法是四则运算中最难计算的一则，在古代进行分配物品时，因为比较难分，往往很多人一起讨论，商量以后才能基本合理，所以后来就把除法最后的结果，称作“商”。

除法与乘法有着非常密切的关系，除法是乘法的还原逆运算，是已知两个因数的积和其中的一个因数，求另一个因数的运算。

在除法学习中，不会一帆风顺，同样会遇到各种各样的困难。如果你做除法时，不但算不快，还常常出现错误，你是甘拜下风呢，还是振奋精神、努力弄懂呢？

然而有人站出来说：“除数是3，7，9，11，99……并不难，甚至连这些数的倍数，也很容易。”

不信吗？

那就往下看吧，说不定你学过本章之后会发现更多的除法速算技巧呢！

第一节　除法的定位法

方法指引

在一个除法的算式里，商的定位非常重要。不管你计算得有多么准确，如果整数的定位搞错了，也将前功尽弃。商的定位共有两种方法。

一、 直减法

在一个除法算式里，当被除数的首位数小于除数的首位数时，商的整数位数，应当是被除数的整数位数减去除数的整数位数。

公式：j=b-c

j代表商的整数位数；

b代表被除数的整数位数；

c代表除数的整数位数。

例题详解

例1

计算2632÷329=？位

解析：被除数2632的首位数是2，小于除数329的首位数3，所以商的整数位数应当是被除数的整数位数减去除数的整数位数。

解题过程

4位（2632）-3位（329）=1位

例2

计算1548.6÷24.8=？位

解析：被除数1548.6的首位数是1，小于除数24.8的首位数2，所以商的整数位数应当是被除数的整数位数减去除数的整数位数。

解题过程

4位（1548）–2位（24）=2位

二、加1法

在一个除法算式里，如果被除数的首位数大于除数的首位数时，商的整数位数，应当是被除数的整数位数，减去除数的整数位数后再加1位。

公式：j=b–c+1位

例题详解

例1

计算756÷27=？位

解析：被除数756的首位数7大于除数27的首位数2，所以商的整数位数应当是被除数的整数位数，减去除数的整数位数后再加1位。

解题过程

3位（756）–2位（27）+1位=2位

例2

计算9375.5÷75.6=？位

解析：被除数9375.5的首位数9，大于除数75.6的首位数7，所以商的整数位数应当是被除数的整数位数，减去除数的整数位数后再加1位。

解题过程

4位（9375）–2位（75）+1位=3位

第二节　利用乘法进位律计算除法

乘法和除法存在着千丝万缕的联系，利用乘法的进位规律计算除法，就是个很好的例子。任意数除以一位数，如果除不尽有余数，就利用前边学过的乘法单数一口清中，各个数字的进位律来计算剩下的那个余数，那就再简单不过了。

比如：2的乘法一口清中，进位口诀只有一句：“满5进1”。这是因为1÷2 =0.5，翻过来，任意整数除以2，如果除不尽，剩下的余数肯定是1，连想都别想，小数点后边加上一个5就是其“商”。

一、除数是2的速算

例题详解

例1

计算13÷2

解析：根据2的乘法单数一口清，进位口诀只有1句“**满5进1**”。

那是因为：$1 \div 2 = 0.5$

反过来，任何自然数除以2，如果不能被整除，余数只能是1，那么小数点后边肯定是0.5。

解题过程

$13 \div 2$

$= 6 \cdots 1$

$= 6.5$

例2

计算$27.5 \div 2$

解析：如果有小数时除以2，先按整数进行计算，然后根据除法定位法，加上小数点就可以了。

解题过程

① $275 \div 2$

$= 137 \cdots 1$

$= 137.5$

② $27.5 \div 2 = 13.75$

二、 除数是3的速算

方法指引

例1

计算$19 \div 3$

解析：根据3的乘法单数一口清，进位口诀有2句，“超3进1，超6进2”。

那是因为：1 ÷ 3=0. 333⋯=0.3

2 ÷ 3=0. 666⋯=0.6

反过来，任何整数除以3，不能被整除时，若余数是1，小数点后边肯定是0.3；若余数是2，小数点后边肯定是0.6。

解题过程

20 ÷ 3

=6⋯2

=6.6

例2

计算164 ÷ 24

解析：若除数是3的若干倍数，则可以先把这个除数进行分解后，再进行计算。

解题过程

164 ÷ 24 =164 ÷（8 × 3）

=164 ÷ 8 ÷ 3

=20.5 ÷ 3

=6. 8⋯0.1

=6. 83

三、 除数是4的速算

例题详解

例1

计算17 ÷ 4

解析：根据4的乘法单数一口清，进位口诀有3句：**“满25进1，满5进2，满75进3”**。

那是因为：1 ÷ 4=0.25

2 ÷ 4=0.5

3 ÷ 4=0. 75

反过来，任何整数除以4，如果不能被整除，若余数是1，小数点后边肯定是0. 25，若余数是2，小数点后边肯定是0.5；若余数是3，小数点后边肯定是0. 75。

解题过程

17 ÷ 4=4…1

=4.25

只要乘法的单数一口清学得好，每个数的进位律记得准，除数是任意一位数时，如果有余数，根本不用除，一看就知道小数点后边的数字应该是多少。

四、除数是6的速算

例1

计算$13\div6$

解析：根据6的乘法单数一口清，进位口诀有5句：**超16进1，超3进2，满5进3，超6进4，超83进5**。

那是因为：$1\div6=0.1666\cdots=0.1\dot{6}$

$2\div6=0.333\cdots=0.\dot{3}$

$3\div6=0.5$

$4\div6=0.666\cdots=0.\dot{6}$

$5\div6=0.8333\cdots=0.8\dot{3}$

反过来，任何整数除以6，如果不能被整除，有余数：

若余数是1，小数点后边肯定是$0.1\dot{6}$；

若余数是2，小数点后边肯定是$0.\dot{3}$；

若余数是3，小数点后边肯定是0.5；

若余数是4，小数点后边肯定是$0.\dot{6}$；

若余数是5，小数点后边肯定是$0.8\dot{3}$。

解题过程

$13\div6=2\cdots1$

$=2.16$

例2

$26\div6=4\cdots2$

$=4.3$

例3

$33\div6=5\cdots3$

$=5.5$

例4

$40\div6=6\cdots4$

$=6.6$

例5

$47\div6=7\cdots5$

$=7.83$

五、 除数是7的速算

例题详解

例1

计算$15\div7$

解析：根据7的乘法单数一口清，进位口诀有6句：

超$\dot{1}$42857进$\dot{1}$，超$\dot{2}$85714进$\dot{2}$，

超$\dot{4}$28571进3，超$\dot{5}$71428进$\dot{4}$，

超$\dot{7}$14285进5，超$\dot{8}$57142进$\dot{6}$。

那是因为：$1 \div 7=0.\dot{1}4285\dot{7}$

$2 \div 7=0.\dot{2}8571\dot{4}$

$3 \div 7=0.\dot{4}2857\dot{1}$

$4 \div 7=0.\dot{5}7142\dot{8}$

$5 \div 7=0.\dot{7}1428\dot{5}$

$6 \div 7=0.\dot{8}5714\dot{2}$

所以反过来，任何整数除以7，如果不能被整除，有余数：

若余数是1，小数点后边肯定是0. 142857；

若余数是2，小数点后边肯定是0. 285714；

若余数是3，小数点后边肯定是0. 428571；

若余数是4，小数点后边肯定是0. 571428；

若余数是5，小数点后边肯定是0. 714285；

若余数是6，小数点后边肯定是0. 857142。

解题过程

$15 \div 7=2\cdots1$

$=2.\dot{1}4285\dot{7}$

例2

$23 \div 7=3\cdots2$

$=3.\dot{2}85714$

例3

$31 \div 7=4\cdots3$

$=4.\dot{4}2857\dot{1}$

例4

$39 \div 7=5\cdots4$

$=5.\dot{5}7142\dot{8}$

例5

$47 \div 7=6\cdots5$

$=6.\dot{7}14285$

例6

$55 \div 7=7\cdots6$

$=7.\dot{8}5714\dot{2}$

不管除以几，如果小数点后边位数较多，可以根据计算要求的精确度，或要求的保留位数，用四舍五入的方法来决定。

六、 除数是8的速算

例题详解

例

计算$17 \div 8$

解析：根据8的乘法单数一口清，进位口诀有7句：

满125进1，满25进2，

满375进3，满5进4，

满625进5，满75进6，

满875进7。

那是因为：1 ÷ 8 =0. 125

2 ÷ 8=0. 25

3 ÷ 8=0. 375

4 ÷ 8=0.5

5 ÷ 8=0. 625

6 ÷ 8=0. 75

7 ÷ 8=0. 875

所以反过来，任何整数除以8，如果不能被整除，有余数：

若余数是1，小数点后边肯定是0. 125；

若余数是2，小数点后边肯定是0. 25；

若余数是3，小数点后边肯定是0. 375；

若余数是4，小数点后边肯定是0. 5；

若余数是5，小数点后边肯定是0. 625；

若余数是6，小数点后边肯定是0. 75；

若余数是7，小数点后边肯定是0. 875。

解题过程

17 ÷ 8=2···1

=2.125

七、 除数是9的速算

例题详解

例1

计算19 ÷ 9

解析：9的乘法单数一口清的进位口诀是“**超几进几**”，那是因为：

$$1 \div 9=0.111\cdots=0.\dot{1}$$
$$2 \div 9=0.222\cdots=0.\dot{2}$$
$$3 \div 9=0.333\cdots=0.\dot{3}$$
$$4 \div 9=0.444\cdots=0.\dot{4}$$
$$5 \div 9=0.555\cdots=0.\dot{5}$$
$$6 \div 9=0.666\cdots=0.\dot{6}$$
$$7 \div 9=0.777\cdots=0.\dot{7}$$
$$8 \div 9=0.888\cdots=0.\dot{8}$$

所以反过来，任何整数除以9，如果不能被整除，有余数：

若余数是1，小数点后边肯定是$0.\dot{1}$；

若余数是2，小数点后边肯定是$0.\dot{2}$；

若余数是3，小数点后边肯定是$0.\dot{3}$；

若余数是4，小数点后边肯定是$0.\dot{4}$；

若余数是5，小数点后边肯定是$0.\dot{5}$；

若余数是6，小数点后边肯定是$0.\dot{6}$；

若余数是7，小数点后边肯定是$0.\dot{7}$；

若余数是8，小数点后边肯定是$0.\dot{8}$。

解题过程

$19 \div 9 = 2 \cdots 1$

$= 2.\dot{1}$

例2

$29 \div 9 = 3 \cdots 2$

$= 3.\dot{2}$

例3

$39 \div 9 = 4 \cdots 3$

$= 4.\dot{3}$

例4

$49 \div 9 = 5 \cdots 4$

$= 5.\dot{4}$

例5

$59 \div 9 = 6 \cdots 5$

$= 6.\dot{5}$

例6

$69 \div 9 = 7 \cdots 6$

$= 7.\dot{6}$

第三节　以乘代除法

方法指引

在一个除法算式里，如果除数是5，25，125，625或者15，35，45，75，375等，有一个很简单的计算方法，可以直接写出得数。

这是根据除法的扩缩法：被除数和除数同时扩大或缩小相同的倍数，其商不变的原理进行计算的。

一、　除数是5的速算

例题详解

例1

计算29 ÷ 5

解析：根据被除数和除数同时扩大相同的倍数，其商不变的原理，只要把被除数29和除数5同时扩大两倍，再把小数点向左移一位，便是其商。

解题过程

29 ÷ 5=（29 × 2）÷（5 × 2）

=58 ÷ 10

=5.8

例2

$137 \div 5=(137 \times 2) \div (5 \times 2)$

$=274 \div 10$

$=27.4$

二、 除数是25的速算

例题详解

例1

计算$24 \div 25$

解析：根据被除数和除数同时扩大相同的倍数，其商不变的原理，只要把被除数24和除数25同时扩大4倍，再把小数点向左移两位，便是其商。

解题过程

$24 \div 25=(24 \times 4) \div (25 \times 4)$

$=96 \div 100$

$=0.96$

例2

$589 \div 25=(589 \times 4) \div (25 \times 4)$

$=2356 \div 100$

$=23.56$

三、 除数是125的速算

例题详解

例1

计算$89 \div 125$

解析：根据被除数和除数同时扩大相同的倍数，其商不变的原理，只要把被除数89和除数125同时扩大8倍，再把小数点向左移3位，便是其商。

解题过程

$89 \div 125=(89 \times 8) \div (125 \times 8)$

$=712 \div 1000$

$=0.712$

例2

$563 \div 125=(563 \times 8) \div (125 \times 8)$

$=4504 \div 1000$

$=4.504$

四、 除数是625的速算

例题详解

例1

计算6÷625

解析：根据被除数和除数同时扩大相同的倍数，其商不变的原理，只要把被除数6和除数625同时扩大16倍，再把小数点向左移4位，便是其商。

解题过程

$$6 \div 625 = (6 \times 16) \div (625 \times 16)$$
$$= 96 \div 10000$$
$$= 0.0096$$

例2

$$14 \div 625 = (14 \times 16) \div (625 \times 16)$$
$$= 224 \div 10000$$
$$= 0.0224$$

五、 除数是75的速算

例题详解

例1

计算1425 ÷ 75

解析：根据被除数和除数同时扩大相同的倍数，其商不变的原理，只要把被除数1425和除数75同时扩大4倍，再相除，便是其商。

解题过程

1425 ÷ 75=（1425 × 4）÷（75 × 4）

=5700 ÷ 300

=19

例2

计算1975 ÷ 75

解析：如果被除数1975和除数75同时扩大四倍，相除后，若余数是1，小数点后边肯定是0.3；若余数是2，小数点后边肯定是0.6。因为除数变成3了。

解题过程

1975 ÷ 75=（1975 × 4）÷（75 × 4）

=7900 ÷ 300

=26…1

=26.3

六、 除数是375的速算

例题详解

例1

计算6750 ÷ 375

解析：根据被除数和除数同时扩大相同的倍数，其商不变的原理，只要把被除数6750和除数375同时扩8倍，再相除，便是其商。

解题过程

6750 ÷ 375=（6750 × 8）÷（375 × 8）

=54000 ÷ 3000

=18

例2

4725 ÷ 375=（4725 × 8）÷（375 × 8）

=37800 ÷ 3000

=12.6

第四节　除数是11的速算

方法指引

我们首先看一看下列的算式。

$1\div 11=0.090909\cdots=0.\dot{0}\dot{9}=0.\dot{0}\dot{9}\times 1$

$2\div 11=0.181818\cdots=0.\dot{1}\dot{8}=0.\dot{0}\dot{9}\times 2$

$3\div 11=0.272727\cdots=0.\dot{2}\dot{7}=0.\dot{0}\dot{9}\times 3$

由以上算式的规律不难看出，任何数除以11，如果除不尽，有余数，商的小数部分就是这个余数乘以$0.\dot{0}\dot{9}$的积。

例题详解

例1

计算$47\div 11$

解析：先把被除数47能被11整除的部分和余数分解开，变成44+3；然后用余数3乘以0.09的积与商的整数4相加，便是全商。

解题过程

$47\div 11=(44+3)\div 11$

$=44\div 11+3\div 11=4+3\times 0.\dot{0}\dot{9}$

$=4+0.\dot{2}\dot{7}$

$=4.\dot{2}\dot{7}$

例2

$75 \div 11$

解析：先把被除数75能被11整除的部分和余数分解开，变成66+9；然后用余数9乘以0.09的积，与商的整数6相加，便是全商。

解题过程

$$
\begin{aligned}
75 \div 11 &= (66+9) \div 11 \\
&= 66 \div 11 + 9 \div 11 \\
&= 6 + 9 \times 0.\dot{0}\dot{9} \\
&= 6 + 0.\dot{8}\dot{1} \\
&= 6.\dot{8}\dot{1}
\end{aligned}
$$

第五节　除数是99的速算

方法指引

我们首先看一看下列的算式。

$1 \div 99 = 0.010101 = \cdots = 0.\dot{0}\dot{1} = 0.\dot{0}\dot{1} \times 1$

$2 \div 99 = 0.020202 = \cdots = 0.\dot{0}\dot{2} = 0.\dot{0}\dot{1} \times 2$

$3 \div 99 = 0.030303 = \cdots = 0.\dot{0}\dot{3} = 0.\dot{0}\dot{1} \times 3$

从以上算式中的规律不难看出，任何数除以99，如果除不尽，有余数，商的小数部分就是这个余数乘以$0.\dot{0}\dot{1}$的积。

例题详解

例1

计算$135 \div 99$

解析：先把被除数135能被99整除的部分和余数分解开，变成99+36；然后用余数36乘以$0.\dot{0}\dot{1}$的积，与商的整数相加，便是全商。

解题过程

$$\begin{aligned}135 \div 99 &= (99+36) \div 99\\ &=99 \div 99+36 \div 99\\ &=1+36 \times 0.\dot{0}\dot{1}\\ &=1+0.\dot{3}\dot{6}\\ &=1.\dot{3}\dot{6}\end{aligned}$$

例2

计算$1662 \div 99$

解析：先把被除数1662能被99整除的部分和余数分解开，变成1584+78；然后用余数78乘以0.01的积，与商的整数相加，便是全商。

解题过程

$$1662 \div 99=(1584+78) \div 99$$

$=1584\div99+78\div99$

$=16+78\times0.\dot{0}\dot{1}$

$=16+0.\dot{7}\dot{8}$

$=16.\dot{7}\dot{8}$

第六节　补数除法

方法指引

如果除数接近整千或整万时，用补数除法计算其商就非常之简单。具体步骤如下。

1.用除数的补数与被除数相乘的积，向右移位写在被除数下面。除数是几位数就向被除数的右边移几位。

2.商要求的精确度如果比较高，用上一个补数乘以被除数的积，再与补数相乘，所得之积，向右再移位写在上一个乘积的下面，以此类推。

3.被除数与几个“乘积”相加之“和”，根据除法定位法加上小数点，再四舍五入，便是其商。

例题详解

例1

计算$1264\div998$

解析：

1. 用除数998的补数2，与被除数1264相乘，积为$1264\times2-$

2528，因为除数是三位数，应向被除数右边移三位，积2528顺序写在下边。

2. 用上个补数与被除数的积2528，再与补数2相乘，积为：2528×2=5056，再向右移三位，写在上一个乘积2528的下边。

3. 被除数1264和两个乘积2528，5056移位相加后，根据除法定位法：商的整数应是一位。商要求精确到小数点后边四位数，其商便是1. 2665。

```
  1 2 6 4 × 2
        2 5 2 8 × 2
+             5 0 5 6
---------------------
1. 2 6 6 5 3 3 0 5 6
```

例2

计算26745÷9997

解析：

1. 用除数9997的补数3，与被除数26745相乘，积为：26745×3=80235，因除数是四位数，应向被除数右边移四位，积80235顺序写在下边。

2. 用上个补数与被除数的积80235，再与补数3相乘，积为：80235×3=240705，再向右移三位，写在上一个乘积80235下边（因积有进位，所以向右少移一位）。

3. 被除数26745和两个乘积80235，240705移位相加后，根据除法定位法：商的整数应是一位。商要求精确到小数点后边七位数，其商便是2. 6753026。

```
   2 6 7 4 5 × 3
           8 0 2 3 5 × 3
+                  2 4 0 7 0 5
--------------------------------
 2. 6 7 5 3 0 2 5 9 0 7 0 5
```

写好作文有诀窍

第一部分　找双慧眼破命题

第一章　作文开头有技巧

1. 写好凤头实在难

俗话说“万事开头难”，想必很多人在写作的时候都有这样的体会吧！高尔基曾说：“开头第一句是最困难的，好像音乐里的定调一样，往往要花费很长时间才能找到它。”这句话恰如其分地说明了文章开头的难度和重要性。因此，多花点时间、多动点脑筋，写个好的开头，是十分必要的。

有人将文章美好的开头形容为“凤头”，那你知道神鸟“凤凰”的头都有哪些特点吗？

下面我们来总结下“凤头”的神奇之处：

凤凰的头是小巧的，那么，文章开头也应简洁小巧，不应冗长啰嗦；

凤凰的头是美丽的，那么，文章开头也要尽量写得美一些，但不是华丽辞藻的堆砌；

凤凰的头是灵动的，那么，文章开头也要具备轻盈感，自然开启下文。

不过，有的同学说了，说得容易，做着可是很难的。下面我们来看这样一段文章的开头：

“一棵树就撑起一片绿荫，它所在的地方就变成风景，风有了琴弦，鸟有了家园，空旷的原野有了一个可靠的标志。我生天地间，真比一棵树更有价值吗？我能为这个世界撑起一片绿荫，增添一处风景，能成为旷野上的一个可靠的标志吗？”

问：你能从这段开头中看出作者要写什么？

答：要写价值。

问：谁的价值？

答：他自己的价值。

问：他认为他的价值在什么地方能体现？

答：他希望能为这个世界撑起一片绿荫，增添一处风景。

问：如果用表现人的品质方面的词汇来表达，该怎么说？

答：奉献。

问：作者把价值提升到了不是实现个人价值，而是为别人、为社会实现价值。作者用什么方法引出的？

答：先写树。由树写起，再到人。文章的重点不是写树，而是要表现我们人类的人格品质、价值观等。

从以上的问答对话中，我们可以一步步地领悟并总结出上面这段作文开头创作加工的过程和思想精髓。毫无疑问，这段文字做到了“凤头”该具备的三大特点，小巧、美丽并且灵动。

2. 开头的秘密

作文怎样开头，根据结构和语言，可以分为下列四种。

词句 / 结构	直截了当	略微铺垫
	在逻辑结构上，是直入主题还是略微铺垫后再进入主题。	
词藻华丽 使用修辞手法（比喻、排比等）或使用华丽的词。	用华丽的词句直入主题。	用华丽的词句，先略微铺垫烘托气氛，然后进入主题。
词句普通+个性 词句虽然普通，但是很有个性。或简洁、或悬疑、或绘声绘色、或娓娓道来、或充满情调。	用普通但有个性的词句直入主题。	用普通但有个性的词句略微铺垫，烘托气氛，然后切入主题。

无论什么类型的作文，无论写什么内容，无论作文是何种风格，所有的开头，都包含在上述表格中。

不信，我们就举个例子来验证一下！

那一次，我读懂了花落的声音

无边的暮霭勾勒不出阳光灿烂的鲜艳，倦归的鸟儿展翼向风。迷惘的我默默地踩着树影回家，暗暗梦想着我的将来。

老师讲评

特点分析：铺垫 + 华丽 + 环境描写引出我的故事

结　　构：先写环境，烘托气氛，然后引出“我”此时的感受，略微铺垫，然后再进入主题。通过描写的方式，比如描写人物外貌，或描写动物外形，或描写建筑外观，或描写周围环境，给人一个鲜明的印象。

词　　句：词句华丽，用词比较讲究。开头有一种带着淡淡的迷惘的美丽。

分析了这篇文章的开头，同学们有没有学会这种分析方法呢？

从以上列举的文章开头中，能总结出什么特点？答案马上揭晓：

1. 开头看似复杂，其实并不难，不过四种！

2. 其实都没有运用华丽的语言开篇，没有我们想象得那么多的“好词好句”，但是却能够吸引读者的眼球，并衔接自然地引出下文。由此我们得出结论，好作文的开头不一定都是以堆满“好词好句”的语句开篇。

3. 构思开头，不外乎要确定以下两点：是直截了当，还是略做铺垫？是用华丽的辞藻，还是用普通但是充满个性的词语？

学会了这些方法，以后我们写作文的开头就容易多了，再也不用坐在那里发愁，不知道从何开始了。

不过，同学们，继续往下看，后面还有更大的惊喜呢！

3. 写好开头不再难

学习了这些写开头的技巧，同学们以后可以不用再惧怕写开头了。

既然如此，我们就分析一下课文是怎样写开头的。

林　　海

我总以为大兴安岭奇峰怪石，高不可攀。这回有机会看到它，并且走进原始森林，脚落在积得几尺厚的松针上，手摸到那些古木，才证实了这个悦耳的名字是那样亲切与舒服。

老师讲评

特　　点：语言质朴，毫无雕琢。感情真挚，开篇就表达出对祖国大兴安岭的热爱之情。

借鉴之处：这篇课文的开头没有华丽的语言做铺垫，但是文字不乏优美；直接从自身对原始森林的感受写起，将参观林场的见闻和感受用精炼的语言概括出来，并用两个词语来总结自己对大兴安岭的感受：亲切、舒服。开头为全文奠定了美好的基调，便于读者从全局掌握课文的精髓。

看完了原课文，老师现在再问同学们：你们还犯愁写作文开头吗？

确实是这样，学会了写开头并不一定要用“好词好句”，学会了开头的四个种类；模仿了自己喜欢的开头形式；我们就再也不怕写开头难了！

现在，同学们应该知道构思作文开头的注意力应该放在哪里了吧。

怎样写开头，怎样写好开头，看看老师总结的绝招。

写好作文开头的绝招——

1. 开头看似复杂，其实并不难，不过四种！

2. 好作文的开头不一定都是以“堆满好词好句的语句”开篇。

3. 构思开头，不外乎要确定一下两点：是直截了当，还是略作铺垫？是用华丽的辞藻，还是用普通但是充满个性的词语？

4. 遇到自己喜欢的开头，一定要多模仿几次，因为这种风格多半符合你的天性，能成为你特具的风格！

4. 讲学后记

同学们听过隔行如隔山这句话吧！

虽然这样说，但是从哲学上来讲，很多规律性的东西都是相通的，比如作家就有自己的专业风格特长。

一般情况下，每位作家都有一两样自己特有的风格和特点，比如：郭敬明的小说总是辞藻华丽，而韩寒的文章则视角新颖、语言犀利。

如果你对一种文章的风格特别喜欢，特别有感觉，说明这样的语言风格就是你所拿手的。这样，你就要多琢磨、多模仿、多练习，直到能够运用自如。

第二章　一材多用破命题

1. 命题的烦恼

要想写好作文，不仅仅写好开头很重要，我们还得学会破命题。但是，有许多同学问老师：

“老师，怎么破命题呀，我们都觉得很困难。”

其实，老师了解，许多学生在写作文时都认为破命题是比较难以做到的事。

但是，作为作文第一步的破命题尤为重要。因为作文审题的准确与否，直接决定了文章质量的优劣、写作的成败。

在这里，我要告诉同学们，要想破命题就要准确无误地审清题目，这就需要掌握一些审题的方法，才能为顺利写文章打好基础。

还有一些同学向老师抱怨：

我们面对命题时没有材料呀。

老师也承认这个比较让人烦恼，经常写作文，总不能看每个命题都得找到一个材料吧。

有啦！有啦！我们不好找那么多的材料，就可以把一个材料多次使用。

2. 审题秘笈破陈规

过了审题关，我们面临的问题就是“写什么”和“怎么写”了。

读懂命题者意图后，很多同学还感到手足无措，一方面是因为紧张，一方面是因为不得思维要领而一时“摸不着门”。因此，在写作文这件事上，除了要求自己具备“每临大事有静气”的心态外，更重要的是要求自己掌握科学有效的思维方法，用最短的时间找到属于自己的写作思路。

所以，“选角”——选择作文的最佳写作角度，确定作文的思维大方向，就显得相当重要了。角度定了，才能顺着这个思路去取材（当然，我们也常遇到“根据占据的材料决定写作角度”的情况）；角度定了，才能由此深入下去，产生文章的立意。

下面我们一起来进行针对性的训练。

题目 1：灯下

先来审题：

此题只规定场景，对别的方面没有加以限制，因而写灯下自己或他人所为所思皆可。从构思的角度看，可有纵式和横式两种思路。所谓纵式，是写发生在“灯下”的某一事件的过程，重点放在发生、发展和结果上，其特点是叙述性强。所谓横式，是不同人物在“灯下”的情景，重点放在画面的描写上，其特点是概括性强。当然，还可以把纵横糅合起来写。但无论采用哪种写法，都要围绕“灯下”创设环境、构造氛围，才切合题意。这篇作文可以写校园之事，也可以写社会之事。

思路点拨：1. 灯下，教室里，我的生日聚会在友好的氛围中进行。轻快的乐曲声中，同学们送给我一件件带着深厚友谊的礼物；“祝你生日快乐”的歌声中，我把真情的祝福吹向燃烧的蜡烛；热烈的掌声中，同学们开始表演节目……灯下，教室里，一块友谊的圣地。

2. 夜晚，校园的灯光多么灿烂。教学楼，灯下，同学们正在上晚自习：有的埋头做作业，有的低声讨论问题。办公楼，灯下，老师正在工作：有的备课，有的批改作业，有的在讨论教改方案。灯下，令人陶醉的画面。

3. 从接到老同学来信写起，采用倒叙法，通过回忆交代他无法继续求学而投身社会的原因，又借来信写他的生活和取得的成功，表现有志者事竟成的主题。全文由始至终紧扣题目“灯下”行文。

那么要写好《灯下》，应该掌握什么样的写作技巧呢？

包装。所谓包装，即创造灯下的某种氛围，使事件产生特定的情调。比如思路之一中写生日聚会，就要把整个生日过程笼罩在你所创造的氛围中，从而产生与别的生日聚会截然不同的韵味。生日活动一样，氛围包装不同。

点缀。所谓点缀，即在记叙过程中不时点及“灯下”，使题和文紧紧相扣。比如思路之二中在写师生的活动时，要不断点及“灯下”，从而把画面描写和作文题目紧紧地联系起来，构成了“灯下”的特定场景。

折叠。所谓折叠，即运用艺术手段把时空跨度较大的事放到“灯下”来叙述，就像把东西折叠后放进箱子。比如思路之三，在“灯下”只能读信，但运用倒叙回忆老同学的过去，又借来信陈述老同学的现在，于是一个完整的故事在“灯下”展开，表现了巧妙的构思。

我们要避免：不懂得创造典型的环境氛围，只在开头用“灯下”戴帽，从此不见“灯”影；不善于构思，所叙之事跟“灯下”勉强凑合，缺乏有机的联系。

题目 2：尝试

先来审题：

“尝试”，指试着去做某一件事，因而此题应写过去没有做过或不敢去做，而后来试着做了的事情。要选择对自己来说新鲜的、初次去做的事，如初次投稿、初次做实验、初次参加演讲比赛等，要写出尝试的原因、经过和结果。既然是尝试，就有可能成功，也有可能失败，但不管结果如何，都将带来启迪，这就是作文的主题之所在。当然，此题除了写自己所熟悉的学习生活外，还可以选择自己在社会生活中的实践作为题材。

思路点拨：1. 先交代自己上课不敢举手发言的原因，再写决定来一次尝试。接着写尝试的过程：第一次想发言，但低着头不敢正视老师；第二次总算举起手，但略一迟疑，晚了；第三次终于果断地举手发言；最后写成功的欢乐。

2. 我喜欢文学，也喜欢写作，有一次萌发了投稿的念头，于是着手尝试。我花了几天时间构思、行文、修改、誊清，然后郑重其事地寄往编辑部。接下来是等待，终于收到样刊和稿酬。我的投稿尝试获得成功！

题目 3：同学之间

先来审题：

此题要求写同学之间发生的事情，以表现当代小学生美好的人际关系。既然是“同学之间”，那么不能只写一个同学的事，至少要有两个主人公出现，或者发生在群体中。写几件事，题目没有限定，可以围绕一个中心事件展开矛盾冲突，也可以用几件事多角度地反映同学之间的亲疏喜怒。写什么事，题目也没有限定，可以是学习上的，也可以是生活上的；可以是物质的，也可以是精神的。总而言之，此题限而不死，选好材，写出波澜，便能成功。

思路点拨：1. 买餐票时，我发现兜里的10元钱丢了。这可是一星期的菜金呀。不久，同学们先后送来我丢失的钱，可一看都不是我的。到了晚自习，我发现文具盒里有一沓钱，还有一张纸条，上面写着“这是全班同学的心意，请收下”。我感动得泪水夺眶而出。

2. 他在班上个子最小，同学们戏称他为“小不点”。大个子常常拿他寻开心，好几次把“小不点”弄哭了。这次上茶山劳动，不许坐车，刚走一半路程，“小不点”就已累得气喘吁吁。大个子二话没说，抢过“小不点”的背包。这回“小不点”感受到同学之间的温暖。

整篇作文可以只写一件事，也可以写二三事。如果选几件事来写，要善于把事件有机地联系在一起。思路之二既写大个子戏弄“小不点”，又写大个子帮助“小不点”，这两件事并非各自为政，而是相辅相成，构成有机的整体，更好地表现同学之间的感情。在详略方面，应以第二件事为重点。

选择同学之间相处不好的事来写可以，但要从中提炼出教训，使之具备积极的思想意义。

失误：审错题目，把《同学之间》写成《我的同学》；选材不典型，所叙之事不能表现同学之间的情谊；平铺直叙，缺少波折。

3. 审好题写好文

既然有了“一材多用”，同学们的命题作文就不会没材料可写了！下面，我们就来看看，同一个材料，有多少不同的视觉去破解，就会出现多少不同的命题，从而写出不同的文章！

爸爸，我爱你

尊敬的爸爸：

爸爸，当我以这两个有些沉重的字称呼你时，我想哭。

曾经，你是我的偶像。还记得吗？那天，你下岗了，妈妈落了泪。你握着她的手，一字一句地说：“天塌下来我顶着。”以后的日子，你早出晚归，靠着健康的体魄和别人的微薄资助，开始在人心险恶的商海中摸爬滚打。每次看到你熬红的双眼，苍老的面容和忙碌的身影，我总是一次次告诉自己，长大后要像你一样坚强。

那年，妈妈在艰难支撑了半年后，终被那可恨的病魔夺去了生命。多少个夜晚，我总是等来你醉醺醺的身影。一天，我帮你洗衣服，看到那张打麻将的欠条；又听人说，你跟着别人去抽那种很特别的烟。爸爸，我亲爱的爸爸，告诉我，这不是真的。我不愿失去母亲后，再失去一个健康的父亲。

爸爸，勇敢地站起来吧，我多么希望再看到那个健壮而坚强的你，多么希望看到你重新站起来。让我们从头开始。爸爸，我爱你！

老师讲评

文章类型： 写人

文章内容： 小女孩的一段心灵呼唤

文章立意： 亲情与理解

综合分析： 这篇文章以写当下事为方向，走的是“剖析现实案例，关注现实人生”的路子。这封书信体的文章，叙述了父亲“遭遇下岗”和“遭遇丧偶”的两次变化，前后对比，将“遭遇挫折”后的不同表现交代得很分明。作者借此文呼唤父亲告别颓废、重拾自信、重返健康的生活，情真意切、催人泪下。文章虽然写的是一个小家庭的生活，却为我们打开了一扇当代人生活的窗口，具有较强的现实意义。

4. 讲评后记

人，作为一种高级生物，其实也常常会犯傻事，有谁敢说他没做过傻事呢？

没人敢保证吧？回过头来想想，怎么当时的思路就不知道拐个弯呢?

但是，这没关系的，人就是在生活中不断地经历、不断地体验。

我们写作文也一样，谁也不可能一开始就写出很好的文章。老师的教导和生活中的不断发现，为自己的创作提供了有效的保证和思路来源。即使如此，在现实写作中，还是有很多同学被命题挡住了选材和立意的思路。这时，我们就想想本章节中老师介绍的“一材多用”是多么深入人心啊!

第二部分　开动思维找思路

第一章　学习小蝌蚪一次次地问

1. 跟《小蝌蚪找妈妈》学问问题

有一篇非常有名的文章，叫作《小蝌蚪找妈妈》，小朋友们一定读过啦！各种版本的语文教科书里也都收录了这篇文章。那么这篇文章到底有什么值得我们借鉴的地方呢？让我们重新来细细品读一下吧！让老师来教你怎么把书和作文对上号儿！

小蝌蚪找妈妈

暖和的春天来了，池塘里的冰融化了，柳树长出了绿色的叶子。青蛙妈妈在泥洞里睡了一个冬天，也醒来了。她从泥洞里慢慢地爬出来，伸了伸腿，扑通一声，跳进池塘里，在碧绿的水草上，生下了许多黑黑的、圆圆的卵。

春风吹着，阳光照着，池塘里的水越来越暖和了，青蛙妈妈生下的卵，慢慢地活动起来，变成一群大脑袋、长尾巴的小蝌蚪。

小蝌蚪们在水里游来游去，非常快乐。

有一天，鸭妈妈带着小鸭子到池塘来游水。小鸭子们跟在妈妈后面，嘎嘎嘎叫着。小蝌蚪们看见了，就想起了自己的妈妈。

他们你问我，我问你："我们的妈妈在哪里呢？"可是谁也不知道。

他们一齐游到鸭妈妈身边，问："鸭妈妈，鸭妈妈，您看见过我们的妈妈吗？您告诉我们，她在哪里？"

鸭妈妈亲热地回答说："看见过。你们的妈妈有两只大眼睛，嘴巴又阔又大。好孩子，你们到前面去找吧！"

"谢谢您，鸭妈妈！"小蝌蚪们高高兴兴地向前面游去。

一条大金鱼游过来了，小蝌蚪们看见大金鱼头顶上有两只大眼睛，嘴巴又阔又大。他们想：一定是妈妈来了，就追上去喊："妈妈！妈妈！"

大金鱼笑着说："我不是你们的妈妈。我是小金鱼的妈妈。你们的妈妈肚皮是白的，好孩子，你们去找吧！"

"谢谢您！金鱼妈妈！"小蝌蚪们又向前面游去。

一只大螃蟹从对面游了过来。小蝌蚪们看见螃蟹的肚皮是白的，就迎上去大声叫："妈妈！妈妈！"

螃蟹摆着两只大钳子，笑着说："我不是你们的妈妈。你们的妈妈只有四条腿，你们看我有几条腿呀？"

小蝌蚪们一数，螃蟹有八条腿，就不好意思地说："对不起呀，我们认错了。"

一只大乌龟在水里慢慢地游着，后面跟着一只小乌龟。小蝌蚪们游到大乌龟跟前，仔细数着大乌龟的腿："一条，两条，三条，四条。四条腿！四条腿！这回可找到妈妈啦！"

小乌龟一听，急忙爬到大乌龟的背上，昂着头说："你们认错啦，她是我的妈妈。"

大乌龟笑着说："你们的妈妈穿着好看的绿衣裳，唱起歌来‘呱呱呱’，走起路来一蹦一跳。好孩子们，快去找她吧！”

“谢谢您，乌龟妈妈。”小蝌蚪们再向前面游过去。

小蝌蚪们游呀游呀，游到池塘边，看见一只青蛙，坐在圆圆的荷叶上“呱呱呱”地唱歌。

小蝌蚪们游过去，小声地问：“请问您：您看见过我们的妈妈吗？她有两只大眼睛，嘴巴又阔又大，四条腿走起路来一蹦一跳的，白白的肚皮绿衣裳，唱起歌来呱呱呱……”

青蛙没等小蝌蚪们说完，就“呱呱呱”大笑起来。她说：“傻孩子，我就是你们的妈妈呀，我已经找了你们好久啦！”

小蝌蚪们听了，一齐摇摇尾巴说：“奇怪！奇怪！为什么我们长得跟您不一样呢？”

青蛙笑着说：“你们还小呢。过几天，你们会长出两条后腿来；再过几天，又会长出两条前腿。四条腿长齐了，脱掉尾巴，换上绿衣裳，就跟妈妈一样了。那时候，你们就可以跳到岸上去捉虫吃啦。”

小蝌蚪们听了，高兴得在水里翻起跟斗来：“呵！我们找到妈妈了！我们找到妈妈了！”

青蛙扑通一声跳进水里，带着小蝌蚪们一块儿游玩去了。

后来小蝌蚪们长大了，变成了一群小青蛙。小青蛙常常跳到岸上捉虫吃，还快活地唱着：“呱呱呱，呱呱呱，我们长大啦！我们长大啦！我们会捉虫，捉尽了害虫，保护庄稼。”

老师讲评

一群可爱的小蝌蚪出世了，但是，“谁是我们的妈妈呢？”

于是，一场有趣而感人的寻亲之旅开始了。在把大眼睛的金鱼、白肚皮的螃蟹、四条腿的乌龟误认为妈妈后，小蝌蚪们终于找到了它们的妈妈——青蛙。这篇文章真是影响了好几代人呐！老师我当年读的时候只是傻傻的，并没有想过“这篇文章好在哪里”“我该如何借鉴”之类的问题。你想过吗？

那么，老师就来指点你们一下，这篇文章的特点是什么呢？有的同学想到了，对啦，就是“不停地问”，换几个动物，也来“不停地问”，这样不就写出一篇篇的好文章了吗？

2. 课文的证明

各版本的《语文》课本，各年级各册都有很多这样“不停地问”之类的课文。

接下来我们就按照写人、记事、写景、状物的顺序，各列举一两篇吧。

不停地问——写人篇

好学的爸爸

我的爸爸很好学，最近一吃完晚饭，就夹着包往外走，说是“充电”去。

有一次，我问爸爸什么叫“充电”。爸爸说：“充电，就是再学习呀。”

原来爸爸是去上业余电脑培训班。

我说：“你不是早就会在电脑上打字了吗？”

爸爸说："光会打字是远远不够的。上网啦，制图啦……要学的东西可多啦。"

我说："爸爸，你能帮我从电脑上找一点骑牛比赛的资料吗？"

"这还不简单！"只见爸爸在电脑前敲了几下键盘，鼠标点得飞快，一会儿就把我要的资料找到了。

爸爸现在可真是电脑高手了！

老师讲评

文章类型：写人

主　　题：描写爸爸的好学

思路展开：不停地问

小朋友请自由读课文，互相交流自己已经读懂了哪些，还有哪些地方不明白。

（1）"充电"是什么意思？爸爸为什么要充电？三个"充电"为什么用两种标点符号？

（2）什么叫"业余电脑培训班"？

（3）"上网啦，制图啦……"这后面的六个点是什么意思？

（4）爸爸好学表现在什么地方？

实际效果：孩子三问，爸爸三答。有用语言回答的，有用行动回答的。三问三答以后，一个"好学的爸爸"的形象就活生生地展现在读者面前。大家说，用"不停地问"这样的思路结构写人，是不是很不错呢？

看来"不停地问"的思路结构，还真能表现人物的性格呢！

不停地问——记事篇

棉鞋里的阳光

早晨，阳光照到了阳台上，妈妈在给奶奶晒棉被。闹闹问妈妈：

“奶奶的棉被一点儿也没有湿，干吗要晒呢？”

“棉被晒过了，奶奶盖上会更暖和。”妈妈说。

“为什么呢？”闹闹又问。

妈妈说：“棉被里有棉花，让阳光钻进棉花里，你说暖和不暖和？”

吃过午饭，奶奶要睡午觉，妈妈收了棉被铺到床上。奶奶脱下棉鞋，躺进被窝，说：“这被子真暖和。”她舒服地合上了眼睛。

奶奶睡着了。闹闹想：奶奶的棉鞋里也有棉花……于是，他轻轻地把奶奶的棉鞋摆在阳光晒到的地方。

奶奶醒了，闹闹把棉鞋放回床前。奶奶起床了，把脚伸进棉鞋里，奇怪地问：“咦，棉鞋怎么这么暖和？”

闹闹笑了笑，说：“奶奶，棉鞋里有好多阳光呢！”

老师讲评

文章类型：记事

主　　题：妈妈和闹闹孝敬老人

展开思路：不停地问

闹闹问妈妈为什么要给奶奶晒棉被；

闹闹问妈妈为什么晒后的棉被更加暖和；

奶奶问闹闹什么棉鞋这么暖和。

实际效果：初读《棉鞋里的阳光》，首先会被课题所吸引，带着疑问读下去，你会觉得文章虽然只描写了一件生活中极普通的小事：一位母亲给婆婆晒棉被。可是，通过提问、回答的思维结构展开描述，这件事就非同寻常了！整个故事非常流畅、清晰自然。

怎么样，“不停地问”这种思路结构，叙述事件和表达情感是不是很管用啊?

不停地问——写景篇

春天在哪里

春天在哪里呀？春天在哪里？
春天在那青翠的山林里。
这里有红花呀，这里有绿草，
还有那会唱歌的小黄鹂。

春天在哪里呀？春天在哪里？
春天在那湖水的倒影里。
映出红的花呀，映出绿的草，
还有那会唱歌的小黄鹂。

春天在哪里呀？春天在哪里？
春天在那小朋友眼睛里。
看见红的花呀，看见绿的草，
还有那会唱歌的小黄鹂。

老师讲评

文章类型： 写景

主　　题： 春天的美景

展开思路： 不停地问

一问春天在哪里，春天在那青翠的山林里。

二问春天在哪里，春天在那湖水的倒影里。

三问春天在哪里，春天在那小朋友的眼睛里。

实际效果： 通过这三次问答，欢快、活泼的语句和简单有趣的动作，把人带入了美好的风景当中。

怎么样，用“不停地问”这样的思路结构写景，效果还不错吧！

不停地问——状物篇

最大的“书”

一天，爸爸带川川去爬山，他们看见一位地质勘探队员，正趴在一块大石头上看着什么。川川走过去，奇怪地问：“叔叔，您在看什么？”

“我在看‘书’呢！”

“哪里有书啊？”

“岩石就是书啊！你看，这一层一层的，不就像一册厚厚的书吗？”

川川认真地说：“这上面有字吗？”

“有。你来看，这是雨点留下的脚印，叫雨痕；这是波纹的足迹，叫波痕；还有这些闪光的、透明的，是矿物。它们都是字呀。”

川川又问：“这上面有图画吗？”

叔叔说：“有。你看，这儿有树叶，有贝壳，那儿还有一条鱼哩！”

“这能说明什么呢？”

“它告诉我们，在很久很久以前，这里是一片长满树木的陆地。后来，陆地沉下去，就变成了大海。又过了很多很多万年，海底慢慢上升，这里又变成了高山，就是我们脚下的这座山。”

“读了这本岩石书有什么用呢？”川川总爱刨根问底。

叔叔说：“用处可大哩！它能告诉我们，那里埋着煤炭，那里埋着铁矿……把这本‘书’读懂，就能为祖国找到更多的宝藏！”

“太好了！太好了！”川川高兴地说，“等我长大了，也要读懂这本最大的‘书’！”

老师讲评

文章类型：状物

主　　题：介绍石头标本

展开思路：不停地问

叔叔您在看什么？

哪里有书啊？

石头上面有字吗？

石头上面有图画吗？

石头上面的这些字和图画能说明什么呢？

读懂了石头上面的字和图画有什么用呢？

实际效果：六问六答，一场精彩的关于石头标本的科普报告就结束了。好多同学读完后都惊呼“这篇文章也太棒了吧！”是啊，通过一问一答这样的思维结构方式展开，层层递进，最后展开事物的核心全貌，表出写作的目的。

3. 讲评后记

每次老师讲到这儿，关于“不停地问”的总结还没说完，就有好多同学迫不及待地喊道：“哇，太棒了，我不仅会用‘不停地问’写熟悉的作文，还有好多你没说的作文题，我也会写了……”

也有同学说：“有了这些范文讲解，我以后写作时就不会再发愁了。”好了，下面老师就详细总结本章节的重要知识点，同学们一定要牢记哦！

开动思维找思路——

最轻松的五个思路妙招之一

借鉴小蝌蚪“一次次地问”

1. 无论写人、记事、写景、状物等，各种类型的作文都可以借鉴。

2. “有素材，没思路”时，可以借鉴这个思路来救急。

3. “有思路，想创新”时，可借鉴这个思路来创新。

4. 就算都按照这个思路写，也不会千篇一律。因为虽然都是“不停地问”，但问的问题不同，问题的深度、侧重点不同，对问题的回答不同，写成的文章就会千变万化、各不相同！

第二章　借鉴小马过河一次次地要和劝

1. 《小马过河》引起的共鸣

前面讲完了《小蝌蚪找妈妈》，同学们像炸了群的麻雀，开心得不得了。“不停地问”这招还真是“又好玩，又好用，又不费功夫”。很多同学围着老师不停地问“老师，你还有哪些妙招啊？快教教我们吧，我们可都是真心实意想学习写好作文的”。

好了，鉴于同学们认真好学的态度打动了老师，那么，老师接下来妙招的讲述就从《小马过河》开始吧！

小马过河

小马和他的妈妈住在绿草茵茵的十分美丽的小河边。除了妈妈过河给河对岸的村子送粮食的时候，他总是跟随在妈妈的身边寸步不离。他过得很快乐，时光飞快地过去了。

有一天，妈妈把小马叫到身边说："小马，你已经长大了，可以帮妈妈做事了。今天你把这袋粮食送到河对岸的村子里去吧。"

小马非常高兴地答应了。他驮着粮食飞快地来到了小河边。可是河上没有桥，只能自己淌过去。可谁知道河水有多深呢？犹豫中的小马一抬头，看见了正在不远处吃草的牛伯伯。小马赶紧跑过去问道："牛伯伯，那河里的水深不深呀？"牛伯伯挺起他那高大的身体笑着说："不深，不深。才到我的小腿。"小马高兴地跑回河边准备蹚过河去。

他刚一迈腿，忽然听见一个声音说："小马，小马别下去，这水可深啦。"小马低头一看，原来是小松鼠。小松鼠翘着她的漂亮的尾巴，睁着圆圆的眼睛，很认真地说："前两天我的一个伙伴不小心掉进了河里，河水就把他卷走了。"小马一听没主意了。牛伯伯说河水浅，小松鼠说河水深，这可怎么办呀？只好回去问妈妈。

马妈妈老远地就看见小马低着头驮着粮食又回来了。心想他一定是遇到困难了，就迎过去问小马。小马哭着把牛伯伯和小松鼠的话告诉了妈妈。妈妈安慰小马说："没关系，咱们一起去看看吧。”

小马和妈妈又一次来到河边，妈妈这回让小马自己去试探一下河水有多深。小马小心地试探着，一步一步地淌过了河。噢，他明白了，河水既没有牛伯伯说得那么浅，也没有小松鼠说得那么深。只有自己亲自试过才知道。

小马深情地向妈妈望了一眼，心里说：“谢谢你了，好妈妈。”然后他转头向村子跑去。他今天特别高兴。

老师讲评

这篇《小马过河》，除开头说了几句“小马的幸福生活之外”，剩下的就是“一次次地要（要求、请求等）和劝（鼓励、劝阻等）”了！

马妈妈让小马做点事（过河），旁人要么劝进（马妈妈有意鼓励，牛伯伯无意鼓励），要么劝退（小松鼠明确反对），这下，小马就为难了，这事到底做得对不对啊？小马过河的故事，也就是在“一次次地要和劝”中讲述了出来。

同学们认真想想，这种“一次次地要和劝”的素材，在平时的生活中是不是很多呢？

2. 课本处处《小马过河》

仔细翻阅我们的语文课本，还发现不少“一次次地要和劝”的课文。这种思路结构在写人、记事、状物及童话题材类文章中用的极多（写景的一般较少）。下面，我们就选出其中的一部分来读读吧！

"一次次地要和劝"——写人篇

蓝色的树叶

美术课上，老师教同学们画风景，要画上树、房子和小山。明明画好了远处的房子，远处的小山。他正要画树，可是绿铅笔找不到了。

明明看看旁边的丽丽，她已经把树画好了。树叶那么绿，真惹人爱。明明小声对丽丽说："把绿铅笔借给我用一用行吗？"丽丽吞吞吐吐地说："我还没画完呢。"

明明只好趴在桌子上看丽丽画，等她画完了，明明说："现在可以把你的绿铅笔借给我了吧。"丽丽："我怕你把笔尖弄断了。"明明说："我小心一点。"

丽丽从盒子里拿出绿铅笔，说："你要注意，不要削，画的时候不要用力，不要画得太多。"明明连忙说："我只画树叶和小草。"丽丽皱着眉头，说："还要画小草？"明明看了看丽丽，没有接她的绿铅笔。

明明拿起自己的蓝铅笔，用心地画着一片片树叶。丽丽看着这些蓝树叶，不由得脸红了。

老师讲评

文章类型： 写人

主　　题： 丽丽不愿意借给明明铅笔的故事

展开思路： 一次次地劝和要

一要：把你的绿铅笔借我用用，好吗？

一劝：我还没画完呢。

二要：那你现在画完了，可以借给我了吧？

二劝：我怕你把笔尖弄断了。

三要：我会很小心的（如果借给我用）。

三劝：还要画小草？

实际效果：同学们之间有困难，互相帮助就是了。可是，丽丽偏不这样，面对明明一次次地“要”，丽丽不好推脱，就明里暗里地推辞（这就算是劝退吧）。作者不再进行当时场面的其他描写，而是把两人“一次次地要和劝”这个场景详细地展现在读者面前，从而将丽丽的小气刻画得淋漓尽致。

“一次次地要和劝”——记事篇

被杀的公鸡

一只公鸡早晨起来报晓。天亮，被主人提出来杀了。

又一只公鸡早晨起来报晓。天亮，被主人提出来杀了。

又一只公鸡早晨起来报晓，天亮，还是被主人提出来杀了。

邻居不解，问：“这些公鸡每天报晓都挺准时的，你杀它们干什么？”

那人说：“早晨我有晚起的习惯，它们却叫得很早。”

邻居说：“这不是它们的过错，报晓是公鸡的天职。”

那人说：“这个我不管，我需要的是和母鸡交配的公鸡，而不是报晓的公鸡。”

邻居说："可公鸡是不能不报晓的，你难道不能用另外一种方式来解决问题吗？"

"这个很难，"那人说，"我曾想割掉它们的嗓子，后来又想扎上它们的嘴，可这样太麻烦，而杀它们却很省事。"

"那你为什么不改变一下睡觉的习惯呢？"邻居疑惑地问。

"改变我的生活习惯，这怎么可能呢！"那人说，"我有这个习惯已经几十年了，怎么会为几只公鸡而去改变呢？再说我是主人，它们应该符合我的需求，它们的行为与我发生矛盾时，受损失的只能是它们，怎么会是我呢？"

于是那人一直保持着杀公鸡的习惯。

老师讲评

文章类型：记事

主　　题：邻居劝主人不要杀死报晓公鸡的故事

展开思路：一次次地劝解

一要：报晓是公鸡的天职，不应该因此杀害它。

一劝（拒绝）：我需要的是和母鸡交配的公鸡，而不是报晓的公鸡。

二要：公鸡不可能不报晓，你可以用另外一种方式。

二劝（拒绝）：这个很难，但是杀它们很容易。

三要：你可以改变一下睡觉习惯。

三劝（拒绝）：我是主人，我为什么要改变我的睡觉习惯呢？

实际效果：这篇文章故事情节一波三折，你说效果好不好呢？"一次次地要和劝"，这样的思路结构很有表现力吧！

“一次次地要和劝”——状物篇

棉花姑娘

棉花姑娘生病了，叶子上长满了蚜虫。啄木鸟飞来了。棉花姑娘说:“啄木鸟伯伯,请您帮我捉害虫吧！”啄木鸟摇摇头说:“对不起，我会捉树干上的害虫，不会捉蚜虫。”

青蛙蹦蹦跳跳地来了。棉花姑娘说：“青蛙叔叔，请您帮我捉害虫吧！”青蛙摆摆手说：“对不起，我会捉稻田里的害虫，不会捉蚜虫。”

几只圆圆的小瓢虫飞来了，见到棉花姑娘身上的蚜虫，就大口大口地吃起来，棉花姑娘高兴地说：“谢谢你们帮我捉害虫。你们是谁呀？”小瓢虫说：“我们身上有七个黑点，像七颗星星，大家叫我们七星瓢虫。”

棉花姑娘的病好了。秋天，她结满了棉桃，咧开嘴笑啦！

老师讲评

文章类型： 状物

主　　题： 介绍啄木鸟、青蛙、七星瓢虫等益虫

展开思路： 一次次地要和劝

一要：啄木鸟你来帮我捉身上的害虫吧。

一劝（拒绝）：我只会捉树干上的害虫。

二要：青蛙你来帮我捉身上的害虫吧。

二劝（拒绝）：我只会捉田地里的害虫。

实际效果：本文完全可以直接告诉我们“什么益虫吃什么害虫”，但是作者偏偏绕开了这么直白枯燥的叙述，故意打出棉花姑娘生病的幌子，通过其他益虫和她的对话，一次次地“要”来展开叙述，还让啄木鸟、青蛙这些捉虫高手们一次次地“劝”（就算作是推辞吧）：“哎呀，不行呀，我的能力不在这个上面呀，我只能……”

经过这么“几要几劝”，把该介绍的知识都介绍了，文章一点也不枯燥。你说，用“一次次地要和劝”这样的思路结构来“状物”，是不是很妙啊？

开动思维找思路——

最轻松的五个思路妙招之二

借鉴小马过河，一次次地要和劝

1. 写人、记事、状物及童话等各种题材各种类型都可以用“一次次地要（要求或请求等）和劝（鼓励或劝阻等）”这种思路结构来表达。由于“要”和“劝”的内容不同、深度不同，文章就不会有“千篇一律”的不当结果。

2.“要”和“劝”的方式多种多样，要注意观察和比较。

比如：关于要（要求或请求、欲望等）

像丽丽、棉花姑娘那样直截了当地要；

再如：关于劝（鼓励或劝阻等）

像牛伯伯那样用类比来劝（劝进）；

像燕子、啄木鸟那样用坦诚说明来劝（劝退）。

第三章 学习卖火柴的小姑娘一次次地想

1. 跟《卖火柴的小女孩》学想问题

安徒生有一个很有名的童话故事，只要一说出它的名字，相信没有人会不知道，它就是《卖火柴的小女孩》。是不是很熟悉呀？为什么要讲这篇文章呢？这篇文章里藏有什么写作秘籍呢？就让老师来为你一一解答吧！

卖火柴的小女孩

这是一年的最后一天——大年夜，鹅毛般的大雪纷纷扬扬地从天空中飘落下来，天气冷得可怕。

一个卖火柴的小女孩在街上走着，她的衣服又旧又破，打着许多补丁，脚上穿着一双妈妈的大拖鞋，但是这又有什么用呢？她还是又冷又饿，风吹得她瑟瑟发抖。她的口袋里装着许多盒火柴，一路上不住口地叫着：“卖火柴呀，卖火柴呀！”人们都在买节日的食品和礼物，又有谁会理她呢？

快到中午了，她没有卖掉一根火柴，没有哪个好心人给过她一个钱。

她走着走着，在一幢楼房的窗前停下了，室内的情景吸引住了她。哟，屋里的圣诞树多美呀，那两个孩子手里的糖果纸真漂亮。

看着人家幸福的表情，小女孩想到了生病的妈妈和死去的奶奶，伤心地哭了。哭有什么用呢？小女孩擦干眼泪，继续向前走去。

“卖火柴呀，卖火柴呀！叔叔，阿姨，买一些火柴吧！”

可是，人们买完节日礼物，都急匆匆地赶回家去，谁也没有听到她的叫卖声。雪花落在她金黄色的长头发上，看上去是那么美丽，可谁也没有注意到她。

小女孩走着走着，一辆马车飞奔过来，她吓得赶快逃开，大拖鞋跑掉了。马车过去后，她赶紧找鞋。那是妈妈的拖鞋呀，妈妈还躺在床上呢。可是，一只找不到了，另一只又被一个男孩当足球踢走了。小女孩只好光着脚走路，寒冷的雪将她的小脚冻得又红又肿。

天渐渐黑了，街上的行人越来越少，最后只剩下小女孩一个人了。街边的房子里都亮起了灯光，窗子里还传出了笑声。食品铺里飘出了烤鹅的香味，小女孩饿得肚子咕咕直叫。小女孩好想回家，可是没卖掉一根火柴，她拿什么去给妈妈买药呢？

雪越下越大，街上像铺了一层厚厚的白地毯。

小女孩一整天没吃没喝，实在走不动了，她在一个墙角里坐下来。她用小手搓着又红又肿的小脚，一会儿，小手也冻僵了。真冷啊，要是点燃一根小小的火柴，也可以暖暖身子呀。她敢吗？她终于抽出了一根火柴，在墙上一擦，哧！小小的火苗冒了出来。小女孩把手放在火苗上面，小小的火光多么美丽，多么温暖呀！她仿佛觉得自己坐在火炉旁，那里面火烧得多旺啊。小女孩刚想伸出脚暖和一下，火苗熄灭了，火炉不见了，只剩下烧过的火柴梗。

她又擦了一根，哧！火苗又窜了出来，发出亮亮的光。墙被照亮了，变得透明了，她仿佛看见了房间里的东西。桌上铺着雪白的台布，上面放满了各种各样好吃的东西。一只肚子里填满苹果和梅子的烤鹅突然从盘子里跳出来，背上插着刀叉，摇摇晃晃地向她走来。几只大面包也从桌上跳下来，一个个像士兵一样排着队向她走来。然而就在这时，火柴又熄灭了，她面前只剩下一面又黑又冷的墙。

小女孩舍不得擦火柴了，可她冻得浑身直抖。无奈之下，她又擦了一根，哧！一朵光明的火焰花开了出来。哗！多么美丽的圣诞树呀，这是她见过的最大最美的圣诞树。圣诞树上挂着许多彩色的圣诞卡，那上面画有各种各样的美丽图画。树上还点着几千支蜡烛，一闪一闪地好像星星在向她眨眼问好。小姑娘把手伸过去，唉，火柴又熄灭了，周围又是一片漆黑。

小姑娘又擦了一根火柴，她看到一片烛光升了起来，变成了一颗颗明亮的星星。有一颗星星落下来了，在天上划出一条长长的火丝。所有的星星也跟着落下来了，就像彩虹一样从天上一直挂到地上。“有一个什么人快要死了。”小女孩说。因为她那唯一疼她的奶奶活着的时候曾经告诉过她：一颗星星落下来，就有一个灵魂要到上帝那儿去了。

小女孩又擦亮一根火柴，火光把四周照得通亮，奶奶在火光中出现了。奶奶朝着她微笑着，那么温柔，那么慈祥。“奶奶……”小女孩激动得热泪盈眶，扑进了奶奶的怀抱。“奶奶，请把我带走吧，我知道，火柴一熄灭，您就会不见的，像那暖和的火炉、喷香的烤鹅、美丽的圣诞树一样就会不见的！”小女孩把手里的火柴一根接一根地擦亮，因为她非常想把奶奶留下来。这些火柴发出强烈的光芒，照得比白天还要亮。奶奶从来也没有像现在这样美丽和高大。奶奶把小女孩抱起来，搂在怀里。她们两人在光明和快乐中飞起来了。她们越飞越高，飞到没有寒冷，没有饥饿的天堂里去，和上帝在一起。

火柴熄灭了，四周一片漆黑，小姑娘幸福地闭上了眼睛。

新年早晨，雪停了，风小了，太阳升起来了，照得大地金灿灿的。大人们来到街上，大家祝贺着新年快乐。小孩们穿着新衣，愉快地打着雪仗。

这时，人们看到了一个小女孩冻死在墙角，她脸上放着光彩，嘴边露着微笑。在她周围撒满一地的火柴梗，小手中还捏着一根火柴。

老师讲评

卖火柴的小女孩被冻死了，但她的脸上仍绽放着光彩。看过这个故事的人一定会问：“为什么卖火柴的小女孩被冻死了还会笑呢？”因为当她卖不出去火柴的时候，她的内心一直在想一些美好的事物。

安徒生的文字实在是太神奇了！竟然用“一次次地想”这样的思路结构，让小女孩悲惨的故事感染到每一个人，为她流泪，为她的遭遇痛心！

我们用“一次次地想”这样的思路结构，能把内心（看见美景时的联想，做一件事情时的思考，读一篇文章时的感想等）的故事生动传神地写出来。

2. 课文中的"一次次地想"

翻开课本，我们来看看"一次次地想"类的课文吧！

"一次次地想"——写人篇

我　想

我想把小手
安在桃树枝上。
带着一串花苞，
牵着万缕阳光，
悠啊，悠——
悠出声声春的歌唱。

我想把脚丫
接在柳树根上。
伸进湿软的土地，
汲取甜美的营养，
长啊，长——
长成一座绿色的篷帐。

我想把眼睛
装在风筝上。
看白云多柔软，
瞧太阳多明亮，

望啊，望——
蓝天是我的课堂。

我想把我自己
种在春天的土地上。
变小草，绿得生辉，
变小花，开得漂亮。
成为柳絮和蒲公英，
更是我最大的愿望。
我会飞啊，飞——
飞到遥远的地方。
不过，飞向遥远的地方，
要和爸爸妈妈商量商量……

老师讲评

文章类型：写人

主　题：写一个对生活充满理想的孩子

展开思路：一次次地想

一想：把手接到桃枝上开花；

二想：把脚插到柳树根上成长为绿色大树；

三想：把眼睛装在风筝上看更多的风景；

四想：让自己长成柳絮和蒲公英，飞向远方。

实际效果：通过孩子这么多的想法，一个阳光灿烂、充满活力、充满理想的儿童形象就栩栩如生了。

如果想透过心理写人物，“一次次地想”绝对是个绝好的思路哦！

“一次次地想”——记事篇

每逢佳节倍思亲

唐代有个大诗人，名叫王维。15岁那年，他就离开家乡，来到京城长安，不觉已经两年了。

一年一度的重阳节又到了。一大早，大街上便热闹起来。人们扶老携幼，兴高采烈地去登高游玩。王维看着家家户户欢度节日的情景，更加思念家乡的亲人。

王维想，以前在家乡时，每逢重阳节，总要和兄弟们头插茱萸，手挽着手去城外登高远眺。大家欢聚在一起，是多么让人高兴啊！如今我们却天各一方，不能相会……此时此刻，兄弟们一定也在登高聚会，西望长安，思念着我吧。

王维思绪万千，提起笔来写下了《九月九日忆山东兄弟》这首诗：

独在异乡为异客，
每逢佳节倍思亲。
遥知兄弟登高处，
遍插茱萸少一人。

老师讲评

文章类别： 记事

主　　题： 王维的著名诗作是怎样写成的

展开思路： 一次次地想（仔细分析，就能发现和《卖火柴的小女孩》一样的情愫）

在节日里独自一人触景生情，一次次地想。

卖火柴的小女孩在喜庆欢快的节日里却饥寒交迫，独自一人不由得想家人、想火炉、想烤鹅、想圣诞树，想星星……

王维看到别人全家都在庆祝节日，就倍感孤独，无比渴望亲情。于是，就像卖火柴的小女孩一样，开始了"一次次地想"。他想兄弟，想同他们登高，想共同拉着手，想一起插茱萸……

想到最后，小女孩划光了火柴，王维留下了流传千古的诗句……

不一样的文章，一样的思路结构。

"一次次地想"，就是文章的精髓，不变的真谛！

实际效果： 好多同学读完这篇文章，回头再去读那首诗，感觉对诗的理解比以往深多了，对诗词的记忆也加深了很多。

其实很多东西，都是通过人的思考得来的。所以，通过人的思想过程来揭示事物，的确是一个不错的作文思路！

“一次次地想”——写景篇

美丽的彩虹

雨过天晴，
一道彩虹高高挂在天空。

丁丁说，
彩虹是一座神奇的桥，
我想从这座桥上走过，
去看看遥远的银河。

冬冬说，
彩虹是一条美丽的项链，
天上的仙女戴上它，
一定会更加好看。

小弟弟问：
如果从彩虹顶上滑下，
会是哪里？
能不能到太空人的家？

小妹妹问：
是谁让彩虹这样美丽？
是谁为它画了七彩衣？

谁有这样大的笔？
彩虹的颜色越来越淡，
渐渐地，它回到了白云中间。

老师讲评

文章类型：写景

主　　题：描写美丽的彩虹

展开思路：一次次地想（把彩虹想象成别的事物）

一想：彩虹是天空中的桥；

二想：彩虹是美丽的项链；

三想：彩虹有多长，连接到什么地方；

四想：彩虹怎么会有七种色彩。

实际效果：有了这么多的想象，彩虹的美丽怎能不让我们向往呢？“一次次地想”侧重于人的思想，就可用于写人；侧重于人对事物的思索，就可以用来记事；侧重于人对景物的想象，则又可以用来写景了。

“一次次地想”——状物篇

矛和盾的集合

发明家手持矛和盾，与朋友比赛。

对方的矛如雨点般向他刺来，发明家用盾左抵右挡，还是难以招架。在这紧张危急的关头，发明家忽然产生了一个想法：

“盾太小啦！如果盾大得像个铁屋子，我钻进铁屋子里，敌人就一枪也戳不到我啦！”

可是，这样固然安全，自己却变成了只能缩在壳里保命的蜗牛或乌龟。自卫，是为了更好地进攻呀！

对了，在铁屋子上开个小洞，从洞里伸出进攻的“矛”——枪口或炮口。当然，这铁屋子还要会跑，得装上轮子，安上履带。于是，发明家发明了坦克。

坦克把盾的自卫、矛的进攻合二为一，在战场上大显神威。1916 年 9 月 15 日，英军的坦克首次冲上战场。德国兵头一回见到这庞然大物，吓得哇哇直叫，乱成一团，一下子退了十公里！

是的，谁善于把别人的长处集于一身，谁就会是胜利者。

老师讲评

文章类别：状物

主　　题：介绍坦克的来历

思路展开：一次次地想

发明家第一想：在这紧急的关头，发明家忽然产生了一个想法“盾太小了，如果盾大得像个铁屋子，我钻进铁屋子里，敌人就一枪也戳不到我了！”

发明家第二想：可是，这样固然安全，自己却变成了只能缩在壳里保命的乌龟。自卫，是为了更好地进攻啊！

发明家第三想：对了，在铁屋子上开个小洞，从洞里伸出进攻的“矛”——枪口或炮口。当然，这铁屋子还要会跑，得装上轮子。

实际效果：每每讲到这里，同学们就会发现，这篇文章的结构思路和《卖火柴的小女孩》一模一样，也是“一次次地想”！

真是太神奇了，竟然连科普文章、史料性的说明文也能用“一次次地想”这种思路来表达。你说，还有什么样的作文不能用“一次次地想”来表达呢？

开动思维找思路——

最轻松的五个思路妙招之三

借鉴卖火柴的小女孩一次次地想

1. 写心理，其实就是写“心里所想”；在写完一个动作、一件事情，或写完看到的，听到的事情时，加几句“心里是怎么想的”这类句子。

2. 我们还可以用“一次次地想”这种思路结构来写各种主题，各种类型的文章！

比如像：《卖火柴的小女孩》那样写人；

像《美丽的彩虹》那样写景；

像《矛和盾的集合》那样状物……

第四章　借鉴一次次，作文事半功倍

1. 马良一次次的神笔出手

在前面的内容中，我们学习了一次次地想！

这个思路结构勾起了同学们读书的欲望！

这个思路结构让同学们重新认识了童话！

说起童话，你了解《神笔马良》吗？这篇文章很长，而且很复杂，它又是“一次次地什么”呢？

先让我们一起来复习复习这篇课文吧！

神笔马良

从前，有个孩子名字叫马良。他的父亲母亲早就死了，靠他自己打柴、割草过日子。他从小就喜欢学画，可是，他连一支笔也没有啊！

一天，他走过一个学馆门口，看见学馆里的教师，拿着一支笔，正在画画。他不自觉地走了进去，对教师说：“我很想学画，借给我一支笔可以吗？”教师瞪了他一眼，“呸！”一口唾沫啐在他脸上，骂道：“穷娃子想拿笔，还想学画？做梦！”说完，就将他撵出大门来。马良是个有志气的孩子，他说：“偏不相信，怎么穷孩子连画也不能学了！”

从此，他下决心学画，每天用心苦练。他到山上打柴时，就折一根树枝，在沙地上学着描飞鸟。他到河边割草时，就用草根蘸蘸河水，在岸石上学着描游鱼。晚上，回到家里，拿了一块木炭，在窑洞的壁上，又把白天描过的东西，一件一件再画一遍。没有笔，他照样学画画。

一年一年地过去，马良学画从没有一天间断过。他的窑洞四壁，画上叠画，麻麻花花全是画了。当然，他的进步也很快，真是画的鸟就差不会叫了，画的鱼就差不会游了。一回，他在村口画了只小母鸡，村口的上空就成天有老鹰打转。一回，他在山后画了只黑毛狼，吓得牛羊不敢在山后吃草。但是马良还没有一支笔啊！他想，自己能有一支笔该多么好啊！有一天晚上，马良躺在窑洞里，因为他整天地干活、学画，已经很疲倦，一躺下来，就迷迷糊糊地睡着了。

不知道什么时候，窑洞里亮起了一道五彩的光芒，来了个白胡子的老人，把一支笔送给他："这是一支神笔，要好好用它！"马良接过来一看，那笔金光灿灿的；拿在手上，沉甸甸的。他喜得蹦起来："谢谢你，老爷爷……"马良的话没有说完，白胡子老人已经不见了。

马良一惊，就醒过来，揉揉眼睛，原来是个梦呢！可又不是梦啊！那支笔不是很好地在自己的手里吗？

他十分高兴，就奔了出来，挨家挨户去敲门，把伙伴都叫醒，告诉他们："我有支笔啦！"这时才半夜哩！他用笔画了一只鸟，鸟扑扑翅膀，飞到天上去，对他叽叽喳喳地唱起歌来。他用笔画了一条鱼，鱼弯弯尾巴，游进水里去，对他一摇一摆地跳起舞来。他乐极了，说："这神笔，多好呀！"马良有了这支神笔，天天替村里的穷人画画：谁家没有犁耙，他就给他画犁耙；谁家没有耕牛，他就给他画耕牛；谁家没有水车，他就给他画水车；谁家没有石磨，他就给他画石磨……

天下没有不透风的墙，消息很快地传进了邻近村里一个大财主的耳朵。这财主，就派两个家丁来把他抓去，逼他画画。

马良年纪虽小，却生来是个硬性子。他看透财主的坏心肠，任凭财主怎样哄他、吓他，要他画个金元宝，他就是不肯画。财主就把他关在一间马厩里，也不给他饭吃。

傍晚，雪纷纷扬扬地落着，地上已经积起了厚厚一层。财主想，马良这一下不是饿死，也准冻死了。他走过马厩门口，只见门缝里透出红红的亮光，还闻到一股香喷喷的味道。他觉得奇怪，凑近眼去，往门缝里一瞧，啊！马良不但没有死，而且还烧起了一个大火炉，一面烤着火，一面正吃着热烘烘的饼子呢！财主知道，这火炉和饼子，一定是马良用神笔画的，就气呼呼地去叫家丁来，要他们把马良杀死，夺下那支神笔。十多个凶猛的家丁，冲进了马厩，却不见马良，只见东面墙壁上，靠着一架梯子。马良趁着天黑，攀上这梯子，翻墙走了。财主急忙攀上梯子去追，没爬上三步，就摔下来了。原来，这梯是马良用神笔画的。

马良出了财主的家，他知道村里是不能住了，他向自己的村庄挥了挥手，默默地说了一句："伙伴们，再见啦！"马良用神笔画了一匹大骏马，跳上马背，向大路上奔去。没有走出多少路，只听见后面一阵喧哗，回头一看，火把照得通明，财主骑着匹快马，手执一把明晃晃的钢刀，带着一二十个家丁，追上来了。

眼看就要追到了，马良不慌不忙，用神笔画了一张弓，一支箭。箭一上弦，"飕"的一声，正射中财主的咽喉，财主翻身跌下马去了。马良拍拍大骏马，大骏马像飞一样地向前驰去了。

马良连日带夜地在路上跑了几天，到了一个市镇里，看看离家乡已经很远，就在这儿住下来。他画了许多画，拿到街坊去卖。因为他怕别人知道，便不让画活起来，画成的东西，不是少嘴便是断腿的。

一天，他画了一只没有眼睛的白鹤。一不小心，在它脸上溅上一滴墨汁，白鹤便眼睛一睁，扇扇翅膀飞上天去了。

这一来，整个市镇都轰动了。当地的官员，马上把这件事奏给了皇帝。皇帝就下了一道圣旨，派人来召他到京都去。马良不肯去，他们把他拉去了。

马良听说过许多皇帝欺侮穷人的事，心里恨透了，哪肯给皇帝画画呢！皇帝叫他画一条龙，他却画了一只大壁虎；皇帝叫他画一只凤，他却画了一只大乌鸦。大壁虎和大乌鸦十分难看，在金銮殿里乱爬乱叫，还打起架来，弄得宫殿里乌七八糟。皇帝大怒，就命卫士们抢下他的神笔，把他打入了天牢。

皇帝拿到神笔，就自己来画了。他先画了一座金山。贪心不足的皇帝，画了一座又一座，画了一座又一座，重重叠叠地画了许多。画好一看，哪是金山！却是一堆堆的大石头；上面压得太多，就塌下来，差一点把皇帝的脚也打伤。皇帝还不死心。他心里想，画金山不成，就换金砖。他画了一块嫌小，又画了一块还嫌小，最后画了长长的一大条。画好一看，哪是金砖！却是一条长长的大蟒蛇，张开血盆似的大口，向他扑来。幸亏卫士们救得快，不然，皇帝早被大蟒蛇吃掉了。

皇帝没有办法，只得把马良放出来，又假惺惺地对他说了一些好话，说什么要给他许多许多金银，还说什么要把公主嫁给他，招他做驸马。

马良一心想夺回神笔，他装作答应下来。皇帝见马良答应了，十分高兴，就把神笔还给了马良，要马良给他画画。皇帝想，画金山、金砖都不成，那么画株摇钱树吧！摇钱树上，长的都是钱，轻轻一摇，就能掉下许多钱来，这有多好啊！他就叫马良画摇钱树了。

马良心里打定了主意，不说什么话，提起神笔一挥，一个无边的大海，出现在眼前了。蓝蓝的海水，没有一丝波纹，亮闪闪的像一面大玉镜。皇帝看了很不高兴，脸一板，骂道："叫你画摇钱树，谁叫你画海！"

马良在大海中央画了块小岛，岛上画了株又高又大的树，说："这不是摇钱树吗？"皇帝看见那株树，闪着耀眼的金色光芒，喉咙里咽了几口唾水，就嘻嘻地笑了起来，急巴巴地对马良说："赶快画只船吧！我要到海中央去摇钱！"马良画了一只很大很大的木船，皇帝就带了娘娘、太子、公主和许多大臣、将军，都上船去了。

马良又画了几笔风，海水掀起密密的波纹，大木船就开动了。

皇帝心里痒滋滋的，嫌船走得太慢，在船头上叫："风大些！风大些！……"马良就加了几笔粗粗的风。海动荡起来了，白帆鼓得满满的，木船急速地向海中央驶去。

马良又加上几笔大风。大海不安地吼叫起来，卷起滚滚的浪涛，大木船摇摇晃晃了。皇帝心里害怕，向马良摇手，大声地喊道："风够了！风够了！……"马良装作没有听见，不歇手地画着风。海水发怒了，浪涛扑上船去了。船倾斜了，船上乱起来了。

皇帝被海水打得浑身湿漉漉的，抱着船的桅杆，不住地叫喊："风太大了！船要翻了！不要再画了！……"马良不去睬他，还是不住手地画风。风更大了，吹来了许多厚厚的乌云，又鸣雷，又闪电，还下起暴雨来。浪更猛了，海水像一堵堵倒坍的高墙，接连不断地往船上压去。船翻了，船碎了，皇帝他们都沉到海底去了。

皇帝死了以后，《神笔马良》的故事就传开了。但是，马良后来到什么地方去了呢，大家都不清楚。有的说：他回到自己的家乡，和那些种地的伙伴在一起。有的说：他到处流浪，专门给许多穷苦的人们画画。

老师讲评

怎么样，同学们，是不是感到这个故事很复杂、很长？读完之后，想想你还记得哪些情节呢？

好多同学回答："老师，故事太长了，情节有些记不太清了，但是马良每次画画都记得。"

现在，就让我们看看马良一次次地使用神笔都带来什么结果！

"第一次"神笔出手：他用笔画了一只鸟，鸟扑扑翅膀，飞到天上去，对他叽叽喳喳地唱起歌来。他用笔画了一条鱼，鱼弯弯尾巴，游进水里去，对他一摇一摆地跳起舞来。

"第二次"神笔出手：谁家没有犁耙，他就给他画犁耙；谁家没有耕牛，他就给他画耕牛；谁家没有水车，他就给他画水车；谁家没有石磨，他就给他画石磨……老百姓都很喜欢他。

"第三次"神笔出手：被大财主抓住，用神笔画梯子逃走了；又用神笔画了一匹大骏马，跳上马背，向大路上奔去；然后用神笔画了一张弓、一支箭射中财主的咽喉。

"第四次"神笔出手：在金銮殿画了大壁虎和大乌鸦，乱爬乱叫，还打起架来，弄得宫殿里乌七八糟；画大海、画摇钱树、画帆船、画大风，皇帝和贪官都落入了大海。

看看马良这四次的“神笔出手”，相信同学们的小脑袋瓜里已经有了文章的思路了吧！

这下好了，写作文没有思路时，就可以想“我一次次地……”。接下来，我们看看课本中，哪些课文采用了“一次次地……”这样的思路呢？

2. 一次次地 ×××，写作文事半功倍

老师统计后发现，这个结果令人大吃一惊。

在语文课本中，接近一半的文章都是这种“一次次地”的思路结构。

现在就去验证一下吧！

用心灵去倾听

小时候，家里最让我着迷的是那台老旧的电话机。我发现在这奇妙的电话机里，住着一个无所不知的小精灵。爸爸可以从她那里知道现在几点了，明天天气怎样，火车出发的时间以及爸爸朋友的电话号码。

有一天，我听到妈妈叫她的名字：“问讯处。”我记住了妈妈拨的号码：105。

我终于和“问讯处”说话了。那天，我一个人在家。我乘机偷偷从爸爸的工具箱里找出一把锤子，兴高采烈地拿着它到处乱敲，一不小心敲到了自己的手指上，受伤的手指很快肿了起来。

家里没有人，哭也不会有谁听见。我飞快地跑上楼，拿起电话听筒，拨了“105”，对里面说：“问讯处？”

小精灵果然在里面，她是个有着温柔嗓音的女子。我找到了听我说话的人，不由得放声大哭。我对小精灵说：“我一个人在家，我的手指被锤子砸伤了……”

“你够得着冰箱里的冰块吗？”小精灵用悦耳的声音问我。然后她让我把冰块倒进厨房的水槽里，再拿起一块放到受伤的手指上。我照着做，手指立刻不疼了。我想，这一定是那个叫“问讯处”的小精灵在用她的魔法帮助我。

从那以后，我经常偷偷地和这个小精灵聊天。我总是问她很多事情，比如，“怎么计算一个长方形物体的面积”“西班牙的首都在哪里”“‘修理’这个词怎么拼写”。小精灵总是耐心地回答我的问题，一遍遍地向我解释。我告诉她我叫汤米，我也知道了她的真名：苏珊。“问讯处”是召唤她的密语。

一天，我心爱的金丝雀突然死了。我非常难过，心比被锤子砸了的手指还疼。我拿起电话找到了苏珊。

“能告诉我为什么吗，苏珊？”我问，“为什么这只整天唱歌的小鸟，突然一动不动了呢？”

苏珊想了想，对我说：“你知道吗，这只可爱的小鸟，它要到另一个世界去歌唱。”

我相信苏珊的话，我想可爱的小鸟的确到了另一个世界，一个比我们这个世界更为美丽的地方，幸福地歌唱。

长大以后，我离开了家乡，也知道了电话是怎么回事。但是我非常想认识苏珊，认识这个从未谋面却如同我第二个母亲的人。

终于有一天，我出差经过故乡小镇。我拨通了“问讯处”，试着联系苏珊。

电话里传来了我熟悉的声音，我说：“苏珊？你能告诉我‘修理’这个词怎么拼写吗？”

她沉默了一会儿，说：“我希望你的手指已经好了。”

我们一起大笑起来。

我对她讲了这些年来我的情况，并告诉她，她为儿时的我所做的一切有多么重要。

苏珊对我说，她也要感谢我。她说她没有孩子，我的电话使她感受到了做母亲的幸福。

通话中，我对苏珊说，我会再来这里，那时我会多待几天，我想见她。

过了一段时间，我终于又回到了故乡小镇。

“请找苏珊。”拿起电话，我立即拨通了“问讯处”，“告诉她我是汤米。”

“对不起，先生。”那个女人说，“苏珊两周前去世了。最近她身体很不好，一直只上半天班，直到最后一天……我们都非常想念她。哦，等等，您说您是汤米？”

“是的，小姐，我是汤米。”

“苏珊给你留了一张纸条，稍等一下……她说你会明白的。”

随后，她给我读了纸条上的留言：汤米，我要到另一个世界去歌唱。

老师讲评

这是一个十分温情，令人感动的故事。

这是一次次地问，一次次地听。

第一次问：“我一个人在家，我的手指被锤子砸伤了……”

答："你够得着冰箱里的冰块吗？"

第二次问："为什么这只整天唱歌的小鸟，突然一动不动了呢？"

答："你知道吗，这只可爱的小鸟，它要到另一个世界去歌唱。"

第三次问:"苏珊？你能告诉我'修理'这个词怎么拼写吗？"

答："我希望你的手指已经好了。"

三问三答，演绎了一个让人感到世界充满爱的故事。

此文的思路就是"一次次地问"，属于"一次次地"的范畴。

开动思维找思路——

最轻松的五个妙招之四

借鉴一次次，作文事半功倍

1. 一次次地问，是一次次地；一次次地要和劝，也是一次次地；一次次地想，还是一次次地……

2. 一次次地看、闻、听、说是一次次地，一次次地笑、哭、哀、闹，也是一次次地，一次次地走、跑、跳跃，还是一次次地……

3. 世界上有一半的文章，是"一次次地"的思路结构。

4. 有了题目和材料，没有形成思路时，尝试借鉴"一次次地"的思路结构，然后用些好词好句，相信你的作文可以写得很棒！

第五章　借鉴推理，“一次次地×××”大揭密

1. 师生的困惑

世界上的文章多么得丰富多彩，但是为什么居然有一半的文章都是按照“一次次地”的思路结构写作的呢？

也许，它与作文息息相关；

也许，它是写作文不可或缺的一环；

也许，它能开启同学们思维的新时代！

2. 李老师的发现

其实，“一次次地×××”的思路结构能够事半功倍，是一件很自然的事情。它自然得就和吃饭、睡觉一样。

思维学家们发现，人们在说话，下结论的时候，通常使用两种推理方式：

第一种：归纳

青山不老

窗外是参天的杨柳。院子在山沟里，山上全是树。我们盘腿坐在土炕上，就像坐在船上，四周全是绿色的波浪，风一吹，树梢卷过涛声，叶间闪着粼粼的波光。

我知道这条山沟所处的大环境。这是中国的晋西北，是西

伯利亚大风常来肆虐的地方，是干旱、霜冻、沙尘暴等与生命作对的怪物盘踞之地。过去，这里风吹沙起，能一直埋到城头。县志载：“风大作时，能逆吹牛马使倒行，或擎之高二三丈而坠。”就在如此险恶的地方，我对面这个手端一杆旱烟袋的瘦小老头，竟创造了这块绿洲。

我还知道这个院子里的小环境。一排三间房，就剩下老者一人。老人每天早晨抓把柴煮饭，带上干粮扛上铁锹进沟上山；晚上回来，吃过饭，抽袋烟睡觉。65 岁那年，他组织了七位老汉开始治理这条沟，现在已有五人离世。他可敬的老伴，与他风雨同舟一生；一天他栽树回来时，发现她已静静地躺在炕上过世了。他已经 81 岁，知道终有一天自己也会爬不起来。他唯一的女儿三番五次地从城里回来，接他去享清福，他不走。他觉得种树是命运的选择，屋后的青山就是生命的归宿。

他敲着旱烟锅不紧不慢地说着，村干部在旁边恭敬地补充着……15 年啊，绿化了 8 条沟，造了 7 条防风林带，3700 亩林网，这是多么了不起的奇迹。去年冬天，他用林业收入资助每户村民买了一台电视机——他还有宏伟设想，还要栽树，直到自己爬不起来为止。

在屋里说完话，老人陪我们到沟里去看树。杨树、柳树，如臂如股，劲挺在山洼山腰。看不见它们的根，山洪涌下的泥埋住了树的下半截，树却勇敢地顶住了它的凶猛。这山已失去了原来的坡形，依着一层层的树形成一层层的梯。老人说：“这树下的淤泥有两米厚，都是好土啊。”是的，保住了这黄土，我们才有这绿树；有了这绿树，我们才守住了这片土。

看完树，我们在村口道别。老人拄着拐杖，慢慢迈进他那个绿风荡漾的小院。我不禁鼻子一酸——也许老人进去后就再也出不来了。作为一个山野老农，他就这样来实现自己的价值。他已经将自己的生命转化为另一种东西。他是真正与山川共存、与日月同辉了。

这位普通老人让我领悟到：青山是不会老的。

老师讲评

青山不老，看到这个标题，同学们都很好奇，作者会写什么，为什么说青山不会老呢?

手端一杆旱烟袋的瘦小老头，竟在险恶的环境中创造了这块绿洲→老人放弃去城里享清福继续留在这片青山→他还有宏伟设想，还要栽树，直到自己爬不起来为止→老人拄着拐杖，慢慢迈进他那个绿风荡漾的小院→这位普通老人让我们领悟到：青山是不会老的。

第二种：演绎

知足是一笔财富

“知足者常乐”，这是一句老话。既然是老话，就有承传延绵的道理。它像是一笔财富，让世人在奔波劳碌之中不致茫然。

“知足”会淡化物质享受，更注重精神追求。人一旦超越了物质享受的束缚，心灵就自由丰富起来，心之所至，无所不至，足不出户亦可神游太空。一成不变的平淡生活也开始有滋有味，每天都会有新的了悟和喜悦。

追求精神自由的“知足者”会无形中拉长了比别人更多的空余时间，忙碌中不忘看看流水、观观春燕、闻闻花香、品品清茶，带着陶渊明“心远地自偏”的闲适，于闹市之中仿若翩然远离，如衣袂常拭，不教徒惹尘埃。

“知足者”抽离了俗世的嚣扰，人也会变得恭厚谦和宽容起来。不锱铢必较，不唇齿相争，对名利者不屑辩，对无知者不需辩，对于一些不快之事往往一笑了之，就让它如云烟般消散，不留一丝轻痕。

“知足”无关学识的高低，无关钱财的多寡，它只是一种平和的心态。拥有“知足”心态的人，像藏着一座秘密的宝藏，脸上常洋溢着慈善的微笑，如煦日般温暖着自己和他人的心田。

“知足”也许天生不带来，但后天可求到。拥有“向善”之心，就会时常有所得；时常有所得，就会时常知足；时常知足，就会时常快乐。

所以啊，“知足”就是一笔宝贵的精神财富，它掌握着心的方向，让阳光永久地陪在身边，常喜常乐！

老师讲评

知足为什么是一笔财富？作者在文章开头首先就得出了这个结论。

通过文章一步步的严密的论证，我们不得不承认，知足真的是一笔财富。

追求精神自由的“知足者”会无形中拉长了比别人更多的空余时间→“知足者”抽离了俗世的嚣扰，人也会变得恭厚谦和宽容起来→“知足”无关学识的高低，无关钱财的多寡，它只是一种平和的心态。

关于妙招借鉴推理，“一次次地×××”的大揭秘

1. 文章，总会说明一些事情，讲述一些道理，得出一个结论。

2. 想要把事情说清楚、说明白，在思路结构上，就要用归纳和演绎的方法。

3.“一次次地”，就是归纳在作文中的具体体现，所以，它会占据文章思路结构的半壁江山。

3. 来自文章的证明

看到了什么是归纳和演绎，也许现在的你还不是特别明白。好奇心很强的同学们，下面还有一些课文和优秀的作文提供给你们。赶快再继续研究研究吧！

让考试成为我们进步的阶梯

考试，大考、小考、升学考试、期中考试、期末考试……都是我们不可避免的，回头一看，我们已经考过无数次了，但后面的考试还多着呢！有人厌烦考试，甚至害怕考试，考不好回去一顿竹笋炒肉。

其实，分数真的有那么重要吗？不，考试并不是做竹笋炒肉的材料，只是测验我们前一段时间所学知识的一个等级；考验我们的知识到底记牢没有；哪个地方有错，就应该反思一下自己，这个部分的知识不太牢固，应该在这个地方下功夫这样我们才能进步。如果心里想着："呀，回去会怎样，到底要不要给家长看，同学们会不会鄙视我？"那就大错特错了！

考一次，进步一点，考一次，进步一点，回头一看，自己已经有了很大的进步了，有一种别人体验不到的快乐。可仔细一想，这好处谁带来的？还不就是考试吗？

我以前也非常害怕考试，可是，经这么一想，我呀，就再也不怕考试了，并且我还喜欢上了考试，甚至盼望下一次考试快一点到来。一次又一次考试，组成了一个进步的阶梯。

让我们一起带着喜悦的心情，攀登进步的阶梯，在攀登的过程中不断成长！

老师讲评

考试是怎样成为我们进步的阶梯的？

作者认识到考试并不是做竹笋炒肉的材料，只是测验前一段时间所学知识的一个等级→考一次，进步一点，考一次，进步一点→一次又一次考试，组成了一个进步的阶梯。

开动思维找思路——

最轻松的五个思路妙招之五

借鉴推理，“一次次地 ×××”大揭秘

1.“一次次地”，实际上就是归纳在作文中的具体形式。所以，它占有文章思路结构的半壁江山。

2. 文章类型多种多样，“一次次地”可以用来写人、记事、写景、状物以及想象、童话、读后感、游记等各种作文。

3. “一次次地”，可以作为一种应急工具。在作文有了材料，却没有思路的时候，可以借鉴这种结构，然后写作时加以润色，就能创作出一篇好文章。

4. 写作文，其实并没有你想象中那么难！

第三部分　找个妙招巧立意

第一章　巧立意第一招

1. 立意的烦恼

今天李老师语文课的题目是：你最喜欢哪种形式的写作？为什么？

让我们看看同学们的回答；

明明：

我最喜欢写小故事，因为写小故事可以任意想象，没有约束。

牛牛：

我最喜欢写随笔，有什么感想都可以写下来。

丽丽：

我最喜欢写日记，把我每天发生的事情记录下来，还有助于提高写作水平。

……

李老师发现，很多同学喜欢写随笔、日记、小故事等，每次布置的作业是这些内容时，同学们兴致高昂，但是，当老师让同学们写命题作文的时候，有些同学表现得并不积极。

同学们，相信你们也有同感吧！给出一个题目或者是一段材料，就要想从哪一个角度去写，有时候，如果角度选错了，很容易就离题、偏题了。因此，作文的立意让很多同学发愁极了。

到底什么是立意呢？老师的解释是：

“文以意为主”，“意”就是文章的主题。它是文章的核心与灵魂。立意是一篇文章的根本，它直接关系到文章的选材、布局，乃至文章的深度。

看过这段话，相信还是有很多同学会茫然地摇摇头：我们不懂。

作文的立意成了同学们的一大烦恼。

2. 明明巧取“立意”经

明明有一个烦恼：为什么我的作文总是得不到高分？

为此，他特意向老师请教一番。

老师给出的答案是：你的作文措辞优美，结构也很好，但是缺乏情感，所以让人感到有些乏味，应该多阅读一些优秀文章。

于是，明明同学找到了问题的关键点，从老师那里取得了“真经”。

作文立意的妙招——

1. 思想内容正确与否是一篇文章好坏的根本依据。因此，立意要合乎题目要求，要正确立意。

2. 文章表达出来的思想观点和感情要健康、积极向上。

3. 立意还要有针对性。选取人们最感兴趣的、最能反映人们思想感情的主题，文章才能最大限度地激起反响。

3. 我的涂鸦日志

学习了明明同学的取经妙招，你是不是也开始摩拳擦掌，跃跃欲试了呢？那么还等什么，赶快来试试吧！

涂鸦表

题目和材料	巧妙的立意
生活中，我们一天天在长大，懂得了孝敬父母，懂得了珍惜幸福……请你写一写成长过程中懂得的某一种生活道理，题目自拟。	
生活中小感冒的事情时常发生。因为生病我们有了一些独特感受，我们也备受家人的关注，我们的身边也悄然发生着一些与你生病有关的事情。请以“生病了”为话题写一篇记叙文。	
法国雕塑家罗丹说：“美是到处都有的。对于我们的眼睛，不是缺少美，而是缺少发现。”以“发现身边的美”为话题，写一篇不少于500字的作文。	
泪水，是感情的流露，或喜悦，或悲伤，或懊悔，每一次流泪都会有一段难忘的经历。泪水是成长的记录，每一颗晶莹的泪珠都折射着你走过的历程。回首往事，你会有什么感受和启示呢？	
在日常生活中，我们会收到许多礼物。或是节日礼物，或是某种特定情况下赠送的礼物。小小礼物往往蕴含着几多关爱，几多深情。请以“礼物”为话题，写一篇作文。	

第二章　巧立意第二招

1. 秀才女儿铜钱作诗

有一本著作，被西方学者称为中国古代的百科全书，它就是《梦溪笔谈》。

这本书中，讲述了一个这样的故事：

从前，有一个李秀才，他的女儿能读会写，远近闻名。一次，有人在路上拾到一枚破铜钱，铜钱上依稀刻着“开元”二字。同学们学过历史都知道，开元是唐玄宗的年号，这枚铜钱当然就是唐代的了。恰巧这时，李秀才的女儿经过这里，拾钱人对她说：“请用‘破钱’为题作一首诗吧。”女孩儿接过铜钱，沉思了一会儿，吟诵道：

半轮残月掩尘埃，
依稀犹有开元字；
想得清光未破时，
买尽人间不平事。

围观的人先是一愣，随即齐声喝彩，连连夸赞小女孩儿才思敏捷，诗歌意义深远。

一枚破铜钱，在别人看来，不管怎样观察，也不容易写出好诗来。然而让人大跌眼镜的是，这个女孩儿却运用联想，写了一首诗，表现了一个深刻的中心。

这位李秀才的女儿堪称一位小才女呀！

老师讲评

诗的头两句写实，后两句写虚。作者通过描述一个破铜钱，揭露了不合理社会的金钱万能的本质。同学们在挖掘主题时，要在一个材料面前，多问几个为什么，反复分析研究，并要透过现象抓住本质，深掘它的涵义，然后用最有力、最简洁的方法表现出来。

我们学到了这样的妙招——

1. 作文立意思想不仅求新，更要求深刻。浅尝辄止是不可取的，应当深入开发。

2. 写作时，能够透过事物的现象去挖掘其内在的本质，思考出对人生、对社会有意义和价值的东西，能在一般人认识上再进一步，能发现别人没有发现的那一点，并带给别人启示。

2. 李老师的温水煮青蛙

“同学们，今天李老师给你们讲一个故事。”

“好啊！”同学们端端正正地坐好，然后看向老师。

“这个故事应该有一些同学听过。在距今100年前，美国康奈尔大学的研究人员做过一项著名的实验：他们把一只青蛙冷不防丢进煮沸的水锅，千钧一发之际，这只青蛙拼尽全力箭一般跃出滚滚的水锅，突然逃生。然后他们再把这只创造了奇迹的青蛙放进盛着同样多冷水的铁锅里，慢慢地加热。青蛙在温暖的水中悠闲地游泳，待其意识到危险逼近，再奋力一跃时，却失去了爆发力，终于未能脱离险境。”

“啊？怎么会这样？”同学们都一副很疑惑的样子。

“好的，同学们，听了这个故事，现在我要你们以‘变化’为题，写一篇作文。你们会从哪些角度写呢？”

下面是同学们的答案。

明明同学：

我们不能像青蛙一样贪图安逸。（跑题啦）

牛牛同学：

不论环境优劣与否，我们都不能不思进取，不能丧失斗志。（很好，立意很深入）

丽丽同学：

我们要学会适应不断变化的环境，树立忧患意识。（思维扩展很开）

老师讲评

像牛牛和丽丽同学这样的立意是准确的，同学们可以学习他们的经验。还有一些同学能够做到思想深刻，挖出了事物的本质。但是，如果像明明同学这样，在看材料时只看一点，就容易发生偏题、离题、思想内容不深刻的问题。所以，这些同学要多加练习了。

下面，我们看看名家是怎样让立意深刻的。

背　影

我与父亲不相见已二年余了，我最不能忘记的是他的背影。

那年冬天，祖母死了，父亲的差使也交卸了，正是祸不单行的日子。我从北京到徐州，打算跟着父亲奔丧回家。到徐州见着父亲，看见满院狼藉的东西，又想起祖母，不禁簌簌地流下眼泪。父亲说："事已如此，不必难过，好在天无绝人之路！"

回家变卖典质，父亲还了亏空；又借钱办了丧事。这些日子，家中光景很是惨淡，一半为了丧事，一半为了父亲赋闲。丧事完毕，父亲要到南京谋事，我也要回北京念书，我们便同行。

到南京时，有朋友约去游逛，勾留了一日；第二日上午便须渡江到浦口，下午上车北去。父亲因为事忙，本已说定不送我，叫旅馆里一个熟识的茶房陪我同去。他再三嘱咐茶房，甚是仔细。但他终于不放心，怕茶房不妥贴；颇踌躇了一会。其实我那年已二十岁，北京已来往过两三次，是没有什么要紧的了。他踌躇了一会，终于决定还是自己送我去。我再三劝他不必去；他只说："不要紧，他们去不好！"

我们过了江，进了车站。我买票，他忙着照看行李。行李太多了，得向脚夫行些小费才可过去。他便又忙着和他们讲价钱。我那时真是聪明过分，总觉他说话不大漂亮，非自己插嘴不可，但他终于讲定了价钱；就送我上车。他给我拣定了靠车门的一张椅子；我将他给我做的紫毛大衣铺好座位。他嘱我路上小心，夜里要警醒些，不要受凉。又嘱托茶房好好照应我。我心里暗笑他的迂；他们只认得钱，托他们只是白托！而且我这样大年纪的人，难道还不能料理自己么？唉，我现在想想，那时真是太聪明了！

我说道："爸爸，你走吧。"他往车外看了看说："我买几个橘子去。你就在此地，不要走动。"我看那边月台的栅栏外有几个卖东西的等着顾客。走到那边月台，须穿过铁道，须跳下去又爬上去。父亲是一个胖子，走过去自然要费事些。我本来要去的，他不肯，只好让他去。我看见他戴着黑布小帽，穿着黑布大马褂，深青布棉袍，蹒跚地走到铁道边，慢慢探身下去，尚不大难。可是他穿过铁道，要爬上那边月台，就不容易了。他用两手攀着上面，两脚再向上缩；他肥胖的身子向左微倾，显出努力的样子，这时我看见他的背影，我的泪很快地流下来了。我赶紧拭干了泪。怕他看见，也怕别人看见。我再向外看时，他已抱了朱红的橘子往回走了。过铁道时，他先将橘子散放在地上，自己慢慢爬下，再抱起橘子走。到这边时，我赶紧去搀他。他和我走到车上，将橘子一股脑儿放在我的皮大衣上。于是扑扑衣上的泥土，心里很轻松似的。过一会说："我走了，到那边来信！"我望着他走出去。他走了几步，回过头看见我，说："进去吧，里边没人。"等他的背影混入来来往往的人里，再找不着了，我便进来坐下，我的眼泪又来了。

近几年来，父亲和我都是东奔西走，家中光景是一日不如一日。他少年出外谋生，独立支持，做了许多大事。哪知老境却如此颓唐！他触目伤怀，自然情不能自已。情郁于中，自然要发之于外；家庭琐屑便往往触他之怒。他待我渐渐不同往日。但最近两年不见，他终于忘却我的不好，只是惦记着我，惦记着我的儿子。我北来后，他写了一信给我，信中说道："我身体平安，惟膀子疼痛厉害，举箸提笔，诸多不便，大约大去之期不远矣。”我读到此处，在晶莹的泪光中，又看见那肥胖的、青布棉袍黑布马褂的背影。唉！我不知何时再能与他相见！

老师讲评

课文类型：纪实散文

课文内容：父亲的背影

课文立意：父子深情

综合分析：这篇散文的特点是构思精巧，抓住人物形象的特征“背影”，命题立意，组织材料，在叙事中结合抒情。

“背影”在文章里共出现了四次。第一次开篇点题，使一种浓重的感情气氛笼罩了全文。第二次是在车站送别的场面中，作者对“背影”做了具体的描绘：那肥胖的身躯，穿着黑布大马褂，深青布棉袍，步履艰难，蹒跚地爬过铁道为儿子买橘子。这个生动形象的描写表现了父亲对儿子的深厚感情，使“我”感动得热泪潸然。第三次是父亲和儿子告别后，“我”眼望着父亲的背影在人群里消逝，离情别绪，又催人泪下。第四次是在文章的结尾，“我”读父亲来信时，在泪光中再次浮现了父亲的“背影”，思念之情不能自已，与开头呼应。这篇作品把父子之间的真挚感情表现得淋漓尽致，但不同于一般作品中描写人物肖像，着力于神情、音容笑貌的描绘，而是抓住人物形象的一个特征“背影”，不惜笔墨做具体细致的刻画。

3. 我的涂鸦日志

光说不练不是真把式，讲得头头是道还不够，写出来才是真功夫。同学们，赶紧一起来练习一番吧！

涂鸦表

题目和材料	巧妙的立意
一只蜗牛想东游泰山，一直爬到山顶，但这至少需要3000年时间，它又想南下爬到长江边上，可一计算，至少也需要3000年时间。蜗牛知道自己的生命非常短暂，于是什么也不肯做，最终死在了野草丛中。	真知从实践出，真理从实践来
小马要过河，先问牛大伯。牛大伯说水很浅，能淌过。小马正准备过，忽然松鼠告诉他，水很深，不能过。小马没主意了，回去问妈妈。妈妈叫他自己试一试。结果小马过去了，水不深也不浅，刚好过膝盖。	（1）试一试是成功的开始，敢试才会有成功 （2）个人的经验是有局限的
植物学家考察阿尔卑斯山脉的植被后发现：许多山底牧场上开放的花已经移到了海拔2000米的雪带上。因为气温逐渐升高，那些原来在低温环境里生存的植物不得不向山上低温处寻找适宜的土地。	
口与鼻争高下。口曰："我谈古今是非，尔何能居我上？"鼻曰："饮食非我不能辨。"眼谓鼻曰："我近鉴毫端，远察天际，唯我当先。"又谓眉曰："尔有何功居我上？"眉曰："我虽无功，若无，成何面目？"	

第三章 巧立意第三招

1. 郑板桥的领异标新

我国清朝时期有一位很出名的书画家——郑板桥。此外，他还是官吏、文学家。

郑板桥是江苏兴化人。康熙秀才、雍正举人、乾隆元年进士。著名的“扬州八怪”之一。

郑板桥的诗、书、画世称“三绝”，他擅画兰竹，一生画竹最多，次则兰、石，但也画松画菊，是清代比较有代表性的文人画家，代表画作为《兰竹图》。

郑板桥画竹子，凡竹子的高风亮节、坚贞正直、高雅豪迈等气韵，都被他表现得淋漓尽致。这正是郑板桥作品不同于传统花鸟画之处，不同于前人之处。

传统的兰竹大多数表现欣赏性的、娱乐性的主题，画面主要追求自然形象的真与美、绘画技能的高与低、笔墨运用的娴熟与雅俗，而到了郑板桥的笔下，除了达到这些技能、技巧外，题画诗还赋予这题材新的思想内容和深邃意境，使花鸟画亦能产生思想性、抒情性，给人以深刻的感受，让人看了以后，回味无穷、思绪万千……

这些，我们从郑板桥的题书斋联中就可以看出来。题联：

删繁就简三秋树，领异标新二月花。

上联主张以最简练的笔墨表现最丰富的内容，以少许胜多许。比如画兰竹易流于枝蔓，应删繁就简，使之如三秋之树，瘦劲秀挺，没有细枝密叶。下联主张要“自出手眼，自树脊骨”，不可赶浪头、趋风气，必须自辟新路，似二月花，一花引来百花开，生机勃勃。也就是创造与众不同的新格调。

老师讲评

“领异标新二月花。”意思是文章应像二月的春花一样，标新立异。立意怎样才算有独创性？好文章的立意应该是“从意中所有，从语中所无”。也就是说，大家都有这样的想法，但是未能表达出来，只有你写出来了，这就是新颖，就是独创。

立意的独创性并非凭空而来，也不可随意杜撰，它是从生活中来的。只要平时注意观察和体验周围的生活，善于从常见的事物中认识新的东西，领略新的涵义，写文章就能出新意。

我们学到了这样的妙招——

1. 写文章立意要新颖，否则就难以让文章更出彩。因此，不能看到生活中的一点现象就拿起来涂涂抹抹。

2. 在观察和研究生活现象的基础上独辟蹊径，有自己独特的感受和发现，立意才能做到新颖巧妙。

3. 文章立意新颖，就是独创。独创并不是随意杜撰，它来自生活，所以平时注意观察和体验周围的生活，善于从常见的事物中认识新的东西，领略新的涵义，吸取新思想。

2. 写作也要逆向思维

为了锻炼同学们思维上的创新，这节课，我们将进行一次逆向思维的训练。

首先，我给同学们讲一个故事：

有一位赶马车的脚夫，驱赶着一匹马，拉着一平板车煤要上一个坡。无奈路长、坡陡、马懒，马拉着车上了整个坡的三分之一就再也不愿意前进了，任脚夫抽打，马只是原地打转。

脚夫这时招呼同行马车停下，从同伴处借来两匹马相助。按常规的思维方式，一匹马拉不上坡，另两匹马来帮助拉，那肯定是来帮忙拉车的。

但脚夫并不是把牵引绳系在车上，而是将牵引绳系在自己那匹马的脖子上。这时，只听脚夫一声吆喝，借来的两匹马拉着懒马的脖子，懒马拉着装煤的车子，很快便上了坡。

对脚夫这种做法你可能会感到疑惑，用借来的两匹马拉自己的懒马，其结果仍然是自己的懒马在使劲，另两匹马不但使不上劲，而且还有可能拉伤自己的马。

脚夫就是运用了逆向思维。

思考一：

这匹马的力量同其他马的力量差不多，车上装的煤也差不多，别的马能上去，这匹马就应当能上去。上不去的原因是这匹马懒惰，也就是说，是态度问题，而不是能力问题。

思考二：

使用两匹马拉住懒马的脖子，就迫使懒马必须用最大的力量，拼命拉着煤车前进。否则，脖子就有可能被另外的两匹马拉断。求生欲使得懒马必须积极主动地拉车上坡。

思考三：

如果让另外两匹马帮忙拉车，虽然可以顺利地将车拉上坡。但让懒马尝到偷懒的甜头后，再遇到上坡一定还会坐等别的马帮忙。而系住它的脖子让另外两匹马教训它一下，则可以使其记住偷懒所吃的苦头，以后上坡时不敢再偷懒，从而根治该马的懒病。

又比如，如果让同学们以“幸福”为话题写一篇作文，大家会怎样写呢？

有同学写：

我的生活很幸福。（多数同学）

有同学写：

我们要学会享受幸福。（多数同学）

有同学写：

付出，也是一种幸福。（个别同学）

老师讲评

马夫用借来的两匹马拉着懒马的脖子，懒马很快就把车子拉上了坡，我们不得不承认，马夫运用逆向思维解决懒马问题的招数实在是高人一筹。

同样写幸福，大多数同学想到的都是接受幸福，享受幸福，只有少数同学想到付出和给予也是幸福，这样的逆向思维使作文很有创新性，能不得高分吗？

3. 我的涂鸦日志

无论是在生活、工作和学习中，人们总是习惯于沿着事物发展的正方向去思考问题并寻求解决办法。

当大家都朝着一个固定的思维方向思考问题时，而你却独自朝相反的方向思索，这样的思维方式就是逆向思维。

其实，对于某些问题，尤其是一些特殊问题，从结论往回推，倒过来思考，从求解回到已知条件，反过去想或许会使问题简单化。

那么，我们就一起来让思维转动起来吧！

涂鸦表

情景问题	思维旋转
有个农夫在遗书中写道：妻子得全部牛的半数加半头；长子得剩下的牛的半数加半头；次子得还剩下的牛的半数加半头；分给长女最后剩下的半数加半头。结果一头牛没杀，没剩下，农夫总共留下多少头牛？	
有A、B、C、D四个数，它们分别有以下关系：A、B之和大于C、D之和，A、D之和大于B、C之和，B、D之和大于A、C之和。请问，你可以从这些条件中知道这四个数中哪个数最小吗？	
玲玲和芳芳经常在一起玩，有一次，有人问她们：“这次期末考试你们谁的成绩好呀？”玲玲说：“我的成绩比较好一点。”芳芳说：“我的成绩比较差一些。”那么，到底她们谁的考试成绩好？	

情景问题	思维旋转
老师让幼儿园的小朋友排成一排，然后开始发水果。从左面第一个人开始，每隔2人发一个梨；从右边第一个人开始，每隔4人发一个苹果。最后有10个小朋友既得到了梨，又得到了苹果，共有多少个小朋友？	
你去沙漠旅行，事先准备的水喝光了，这时你看到有个瓶子，拿起来一看，里面还有多半瓶水。可是瓶口用软木塞塞住了，如不敲碎瓶子，不拔木塞，不在塞子上钻孔，你怎样完整地喝到瓶子里的水呢？	

第四章　巧立意第四招

1. 祖咏的“意尽”即可

唐朝录用人才、选拔官员，所进行的考试科目只有一个，就是作诗。

这作诗并不是随便作的，在诗的结构上有严格的规定，即五言律诗。考生作诗要求必须写八句，每句五个字，如果不按规定写，就不予录取。

聪明的祖咏同学在审清题目，确定立意后，就挥笔写了四句诗。是四句而不是八句，此诗就因不符合规定而落选了。

有人问他：“你为什么不多写几句呢？”祖咏干脆利落地回答：“意尽！”这就是说，根据中心的需要，四句诗就表达得很充分了，如果多写就是画蛇添足。只要意尽，何必再硬凑下去呢？

祖咏在科举考试中题的这首诗名为《终南望余雪》，诗是这样写的：

终南阴岭秀，
积雪浮云端。
林表明霁色，
城中增暮寒。

虽然祖咏因考试不合规定而落选，影响了他的前程，但这首诗却成为唐诗中的佳作，一直流传至今。

老师讲评

这首诗是从“望”的角度来安排结构的。诗人从长安向终南山望去，看见终南山的一些景色。通过景物描写，作者含蓄地表达了对处在饥寒交迫中的老百姓的关切和同情。这就是这首诗的“意”。

从中我们可以悟出一个道理，文章的结构是根据“意”（即中心思想）来安排的，只要“意”充分表达出来了，文章就应该马上结束。一句也不啰唆，否则，反而会影响原来的中心。

我们学到了这样的妙招——

1. 文章立意要简明，要做到“简明”，就需要高度的概括能力。

2. 文章立意要集中。主题分散，想面面俱到，却面面不到，是立意之大忌。思维不进行概括，表象就无法升华为本质，认识就无法实现理性的飞跃，思想就不可能达到简明、集中了。

3. “简明”要求思想内容上单一集中。这样就可以集中精力，写得深刻，给人以鲜明突出的印象。

2. 老舍讲的鬼故事

在这节课开始前，李老师先和同学们聊聊老舍。

老舍是我国一代文学巨匠、语言大师，他在谈写作时讲了一个耐人寻味的故事：

同学们都知道，唐代大文学家王勃写了两句最为得意的诗：“落霞与孤鹜齐飞，秋水共长天一色”。

传说，后来王勃在水里淹死了，还念念不忘这两句。天天在水上闹鬼，反复念着这两句。后来有一个人从这里经过，听见了就说：“你这两句话还不算太好。要是把‘与’字和‘共’字删去，改成‘落霞孤鹜齐飞，秋水长天一色’，不是更挺拔更好吗？”

据说，从此就不闹鬼了，鬼被说服了。

这个故事听起来虽然很荒诞，但是老舍讲这个故事的意图是：

说得多而冗一定不如说得少而精。

另外，有关写文章，老舍还提出了自己的意见：

“要少用‘然而’‘所以’和‘但是’，不要老用这些字转来转去。你要是一会儿‘然而’，一会儿‘但是’，一会儿‘所以’，老这样绕弯子，不但减弱了文章的力量，读者还要问你：‘你到底要怎样？你能不能直截了当地说话？’”

这些鞭辟入里的言论确实是指导我们写作的金玉良言。

同学们都知道这样的道理：“一千个读者就有一千个哈姆雷特”。所以，写文章应写得含蓄隽永，给读者留有思索的余地，说得面面俱到、用词烦琐只会画蛇添足。

文学大师海明威说过：

写得过分详尽，一览无余，也就如同一杯白开水，不仅让人感到乏味，而且，绝对谈不上“简洁”了。

老师讲评

我们写作时，应做到文章简洁、干净利落，绝不拖泥带水，尽可能地删繁就简，挤去一切水分，力求没有虚字、废话、空句。这自然是不容易的，然而，这又是必须努力去追求的。唯有这样，才能写出精彩的作品。“简洁是天才的姐妹”，让我们牢记契诃夫的这一名言。写作时，呕心沥血，精心锤炼文句，千方百计地在语言简洁上下苦功，像酿造美酒那样不掺水分，让人一饮，满口香醇，回味良久！而不让水分破坏了佳酿的醇美！

济南的冬天

对于一个在北平住惯的人，像我，冬天要是不刮风，便觉得是奇迹；济南的冬天是没有风声的。对于一个刚由伦敦回来的人，像我，冬天要能看得见日光，便觉得是怪事；济南的冬天是响晴的。自然，在热带的地方，日光是永远那么毒，响亮的天气，反有点叫人害怕。可是，在中国北方的冬天，而能有温晴的天气，济南真得算个宝地。

设若单单是有阳光，那也算不了出奇。请闭上眼睛想：一个老城，有山有水，全在天底下晒着阳光，暖和安适地睡着，只等春风来把它们唤醒，这是不是个理想的境界？小山整把济南围了个圈儿，只有北边缺着点口儿。这一圈小山在冬天特别可爱，好像是把济南放在一个小摇篮里，它们安静不动地低声地说："你们放心吧，这儿准保暖和。"真的，济南的人们在冬天是面上含笑的。他们一看那些小山，心中便觉得有了着落，有了依靠。他们由天上看到山上，便不知不觉地想起："明天也许就是春天了吧？这样的温暖，今天夜里山草也许就绿起来了吧？"就是这点幻想不能一时实现，他们也并不着急，因为这样慈善的冬天，干什么还希望别的呢！

最妙的是下点小雪呀。看吧，山上的矮松越发的青黑，树尖上顶着一髻儿白花，好像日本看护妇。山尖全白了，给蓝天镶上一道银边。山坡上，有的地方雪厚点，有的地方草色还露着；这样，一道儿白，一道儿暗黄，给山们穿上一件带水纹的花衣；看着看着，这件花衣好像被风儿吹动，叫你希望看见一点更美的山的肌肤。等到快日落的时候，微黄的阳光斜射在山腰上，那点薄雪好像忽然害了羞，微微露出点粉色。就是下小雪吧，济南是受不住大雪的，那些小山太秀气！

古老的济南，城里那么狭窄，城外又那么宽敞，山坡上卧着些小村庄，小村庄的房顶上卧着点雪，对，这是张小水墨画，也许是唐代的名手画的吧。

那水呢，不但不结冰，倒反在绿萍上冒着点热气，水藻真绿，把终年贮蓄的绿色全拿出来了。天儿越晴，水藻越绿，就凭这些绿的精神，水也不忍得冻上，况且那些长枝的垂柳还要在水里照个影儿呢！看吧，由澄清的河水慢慢往上看吧，空中，半空中，天上，自上而下全是那么清亮，那么蓝汪汪的，整个的是块空灵的蓝水晶。这块水晶里，包着红屋顶，黄草山，像地毯上的小团花的小灰色树影；这就是冬天的济南。

老师讲评

课文类型：散文

课文内容：济南的冬天

课文立意：对“冬天”这个特定时令里的济南的总的感官和赞美之情。

综合分析：本文文质兼美、情文并茂。全文仅780余字，展开了无比丰富的联想与想象，把小雪之后的济南山色写得秀美绝伦，将一幅令人神往、水墨淋漓的景象推到你的眼前。让人读了击节称叹！

无论从立意看还是从构图、笔势看，本篇都是一幅完整的图画。阳光、山川、人物、白雪、绿水，各物各景所表现的都是“暖”

这一个字。绘天绘地，绘出了这幅山水图的大布局；写雪写水，写的是这幅图的特定细部，而且由天上的暖阳画到暖阳照耀下的暖城暖山，就山而描出山上的雪，由雪而引出雪中的水，笔势顺畅，一气呵成；老舍真是一位丹青高手。

3. 我的涂鸦日志

写文章和说话一样，喋喋不休会令人感到啰唆。有时候只用几个字就能表达清楚意思，却写了一大段；有时候需要表达的主旨内容写完了，却还想再加些别的内容，反而使文章的主题变得不明确。

要想把文章写得简明到位、主旨清晰集中，同学们就要多多练习。现在，我们就一起看看怎样把想法最简明地表达出来吧！

涂鸦表

最初的话	精简之后
在游行的地方，曾来了一位地方警察，拘捕了八个游行示威的人。	八人被捕。
春天来了，桃花开了、杏花开了、梨花开了……	春天来了，百花盛开。
苗苗是个聪明的孩子，她会算数、会写作文、会唱歌、会跳舞……	苗苗是个多才多艺的聪明孩子。
我每个星期的星期六和星期日去少年宫学习跳舞和书法。	我每个周末到少年宫学跳舞和书法。

好啦，现在把自己的作文本拿出来，看看哪些内容可以更简明地说出来吧！

涂鸦表

最初的话	精简之后
在我很小的时候，发生了一件事情，我到现在都记得很清楚。	小时候的一件事让我铭记至今。

第四部分　借个心眼巧选材

第一章　作文选材需牢记的一句话

1. 什么是作文的材料

作文课上，老师布置了一道作文题，很多同学当时嘟着嘴的，抓耳朵的，唉声叹气的，课后就会聚众讨论：“只给个题目，又没材料，叫我们怎么写啊！”一部分同学就会随声附和：“就是啊，没材料，怎么写啊！”

依李老师多年的教学经验判断，其实这些孩子依赖老师、依赖作文书籍已经形成了习惯，他们缺少的是观察自己身边的人和事，作文选材从生活中而来，是源源不断、丰富多彩的，怎么可能会没东西写呢？

所以李老师非常明白同学们心中的想法，经常劝告同学们要善于观察生活中的人和事，但是，同学们还是将信将疑，怎么办呢？下面，就给大家讲一个故事吧。

三只小猪盖房子

猪妈妈有三个孩子，老大叫呼呼，老二叫噜噜，还有一个老三叫嘟嘟。有一天，猪妈妈对小猪说：“现在，你们已经长大了，应该学一些本领。你们各自去盖一座房子吧！”三只小猪问：“妈妈，用什么东西盖房子呢？”猪妈妈说：“稻草、木头、砖都可以盖房子，但是草房没有木房结实，木房没有砖房结实。”三只小猪高高兴兴走了。走着，走着，看见前面一堆稻草。老大呼呼忙说：“我就用这稻草盖草房吧。”呼呼的草房只花了三个小时就盖好了。老二噜噜和老三嘟嘟一起向前走去，走着，走着，看见前面有一堆木头。老二噜噜连忙说：“我就用这木头盖间木房吧。”噜噜的木房在三天内也盖好了。老三嘟嘟还是向前走去，走着，走着，看见前面有一堆砖头。嘟嘟高兴地说：“我就用这砖盖间砖房吧。”于是，嘟嘟一块砖一块砖地盖起来。不一会儿，汗出来了，胳膊也酸了，嘟嘟还不肯歇一下。花了三个月时间，砖房终于盖好啦！红墙红瓦，真漂亮。小猪嘟嘟乐开了花。

山后边住着一只大灰狼，它听说来了三只小猪，哈哈大笑说：“三只小猪来得好，正好让我吃个饱！”大灰狼来到草房前，叫小猪呼呼开门。呼呼不肯开。大灰狼轻轻地吹了一下，草房就倒了。呼呼急忙逃出草房，边跑边喊：“大灰狼来了！大灰狼来了！”木房里的噜噜听见了，连忙打开门，让呼呼进来，又把门紧紧地关上。大灰狼来到木房前，叫小猪噜噜开门。噜噜不肯开。大灰狼用力撞一下，小木房摇一摇。大灰狼又用力撞了一下，木房就倒了，呼呼和噜噜急忙逃出木房，边跑边喊：“大灰狼来了！大灰狼来了！”砖房里的嘟嘟听了，连忙打开门，让呼呼和噜噜进来，又紧紧地把门关上。大灰狼来到砖房前，叫小猪嘟嘟开门，嘟嘟不肯开。大灰狼用力地撞一下，砖房一动也不动，又撞了一下，砖房还是一动也不动。大灰狼用尽全身力气，对砖房重重地撞了一下，砖房还是一动也不动。

大灰狼头上撞出了三个疙瘩，四脚朝天地跌倒在地上。大灰狼还是不甘心，看到房顶上有一个大烟囱，就爬上房顶，从烟囱里钻进去。三只小猪忙在炉膛里添了许多柴，烧了一锅开水。大灰狼从烟囱里钻进去，结果跌进热锅，被开水烫伤了。从此，它再也不敢来捣乱了。

老大呼呼高兴地对嘟嘟说："盖草房虽然最省力，但是很不结实，以后我要多花力气盖砖房。"老二噜噜也高兴地对嘟嘟说："盖木房也不结实，以后我也要多花力气盖砖房。"嘟嘟看着两个哥哥，坚定地点点头说："好，让我们一起来盖一座大的砖房，把妈妈也接来，大家一起住吧！"

老师讲评

这个故事告诉我们不能追求华而不实的东西，要为长远打算，否则就会有不好的后果。同时，我们要注意以下几点：

稻草是老大盖房的材料；木头是老二盖房的材料；砖头是老三盖房的材料。正因为他们兄弟三个所用材料不同，所以盖的房子有很大的差异。

作文也是这样。那些经常抱怨"作文没材料"的同学，是不是也犯了故事中老大和老二的错误呢？

1. 没弄清楚什么是作文材料之前，就开始四处搜集材料。

2. 真的埋头开始写作时，突然发现自己搜集的材料不是那么的贴题或者完美，内心开始纠结，怎么办？随便找个作文范本，挨着目录看，看看题目大同小异就喜上眉梢，把书上的范文大概改改或者东拼西凑，最后心虚，但是还是庆幸好不容易"大功告成”。

所以，我们在写作前一定要问问自己：什么是作文的材料？作文选材需要思考一句话：什么是作文材料？

你能快速地用几个字或一句话把这个问题回答出来吗？

如果不能，那就赶紧往下读吧，千万别学习故事中老大和老二的稀里糊涂哦！

2. 选材的要点

经过李老师认真仔细地搜集，结合多年的教学经验，给出以下见解，希望这些内容对同学们有所帮助。

作文的材料，其实就是写作的素材，再通俗点来说就是例子，围绕一个中心把某个人物、某件事情、某个景点、某样物品写具体就可以了。

其中需要注意的是作文大概写的事情要细致概括，要把文章的中心概括进去就完美了，不概括文章中心是不算素材的。

教你一个诀窍：在写作文前先问自己两个问题：

1. 你（我）为什么要写这篇文章？

2. 你（我）写这篇文章要突出什么重点或要告诉别人什么道理？

把这些话串起来就是你所写的作文素材，但是，你必须要把时间、地点、人物、什么时间干什么事先写清楚，再加上两个问题的答案就更完美了。

怎么样，通过对这段话的讲解，同学们的心中是不是对选材不再那么恐惧了呢？我们显然已经知道，选材就是要选好例子，有了例子，作文写起来就会游刃有余。那么，接下来，老师就带你分析典型的例子，通过解读来了解选例子的方式方法。

3. 优秀作文的赏析

星期五的作文课上，老师只是要求同学们周末写一篇作文，但是写作题材、范围都没有给出明确要求，他想通过这样的方式，锻炼同学们的悟性和对周边事物的辨认能力，可见他的良苦用心。所以，我们一定要尊敬自己的老师。

明明回到家里，懒洋洋地趴在书桌边，用笔顶着下巴，左手抓耳挠腮，究竟该写什么呢？突然间，他想起了上周周末自己和同学牛牛所做的一个有趣的实验，他心想，要是把自己的劳动过程详细地叙写下来，是不是也算一篇作文呢？虽然仍有所疑惑，但是他的脸上还是露出了得意的笑容，经过几分钟的回忆，明明写下了这篇文章。

我的探索

鸡蛋在水里会跳舞吗？鸡蛋能像游泳健将那样游泳吗？我得探索一下。

周末的一天，我约我的同学牛牛到我家来做这个实验。我准备了一杯水、一碗盐、一个透明杯和一个鸡蛋。

“快开始吧，我已经迫不及待了！”牛牛说。“好吧。”我先把鸡蛋小心翼翼地放到杯子里，哪知鸡蛋正悠闲自得地打鼾，睡大觉。牛牛拿起杯子说：“我来倒，我来倒。”只见他慢慢地倒，倒得差不多了，接着我拿起勺子放了一勺盐，鸡蛋还待在下面不起来，再放一勺，它慢慢地扭了扭身子，牛牛又放了两大勺，鸡蛋终于慢慢地浮起来了，好像它睡醒了。我连忙用一根筷子把鸡蛋按下去，它竟然以最快的速度弹了起来，怎么弄也没有办法把它按下去了。“为什么水里加了盐，鸡蛋就能浮起来呢？”我好奇地问，我们两个人互相看着，都不知道是什么原因。

于是我向爸爸请求打开电脑，到广阔的网络上去寻找答案：水有浮力，但加了盐，浮力比以前更大了，所以鸡蛋就能浮起来了。哦，这下我们恍然大悟了。

通过这次实验，我知道了鸡蛋能“跳舞”的原因，今后我要和同学一起做更多的实验，让周末更愉快。

老师讲评

等明明写完这篇文章时，他自己都惊呆了：我怎么就能一吐为快，一气呵成了呢？真是太不可思议了，写文章还从来没这么顺利过，先给自己鼓鼓掌吧！相信老师也会满意的。

周一的早晨，明明将自己的作文交给了老师，很快就有了老师的点评：“做实验，是科学活动的开始。有好奇的想法，用做实验来验证，再把不明白的问题探个究竟，最终想办法找到答案，这是小作者和他的同学的科学态度。而把这个过程记录下来，既是一篇科学小实验的记录，也是一篇精彩的作文。把自己想要做的事情尝试着去做一做，不论事情本身的结果是成功还是失败，把它忠实地记录下来，本身就是篇作文。叙述的内容完全和主题相吻合，语言质朴真切，向读者传达了积极健康向上的思想。”读了这个点评，明明原本内心一丝丝的困惑才完全消除。看来，自己认为自己认真思考、认真对待的作文会得到大家的认可。这也增强了明明以后在写作中的自信心。因为老师在课堂上点名表扬了明明的进步和这篇优秀的作文，同时让同学们向明明学习。

一下课，同学们就蜂拥而至，团团围住了明明。“明明，你怎么会想到把自己的实验过程写进作文呢？”“明明，你太厉害了，告诉我们怎样就可以写好作文啊？”

明明看着热情的同学们，不好意思地说：“其实我觉得好作文就是讲故事。”

如果读者朋友们对此有疑问的话，可以随便翻翻你们的语文课本或者课外读物中的任意文章，基本都逃不出这样的结论。

作文选材必记的一句话：

故事，就是作文最好和最广泛的材料。

4. 讲评后记

知道了“我们小学生的作文其实就是讲故事”，知道了“作文最大的材料就是故事”，同学们都如释重负、喜笑颜开。

“故事”一词打开了同学们的话匣子，越讲越兴奋；“故事”一词激起了同学们的创作灵感，越写越顺手。

不过，还是有些同学对此半信半疑，他们在讲故事时遇到了新的麻烦：

（1）讲不清——很多同学脑海中有一个很精彩的故事，虽然能讲出来，但是显得比较混乱，让人听着云里雾里。

（2）写不明——很多同学能讲出精彩的故事，但是当动笔写出来时，却不够具体、生动和有条理。

问问他们这是为什么呢?

结果大部分回答是：“我一激动就很紧张，一紧张就语无伦次。”“材料太多就不知道哪些用了会更加合适，哪些可以直接忽略；故事中的哪些内容要详细叙述，哪些要略加描绘。”于是，很多本是精彩的故事，一写出来就显得拘谨无趣了。

听完这些同学的诉苦，李老师想说的是：同学们还小，刚开始接触作文，还比较缺乏筛选材料和内文把握的能力。看来，要让同学们解决作文材料的问题，光凭“故事”一词打开材料的闸门还不行，要让同学们扩散自己的思维，脑子里有“整理材料”这个概念。

那么，从下一章开始，我们就调整心态、冷静下来，依次看看写人、记事、写景、状物的作品是不是在讲故事，然后看看这些作品是怎样选材的。

第二章　写人作文的选材妙招

1. 课文证实——写人篇

写人的作文，真的就是讲故事吗？

让我们带着部分同学将信将疑的眼神和顾虑，再翻开课本，读读课文，让课文来证明事情的真相吧。

黄继光

1952年10月，上甘岭战役打响了。这是朝鲜战场上最激烈的一次阵地战。

黄继光所在的营已经持续战斗了四天四夜；第五天夜晚接到上级的命令，要在黎明之前夺下被敌人占领的597.9高地。

进攻开始了，大炮在轰鸣。战士们占领了一个又一个山头，就要到达597.9高地的主峰了。突然，敌人一个火力点凶猛地射击起来。战士们屡次突击，都被比雨点还密的枪弹压了回来。

东方升起了启明星，指导员看看表，已经四点多了。如果不很快摧毁这个火力点，在黎明前就攻不下597.9高地的主峰，已经夺得的那些山头就会全部丢失。

黄继光愤怒地注视着敌人的火力点，他转过身来坚定地对指导员说：“指导员，请把这个任务交给我吧！”指导员紧握着黄继光的手，说：“好，我相信你一定能完成这个光荣而艰巨的任务。”

黄继光带上两个战士，拿了手雷，喊了一声：“让祖国人民听我们胜利的消息吧！”便向敌人的火力点爬去。

敌人发现他们了。几发照明弹升上天空，黑夜变成了白天。炮弹在他们周围爆炸。他们冒着浓烟，冒着烈火，匍匐前进。一个战士牺牲了，另一个战士也负伤了。摧毁火力点的重任落在了黄继光一个人的肩上。

火力点里的敌人把机枪对准黄继光，子弹像冰雹一样射过来。黄继光肩上腿上都负了伤。他用尽全身的力气，更加顽强地向前爬，还有20米，10米……近了，更近了。

啊！黄继光突然站起来了！在暴风雨一样的子弹中站起来了！他举起右臂，手雷在探照灯的光亮中闪闪发光。

轰！敌人的火力点塌了半边，黄继光晕倒了。战士们赶紧冲上去，不料才冲到半路，敌人的机枪又叫起来，战士们被压在山坡上。

天快亮了，规定的时间马上到了。指导员正在着急，只见黄继光又站起来了！他张开双臂，向喷射着火舌的火力点猛扑上去，用自己的胸膛堵住了敌人的枪口。

“冲啊，为黄继光报仇！”喊声惊天动地。战士们像海涛一样向上冲，占领了597.9高地，消灭了阵地上的全部敌人。

老师讲评

文章类别： 写人

文章内容： 黄继光牺牲自己夺取重要阵地的故事

故事情节： 攻下597.9高地的重要性；

黄继光自告奋勇接受使命；

黄继光奋不顾身冲向高地；

牺牲自己，夺取胜利。

特别注意：每个人活着都有自己的使命，都要为祖国和人民奉献自己的一份力量。做事情的人就会有故事。所以说写人的作文，就要讲人的故事、讲人做的事情。

现在，你还有疑虑吗？

再者，写人的作文，未必一定要写时间、地点等。

2. 写人的故事要讲些什么呢？

在这个纷繁复杂的社会，生活着形形色色的人物，他们的故事各不相同，那么哪些当讲，哪些不当讲？哪些当详讲，哪些当忽略呢？

这个问题用一两句话很难说清楚，那么，还是老办法，通过故事来看看吧。

一个令我敬佩的人

我的爸爸是一位军人，一米八的大个，很威武，用虎背熊腰来形容他，那是再恰当不过了。他长着一张长方大脸，粗黑的眉毛下，一双大眼睛总是那样炯炯有神。我之所以佩服我的爸爸，并不完全是因为他的仪表堂堂，更重要的是他工作兢兢业业、一丝不苟；生活中他多才多艺；对我更是关爱有加。

我们家最繁忙的就是爸爸，他经常加班、出差，干什么事情都总是力求最好。为了让自己的工作更加严谨，他养成了写工作日记的好习惯。每天不论多晚，多累，他都要把当天的工作进行认真的总结，仔细分析成功与失误的原因；对将要办的事情，他都提前做好充分的部署。二十几年如一日，就连生病时也从没有间断过。爸爸的工作日记足足装了半个书柜，这一本本日记记录的不仅仅是爸爸的工作历程，更承载了他对事业的执着与追求，对部队的爱。

为了及时总结经验做好工作，爸爸还经常在一些军事杂志上发表论文，阐述自己在军事训练和部队管理中的观点，介绍一些行之有效的范例。还主编出版了《无线电通信参考手册》等书籍，为军队的通信建设做出贡献。

爸爸在生活方面也非常讲究情趣，经常写一些诗词、散文，在一些文艺杂志上发表，其中有一首诗是这样写的：

茫茫戈壁滩，
嬉戏纤心连。
黄沙漫天舞，
苦中有甘甜。

这首诗反映了爸爸和他的战友，为了祖国和人民的安宁甘于奉献的精神。

尽管爸爸如此的繁忙，但他还经常惦记着我的学习、生活，关心我的成长。有一次，爸爸和我聊天时，得知我因怕脏而不喜欢扫地、收拾房间，平时一向和蔼可亲的他，板着脸严肃地说：“你现在做事挑三拣四，怕苦怕累，将来怎么会成长为一个真正的人？”此后，只要是爸爸在家，他就会经常鼓励我劳动，做一些力所能及的家务活。

这就是我的爸爸，一个爱事业，懂生活，令我敬佩的好爸爸。

老师讲评

这个故事太感人了！同时还给我很多启发：无论写谁，如果你不知道该写些什么，那就“抛开作文问生活”。

本文最真切之处，就在于作者由衷地抒发了对父亲的敬佩和挚爱之情。小作者善于观察和总结，抓住了典型的事例，既体现出父亲作为一名现代军人的时代风范，又不失亲情的柔美与关爱，给人以真实可信之感。像“这一本本日记记录的不仅仅是爸爸的工作历程，更承载了他对事业的执着与追求，对部队的爱。”这样的语言不仅结构紧凑，读起来铿锵有力，而且抒发了作者对爸爸由衷的赞美。同时要记住，优美的语言是一篇习作不可或缺的，它能为文章增辉。

好的作文是会引起共鸣的。那么，通过阅读这篇优秀的作品，你会发现些什么，从中悟出些什么道理呢？下面，就由李老师带你一起回顾盘点。

1. 关于作文中要写的人物，我们平时都关注他什么？

千万别小瞧日常生活中这个人物细小的习惯和品行，他的一举一动直接影响到你的作品的质量。你想啊，如果是大家都熟知的事物或者这个人没有什么特别之处，就不会引起大家的注意。

2. 关于作文中要写的人物，我们写他的目的是什么？我们为什么要从芸芸众生中选择他？

这可是我们选材时不可忽略的一点。本篇习作，全文紧紧围绕爸爸对工作的热爱、执着与追求，生活的多才多艺和对我的关心去组织安排材料。令人信服，感到爸爸确实值得敬佩。从这一点出发，我们可以看到小作者的良苦用心，爸爸确实有着与众不同之处，并且通过描述，我们不难发现爸爸的举动对孩子起着潜移默化的作用，一个好父亲的形象引导着自己的子女热爱祖国，从小就培养一颗爱国之心。

这也就是说，我们在选材时要注意把握人物的形象塑造。通过这个形象，我们的作品就有了灵魂和核心思想，同时将这种积极健康的思想传达给读者，从而悟出作品中所蕴含的深层次意义。

品完这篇作品，我们在选材时的新招式也该“出笼”了。

通过大量的搜索归纳，李老师发现，但凡写人的文章，选材基本上都跳不出以下三个主题：

写人作文选材的三大主题

无论是普通的劳动者，还是名声显赫、具有一定影响力的名人，我们关心的多半是：

人的习性：反映性格、情感、人品的故事；

人的阅历：描述行为、经历的故事；

人的智慧：彰显智慧（或愚昧）的故事。

所以我们要记住：写人，就应该关心对方的习性、阅历和智慧。选材，就选和对方的习性、阅历、智慧有关的故事和材料。

下面，李老师就按“性格、情感、人品、行为、经历、智慧（愚昧）”的顺序，带领大家逐个分析鉴赏优秀的作品。

3. 写人，学习课文选材

写人作文——性格篇

南辕北辙

从前有一个人，从魏国到楚国去。他带上很多的盘缠，雇了上好的车，驾上骏马，请了驾车技术精湛的车夫，就上路了。楚国在魏国的南面，可这个人不问青红皂白让驾车人赶着马车一直向北走去。

路上有人问他的车是要往哪儿去，他大声回答说：“去楚国！”路人告诉他说：“到楚国去应往南方走，你这是在往北走，方向不对。”那人满不在乎地说：“没关系，我的马快着呢！”路人替他着急，拉住他的马，阻止他说：“方向错了，你的马再快，也到不了楚国呀！”那人依然毫不醒悟地说：“不打紧，我带的路费多着呢！”路人极力劝阻他说：“虽说你路费多，可是你走的不是那个方向，你路费多也只能白花呀！”那个一心只想着要到楚国去的人有些不耐烦地说：“这有什么难的，我的车夫赶车的本领高着呢！”路人无奈，只好松开了拉住车的手，眼睁睁看着那个盲目上路的魏国人走了。

那个魏国人，不听别人的指点劝告，仗着自己的马快、钱多、车夫好等优越条件，朝着相反方向一意孤行。那么，他条件越好，他就只会离要去的地方越远，因为他的大方向错了。

老师讲评

文章类别：写人

文章内容：写人的性格和愚昧

选取材料：能体现赶路人性格急躁和愚昧的一系列行为

想去楚国，结果一直朝着相反的方向走去；

不听路人的劝告，一意孤行；

认为自己有很多的钱财，不需要别人的指点，显出自己的高傲；

因为大的方向错了，所以他只能离自己所要去的地方越来越遥远。

特别注意：哈哈，世界上真有这么愚昧的人吗？举个例子，某个同学的一道数学题做错了，旁边的同学看见了，告诉他这个解题思路不对，他愣是不听，还来一句“要你管”。这个算不算啊？同学们，你们也开动脑筋好好想想，这样的人是不是有很多呢？

读到这里，你的感觉如何？是不是赞同人的性格是写人时很吸引人的题材呢？

再者，人的思想、行为也是表现人物性格的好材料哦。

写人的性格，就只选和性格有关的事件、思想、言行等材料。

那些和性格无关的，比如人的外貌、学习成绩、业余爱好等材料，完全没有必要写入文章，否则就很容易犯一个通病，面面都有，面面都不全、不具体，同时冲淡了文章的精彩程度，让文章的条理不清、逻辑混乱，难以彰显文章的主题。

写人作文，选材时一定要注意材料和题目的一致性

关于“写人性格”的选材

1. 人的性格是一个很好的作文选材。

2. 人的思想、行为是表现人物性格的好材料。

3. 和性格无关的材料，比如人的外貌、学习状态、业余爱好等，如果没法和他的性格关联起来，就没必要写入文章。

4. 注意作文材料和题目的一致性。如果题目只是泛泛地介绍人物，而没有明确指示要介绍哪些方面的内容，这时，写写人物的外貌、学业和业余爱好就很有必要了。

写人作文——情感篇

倔强的小红军

陈赓同志回顾自己革命经历的时候，曾经深情地谈起这样一件往事。

那是深秋的一天，太阳偏西了。由于长时间在荒无人烟的草地上行军，常常忍饥挨饿，陈赓同志感到十分疲惫。有一天陈赓掉队了，牵着那匹同样疲惫的瘦马，一步一步朝前走着。忽然，看见前边有个小红军，跟他一样，也掉队了。

那小家伙不过十一二岁，黄黄的小脸，一双大眼睛，两片薄嘴唇，鼻子有点儿翘，两只脚穿着破草鞋，冻得又青又红。陈赓同志走到他跟前，说：“小鬼，你上马骑一会儿吧。”

小红军摆出一副满不在乎的样子，盯着陈赓同志长着络腮胡子的瘦脸，微微一笑，用一口四川话说：“老同志，我的体力比你强多了，你快骑上走吧。”

陈赓同志用命令的口吻说：“上去，骑一段路再说！”

小红军倔强地说：“你要我同你的马比赛啊，那就比一比吧。”他说着把腰一挺，做出个准备赛跑的姿势。

“那我们就一块走吧。”

“不。你先走，我还要等我的同伴呢。”

陈赓同志无可奈何，从身上取出一小包青稞面，递给小红军，说：“你把它吃了。”

小红军把身上的干粮袋一拉，轻轻地拍了拍，说：“你看，鼓鼓的嘛。我比你还多呢。”陈赓同志终于被这个小红军说服了，只好爬上马背，朝前走去。

他骑在马上，心情老平静不下来，从刚才遇见的小红军，想起一连串的孩子。从上海、广州直到香港的码头上，跟他打过交道的那些穷孩子，一个个浮现在他眼前。

“不对，我受骗了！”陈赓同志突然喊了一声，立刻调转马头，狠踢了几下马肚子，向来的路奔跑起来，等他找到那个小红军，小红军已经倒在草地上了。

陈赓同志吃力地把小红军抱上马背，他的手触到了小红军的干粮袋，袋子硬邦邦的，装的什么东西呢？他掏出来一看，原来是一块烧得发黑的牛膝骨，上面还有几个牙印。

陈赓同志全明白了。就在这个时候，小红军停止了呼吸。

陈赓同志一把搂住小红军，狠狠地打了自己一个嘴巴："陈赓啊，你怎么对得起这个小兄弟啊！"

老师讲评

文章类别：写人

文章内容：写一段革命时期感人的情感经历

选取材料：陈赓同志回顾起自己革命时的一件往事；

陈赓同志关心小红军，小红军倔强地不肯接受的情景；

用陈赓的无限自责来表明小红军的倔强，突出文章主题。

特别注意：好多同学会问，写情感作文，为什么一开始会描写环境呢？

李老师来回答你，因为情感是寄托在事物当中的，要靠事物来体现。如果没有小红军不接受陈赓让马的举动，你怎么知道小红军的情感？

如果没有陈赓提出要给小红军让马，小红军不接受；给他干粮，他同样不接受的前奏，你怎么能体会到小红军的倔强？在艰难的时刻，他宁愿牺牲自己，绝不拖累别人。

人的感情要通过具体的事件来体现，切勿只用空洞的结论、抒情和感慨来表达（如作文中常见的：她实在是太伟大了；我很崇拜他；他的故事太感人了；他非常善良……）。

关于“写人情感”的选材

1. 人的情感，要通过故事情节来体现。

2. 人的情感，切勿只用空洞的感慨和华丽的辞藻来堆砌表达。

3. 人的行为、思想等是表现情感的好材料。

写人作文——人品篇

孔子拜师

孔子年轻的时候，就已经是远近闻名的老师了。他总觉得自己的知识还不够渊博，三十岁的时候，他离开家乡曲阜，去洛阳拜大思想家老子为师。

曲阜和洛阳相距上千里，孔子风餐露宿，日夜兼程，几个月后，终于走到了洛阳。在洛阳城外，孔子看见一架马车，车旁站着一位七十多岁的老人，穿着长袍，头发胡子全白了，看上去很有学问。孔子想：这位老人大概就是我要拜访的老师吧！于是上前行礼，问道:“老人家,您就是老聃先生吧？”“你是——”老人见这位风尘仆仆的年轻人一眼就认出了自己，有些纳闷。孔子连忙说:“学生孔丘,特地来拜见老师,请收下我这个学生。”老子说：“你就是仲尼啊，听说你要来，我就在这儿迎候。研究学问你不比我差，为什么还要拜我为师呢？”孔子听了再次行礼，说："多谢老师等候。学习是没有止境的。您的学问渊博，跟您学习，一定会大有长进的。"

从此，孔子每天不离老师左右，随时请教。老子也把自己的学问毫无保留地传授给他。

人们佩服孔子和老子的学问，也敬重他们的品行。

老师讲评

文章类别：写人

文章内容：写孔子谦虚好学的品格

选取材料：孔子向老子拜师求学的故事；

孔子一路艰辛；

孔子行礼拜师；

老子询问其缘故；

孔子谦虚求学。

特别注意：孔子本身已经很有学问，但是他认为学习是无止境的，非常谦虚地向老子求教。我们在阅读的过程中会不自觉地拿自己作对比，彰显出孔子谦虚好学的品格。

通过这个故事，我们看到了孔子谦虚好学的良好品格。我们之所以敬重他，很大一部分原因也是和自己形成了鲜明对比，这种有着强烈对比性质的故事，是不是特别能体现人的品格呢？

关于“写人品格”的选材

1. 人的品格，是要通过人的故事、行为、思想以及人在切身利益面前所做出的选择等来体现。这就是写人品的选材原则。

2. 一次能把一种品格写清楚就已经了不起了，千万不能既想说这个，又想写那个，结果把很多没关系的材料扯在一起，费了半天劲，也没写出个所以然。

写人作文——行为篇

所　见

[清]袁枚

牧童骑黄牛，
歌声振林樾。
意欲捕鸣蝉，
忽然闭口立。

老师讲评

文章类别： 写人

文章内容： 写一个牧童的个人行为

选取材料：牧童骑在黄牛背上；

牧童放声歌唱，声音嘹亮；

牧童停止歌唱站在树下想要捕蝉。

特别注意：读完这首古诗，一个天真烂漫、顽皮的牧童形象跃然纸上。仔细观察，作者不过是写了牧童四个动作“骑”“歌”“闭”“立”和一个想法“欲捕”而已。

人的行为、思想也能很好地体现人的个性特点。

关于“写人行为”的选材

1. 写人的行为，主要是通过他的行为来体现生活氛围、人物性格、思想成就、事件真相等。

2. 写人的行为，选材一定要准确，不可虚假或者故意造作。只有真实可信的东西才能准确反映我们想要表达的思想和传达的信息。

写人作文——经历篇

小珊迪

故事发生在爱丁堡。

有一天，天气很冷，我和一位同事站在旅馆门前谈话。

一个小男孩走过来，他身上只穿着一件又薄又破的单衣，瘦瘦的小脸冻得发青，一双赤着的脚冻得通红。他对我们说：“先生，请买盒火柴吧！”

“不，我们不需要。”我的同事说。

“一盒火柴只要一个便士呀！”可怜的孩子请求着。

“可是，我们不需要火柴。”我对他说。

小男孩想了一会儿，说：“我可以一便士卖给你们两盒。”

为了使他不再纠缠，我答应买一盒。可是在掏钱的时候，我发现身上没带零钱，于是对他说：“我明天再买吧。”

“请您现在就买吧！先生，我饿极了！”男孩子乞求道，“我给您去换零钱。”

我给了他一先令，他转身就跑了，等了很久也不见他回来。我想可能上当了，但是看那孩子的面孔，看那使人信任的神情，我又断定他不是那种人。

晚上，旅馆的侍者说，有个小男孩要见我。小男孩被带进来了，我发现他不是卖火柴的那一个，但可以看出是那个男孩的弟弟。小男孩在破衣服里找了一会儿，然后才问：“先生，您是向珊迪买火柴的那位先生吗？”

“是的。”

“这是您那个先令找回来的4个便士。”小男孩说，“珊迪受伤了，不能来了。一辆马车把他撞倒了，从他身上轧了过去。他的帽子找不到了，火柴也丢了。还有7个便士也不知哪儿去了。说不定他会死的……”我让小男孩吃了些东西，跟着他一块儿去看珊迪。这时我才知道，他们俩是孤儿，父母早死了。可怜的珊迪躺在一张破床上，一看见我就难过地对我说：“我换好零钱往回跑，被马车撞倒了，轧断了两条腿。我就要死了。可怜的小利比，我的好弟弟！我死了你怎么办呢？谁来照顾你呢？”

我握住珊迪的手，对他说：“我会永远照顾小利比的。”

珊迪听了，目不转睛地看着我，好像表示感激。突然，他眼睛里的光消失了。他死了。

直到今天，谁读了这个故事不受感动呢？饱受饥寒的小珊迪的美好品质，将永远打动人们的心。

老师讲评

文章类别：写人

文章内容：我在爱丁堡的一段经历

选取材料：寒冷的冬天，遇到卖火柴的小男孩；

我和小男孩之间买卖的对话；

小男孩一去不回；

晚上，小男孩的弟弟来了；

悲惨的真相，悲痛的结局。

特别注意：朋友们，读完这篇文章，是不是感觉这就是《卖火柴的小女孩》现实版呢。不管怎样，作者的这段经历真的很打动我们，让我们对小珊迪、对他所处的社会、对人性产生很多感慨！看来经历能反映出人生和社会的很多问题。

关于"写人的经历"的选材

1. 人的经历，可以让人正视自己的真情实感，对现实生活、社会当中的问题有所感悟。

2. 人的经历，是写人作文的绝好材料。

3. 回味思考，请记住那些让你感觉有意思的、难忘的、有待思考琢磨的经历。等到作文选材的时候，你将会发现自己的作为会得到多么好的回报。

写人作文——智慧篇

将相和

战国时候，秦国最强，常常进攻别的国家。

有一回，赵王得了一件无价之宝，叫和氏璧。秦王知道了，就写一封信给赵王，说愿意拿十五座城换这块璧。

赵王接到了信非常着急，立即召集大臣来商议。大家说秦王不过想把和氏璧骗到手罢了，不能上他的当，可是不答应，又怕他派兵来进攻。

正在为难的时候，有人说有个蔺相如，他勇敢机智，也许能解决这个难题。

赵王把蔺相如找来，问他该怎么办。

蔺相如想了一会儿，说："我愿意带着和氏璧到秦国去。

如果秦王真的拿十五座城来换，我就把璧交给他；如果他不肯交出十五座城，我一定把璧送回来。那时候秦国理屈，就没有动兵的理由。”

赵王和大臣们没有别的办法，只好派蔺相如带着和氏璧到秦国去。

蔺相如到了秦国，进宫见了秦王，献上和氏璧。秦王双手捧住璧，一边看一边称赞，绝口不提十五座城的事。蔺相如看这情形，知道秦王没有拿城换璧的诚意，就上前一步，说：“这块璧有点儿小毛病，让我指给您看。”秦王听他这么一说，就把和氏璧交给了蔺相如。蔺相如捧着璧，往后退了几步，靠着柱子站定。他理直气壮地说：“我看您并不想交付十五座城。现在璧在我手里，您要是强逼我，我的脑袋和璧就一块儿撞碎在这柱子上！”说着，他举起和氏璧就要向柱子上撞。秦王怕他把璧真的撞碎了，连忙说一切都好商量，就叫人拿出地图，把允诺划归赵国的十五座城指给他看。蔺相如说和氏璧是无价之宝，要举行个隆重的典礼，他才肯交出来。秦王只好跟他约定了举行典礼的日期。

蔺相如知道秦王丝毫没有拿城换璧的诚意，一回到客舍，就叫手下人化了装，带着和氏璧抄小路先回赵国去了。到了举行典礼那一天，蔺相如进宫见了秦王，大大方方地说：“和氏璧已经送回赵国去了。您如果有诚意的话，先把十五座城交给我国，我国马上派人把璧送来，绝不失信。不然，您杀了我也没有用，天下的人都知道秦国是从来不讲信用的！”秦王没有办法，只得客客气气地把蔺相如送回赵国。

这就是“完璧归赵”的故事。蔺相如立了功，赵王封他做上大夫。

过了几年，秦王约赵王在渑池会见。赵王和大臣们商议说：“去吧，怕有危险；不去吧，又显得太胆怯。”蔺相如认为对秦王不能示弱，还是去的好，赵王才决定动身，让蔺相如随行。大将军廉颇带着军队送他们到边界上，做好了抵御秦兵的准备。

赵王到了渑池，会见了秦王。秦王要赵王鼓瑟。赵王不好推辞，鼓了一段。秦王就叫人记录下来，说在渑池会上，赵王为秦王鼓瑟。

蔺相如看秦王这样侮辱赵王，生气极了。他走到秦王面前，说：“请您为赵王击缶。”秦王拒绝了。蔺相如再要求，秦王还是拒绝。蔺相如说：“您现在离我只有五步远。您不答应，我就跟您拼了！”秦王被逼得没法，只好敲了一下缶。蔺相如也叫人记录下来，说在渑池会上，秦王为赵王击缶。

秦王没占到便宜。他知道廉颇已经在边境上做好了准备，不敢拿赵王怎么样，只好让赵王回去。

蔺相如在渑池会上又立了功。赵王封蔺相如为上卿，职位比廉颇高。

廉颇很不服气，他对别人说：“我廉颇攻无不克，战无不胜，立下许多大功。他蔺相如有什么能耐，就靠一张嘴，反而爬到我头上去了。我碰见他，得给他个下不了台！”这话传到了蔺相如耳朵里，蔺相如就请病假不上朝，免得跟廉颇见面。

有一天，蔺相如坐车出去，远远看见廉颇骑着高头大马过来了，他赶紧叫车夫把车往回赶。蔺相如手下的人可看不顺眼了。他们说，蔺相如怕廉颇像老鼠见了猫似的，为什么要怕他呢！蔺相如对他们说：“诸位请想一想，廉将军和秦王比，谁厉害？”

他们说："当然秦王厉害！"蔺相如说："秦王我都不怕，会怕廉将军吗？大家知道，秦王不敢进攻我们赵国，就因为武有廉颇，文有蔺相如。如果我们俩闹不和，就会削弱赵国的力量，秦国必然乘机来打我们。我所以避着廉将军，为的是我们赵国啊！"

蔺相如的话传到了廉颇的耳朵里。廉颇静下心来想了想，觉得自己为了争一口气，就不顾国家的利益，真不应该。于是，他脱下战袍，背上荆条，到蔺相如门上请罪。蔺相如见廉颇来负荆请罪，连忙热情地出来迎接。从此以后，他们俩成了好朋友，同心协力保卫赵国。

老师讲评

文章类别：写人

文章内容：通过记叙"完璧归赵""渑池之会""负荆请罪"这三个相对独立而又紧密联系的小故事，写出了将相之间由"不和"到"和"的经过，刻画了足智多谋、智勇双全的蔺相如，骁勇善战、勇于改过的廉颇的形象，再现了战国时期国家纷争的历史，揭示了"和为贵"的传统思想。

选取材料：开篇简述历史背景，又是故事的起因。机智勇敢的蔺相如见机行事，一举粉碎了秦王的阴谋，赢得了"完璧归赵"的胜利。

蔺相如当仁不让，拼命要秦王"击缶"为赵王挽回面子，击败秦王的阴谋。

蔺相如胸怀大度、处处避让，廉颇静心反思、勇于改过，避免了将相直接冲突，换取了“他们俩成为好朋友，同心协力保卫赵国”的美好结局。

特别注意：这篇文章中的三个故事环环相扣，一波三折。结尾处的“从此以后，他们俩成了好朋友，同心协力保卫赵国。”既呼应了题目“将相和”；又揭示了课文中两位主要人物的聪明才智。

如何体现一个人的智慧？

言行、思想、对事物的理解，这些方面都能体现一个人的智慧！要想在文章中表达能体现人的智慧的事，那么我们就要注意在日常生活当中的积累。其实智慧无处不在，就看你有没有一双能够发现智慧的眼睛了。

关于“写人的智慧”的选材

1. 人的言行、思想、谋略、对事物的理解等，很能体现一个人的智慧。

2. 注意积累日常生活中遇到的睿智、技巧、表现人的智慧方面的故事，运用到作文中，是绝好的材料。

3. 许多童话故事、寓言故事也是很好的表现人的智慧的范例，希望同学们平时多加留意。

4. 写人作文的选材妙招

读了这么多的课文范例和优秀作品，相信大家的收获颇丰，下面我们可以对写人作文的选材画个圆满的大句号了。

写人作文的选材妙招

1. 写人，主要是讲人的习性（性格、情感、人品）、阅历（行为、经历）和智慧方面的故事。

2. 选材，就是要选择能恰到好处表现人的习性、阅历和智慧的故事。

这个故事未必精彩，但是要真实动人；

这个故事未必有人物外貌描写，但一定要有人物的言行、情感、思想；

这个故事未必什么都体现，但至少要保证体现性格、情感、人品、行为、经历、智慧中的一条。

3. 写人的作文，一定要通过具体的故事来表现主题，切勿只用空洞的结论和感慨来写。

4. 平时的学习、生活中遇到的有意义、耐人寻味的难忘经历一定要记下来。仔细琢磨这件事能体现出参与人的哪些方面，包含着他怎样的言行、情感和思想。平时做好积累工作，作文选材就不再是难题了。

5. 讲评后记

写人，一定要写人的外貌，这一点其实并不可取。

经常有同学抱怨说“我怎么感觉我身边的人的外貌都很普通啊，有什么好写的呢？就算三言两语写完了，接下来又该怎么写呢？”或者说“外貌有什么好写的呀，老师不是经常教育我们不要以貌取人吗？那这样的写作还有意义吗？”

这位同学，一语中的，不得不让老师反省，同时列出了“外貌必写”的几大误区：

1. 扼杀了学生的写作兴趣；

2. 束缚了学生的思维（同学们原本该掌握的三大主题全跑偏了，一心一意地思考该怎样写外貌，随之而来的是下文不知道该怎么写）；

3. 给学生的写作增加了不少烦恼。

翻开语文课本，我们细细观察，写人的课文也极少写人的外貌（即使有，也是因为故事情节和外貌有关）。而打开同学们的作文本，写人的作文几乎千篇一律都有外貌描写，这一奇怪的现象值得引起我们的思考。

写人，一定要很有意义。这条戒律也让不少学生苦恼。

很多学生会经常抱怨作文没材料。读到这里，你应该有所感悟，本书中老师一贯主张的方式就是“有故事就可以”。可是还有一部分同学仍然愁容满面，“老师，光有故事怎么行啊，这些个故事没有意义啊。”

其实，老师想说的是作文要有意思，有意思了，加上孩子们各自的生活阅历和感慨，就会有意义了。在实际作文写作过程中，同学们可以先写有意思、耐琢磨、难忘记的。随着年龄的增长和知识的丰富、生活阅历的增加，慢慢就能品味这其中的意义了。

第三章　记事作文的选材妙招

1. 课文证实——记事篇

写人的作文，就是讲人的故事，讲人做的事情。

以此类推，记事的文章，就是讲事的故事，可什么是事的故事呢？我们还是先读读课文吧。

他发明了什么

瓦特发明了蒸汽机，爱迪生发明了电灯泡，贝尔发明了电话，莱特兄弟发明了飞机……但是有一个人发明的“东西”，却是看不见、摸不着的。

话还得从二百年前说起。

18 世纪以前，毛瑟枪算是一种十分复杂的机械装置，每一支毛瑟枪都是铁匠师傅自己一件件打制零件，自己安装的。每一个零件的大小尺寸并不完全一样，如果哪一个零件坏了，只能请铁匠师傅再按原来零件的大小打制一个。

1797 年，美国独立不久，为了捍卫主权，要与外国作战，政府需要定制 4 万多支毛瑟枪。按那时的制造工艺，“4 万支枪”可是个不小的数字。时间紧迫，到哪里去找那么多铁匠呢？

有一位叫惠特尼的青年挺身而出，说他可以制造出来。许多人都说惠特尼是个不知深浅的骗子，没有人相信他有这个能力。情急之下，惠特尼决定向人们展示他的办法。

惠特尼请大家到他的工厂参观，杰斐逊总统也去了。

厂房里摆了几堆零件。惠特尼请总统和随从们按顺序从每堆零件里取出一个零件。接着他指导大家，把取出的零件组装起来。一时间，厂房里展开了组装毛瑟枪的竞赛。不一会儿，所有人都组装好了一支毛瑟枪。

原来，惠特尼事先让工人分别制造了毛瑟枪的每一种零件，每种零件形状大小都相同。这样做有三个好处：零件制造起来简便，可以批量生产；组装简便，可以从各种零件中随便抽取，不存在两种零件不能配合的情况；修理简便，某个零件坏了，从那堆零件中随便拿一个换上就行了，不用另外打制。

听了惠特尼的介绍，杰斐逊总统非常高兴，当即命令下属与惠特尼签订了生产合同。

你知道惠特尼发明了什么吗？枪不是他发明的，造枪的技术不是他发明的，他甚至连一个零件也没发明。惠特尼发明的，是一种“方法”——“标准化”：成批生产同一标准的零件，然后统一组装成成品，使原来只能一个个生产的物品，变成批量化生产了。

只有标准化的产品，才能快速大量生产，广泛使用。在后来的二百年里，现代大工业生产都实行了标准化。有些工厂，也变成只生产标准化零件的单位了。现在，比如说你到五金店买了一个四号螺栓，这个规格的螺栓不但可以用在你的自行车上，还可以用在你家的缝纫机上，甚至可以用在搅拌机、洗衣机上，并且在全世界通用。

惠特尼的发明多奇妙啊！它启发我们，发明不只表现在有形的物品上，还表现在科学的“方法”上。

老师讲评

文章类别：记事

文章内容：发明“标准化、大批量生产方法”的故事

故事情节：美国刚独立时，毛瑟枪的需求量很大，手工生产不能满足；

惠特尼自告奋勇说他可以制造出来；

原来他是进行了标准化生产；

只有标准化生产，才能大批量生产。这是科学方法史和工业制造史上里程碑的事件！

特别注意：发明“标准化、大批量生产方法”是一件大事。那么，说说这一发明事件的来龙去脉也算是个故事。这，就是事的故事！

记事的作文，就是讲事情的来龙去脉、变化转折和最终结果。这就是“（某件）事的故事”。

2. 记事，选材应该选些什么

我们知道了记事作文就是讲故事，终于大松了一口气。可是一提到选材，同学们还是很犯愁：“记事作文选材难”或者“选多易成流水账”。

记事的故事该如何选材、如何写呢？

关于"记事作文"的选材

1. 故事，就是"故＋事"。

2. 记事，就是记录发生的事情、事情发生和变化的缘故。

3. 记事作文的选材，就是分析事情中的"事"和"故"，然后条理清晰地记录下来。一定要两者兼顾。

4. 写作时，故和事的先后顺序没有一定的规则，可根据故事的具体情况而定。

3. 记事，学习课文选材

记事作文——故事事篇

秋　游

秋风起了，天气渐渐凉了。同学们跟老师去郊外游玩。

蓝蓝的天空一望无边，几朵白云有时像一群白兔，有时像几只绵羊。

农田里，稻子黄了，高粱红了，棉花白了。

同学们有的在草地上打滚儿，有的忙着逮蚂蚱，有的向着蓝天亮开了嗓子。大家奔跑追逐，笑着喊着，多开心哪！

老师讲评

文章类别：记事

文章内容：秋游的事

选取材料：老师带领同学们去秋游，看到美丽的风景，大家玩得很开心。

缘故——秋天到了，天气凉了，所以大家要去郊外游玩了；

事件——游玩中看到许多美丽的景色；

事件——游玩过程中的各种玩耍（打滚儿、逮蚂蚱等）；

最后的结果——很开心。

特别注意：有故事，文章自然就完整了。

先把缘故交代清楚，再写后续的事情逻辑就非常清楚了。所以说，缘故就是记事作文的关键，选材的必需！

关于“故事事”类记事作文的选材

1. 先讲缘故，后讲事件，是很好的记事思路。

2. 选材时，先把事情的缘故分清楚，选出来；后面事件的选材就有了主心骨，相对也就好选了。

欢乐的泼水节

西双版纳的凤凰花开了，傣族人民迎来了一年一度的泼水节。

这一天，人们提着桶，端着盆，早早地来到了大街上。大街的两旁早已准备好了清水，清水里有的滴上香水，有的撒上花瓣。开始泼水了，大家互相追赶，你拿瓢往我衣领里灌，我端盆向你身子上泼。老人、孩子、姑娘、小伙儿，个个身上湿淋淋，人人脸上笑开了花。清水是吉祥如意的象征，谁身上泼的水多，就意味着谁得到的幸福多，怎么能不高兴呢!

地上铺满了火红的凤凰花瓣，空中回响着欢乐的象脚鼓点。大家唱着歌，跳着舞，赛起了龙舟，放起了烟火，直到深夜还不肯离去。

老师讲评

文章类别：记事

文章内容：傣族泼水节的故事

选取材料：泼水节时大家互相追赶着泼水，他们认为泼得越多，得到的幸福就越多。除此之外，还有赛龙舟和放烟花等庆祝活动。

事情——泼水节到了；人们早早上街，庆祝节日；互相追赶泼水，个个身上都湿淋淋的；

缘故——为什么要互相泼水呢？因为清水是吉祥的象征；

事情——地上的花瓣、鼓点、唱歌、跳舞、赛龙舟、放烟花。

特别注意：读过这篇文章，我们对傣族这一特殊的节日有所了解。同时也可以发现作者把缘故放在事件中间来讲，是一种特殊的记事方式，值得我们学习。

事情＋缘故＋事情，是不错的记事方式。

关于“事故事”类记事作文的选材

1. 有了“事情＋缘故＋事情”的记事思路，选材的目的就清楚多了。

2. 有时候有些事情的缘故不是很显眼，但选材和作文中，千万不可省略！

3. 遇到精彩有意思的素材，不忘分析一下哪些是事情，哪些是事情间的缘故。

记事作文——事事故篇

狼和鹿

一百多年以前，凯巴伯森林一片葱绿，生机勃勃。小鸟在枝头歌唱，活泼而美丽的鹿在林间嬉戏。但鹿群的后面，常常跟着贪婪而凶残的狼，它们总在寻找机会对鹿下毒手。那时森林里大约有四千只鹿，人们要时刻提防狼的暗算。

当地居民恨透了狼。他们组成了狩猎队，到森林中捕杀狼。枪声打破了大森林的宁静。在青烟袅袅的枪口下，狼一个跟着一个，哀号着倒在血泊中。凯巴伯森林的枪声响了25年，狼与其他一些鹿的天敌，总共被杀掉6千多只。

凯巴伯森林从此成了鹿的王国。它们在这里生儿育女，很快，鹿的总数就超过了十万只。可是，随着鹿群的大量繁殖，森林中闹起了饥荒。灌木、小树、嫩枝、树皮……一切能吃得到的绿色植物，都被饥饿的鹿吃光了。整个森林像着了火一样，绿色在消退，枯黄在蔓延。紧接着，更大的灾难降临了。疾病像妖魔的影子一样在鹿群中游荡。仅仅两个冬天，鹿就死去了六万只。到1942年，凯巴伯森林只剩下了八千只病鹿。

人们做梦也不会想到，他们捕杀的狼，居然是森林和鹿群的“功臣”。狼吃掉一些鹿，使鹿群不会发展得太快，森林也就不会被糟蹋得这么惨；同时狼吃掉的多半是病鹿，反倒解除了传染病对鹿群的威胁。而人们特意要保护的鹿，一旦在森林中过多地繁殖，倒成了破坏森林、毁灭自己的“祸首”。

老师讲评

文章类别：记事

文章内容：人类干预森林中狼和鹿的故事

选取材料：以前，这片森林鹿群的数量不多，人们消灭了狼群之后，鹿群渐渐壮大，可没过多久，鹿群的数量又急剧减少。这是怎么回事呢？因为消灭了狼，破坏了生态平衡。

事件——当年凯巴伯森林鹿和狼的状况；居民厌恶狼群，

就到森林里捕杀它们；25 年中，鹿群的许多天敌都被人们杀害；

事件——鹿群成了森林的国王，数量大增；恶劣的后果，使鹿群数大量减少；

缘故——没了狼，生物链断了。

特别注意：其实，很多事情的事与故，因与果都是环环相扣、紧密联系的。本文在总的写作思路上，是典型的“事事故”的记事方式。

“事事故”的思路结构，是可以环环相扣的。

关于“事事故”类记事作文的选材

1. 把事情的缘故放在文章的结尾，更能彰显文章的主题，同时具有很强的吸引力。

2. 分清了事情的故和事，记事作文的选材就没什么大问题了。至于具体的结构怎样安排，比如说“缘故”是在开头、中间还是结尾，根据大家具体的写作情况而定。最重要的是，我们一定要记住记事作文的选材要有缘故。

4. 记事作文的选材妙招

我们读了这么多的课文，分析了这么多的优秀作品，现在，可以胸有成竹地对记事作文的选材下个结论了。

记事作文的选材妙招

1. 故事，就是“故＋事”，包括事情、事情发生和变化的缘故。

2. 记事作文的选材，就是分清事情中的“事”和“故”，然后有事有故地写下来。记住最重要的一点，事情的缘故千万不可少。

3. 记事作文，故和事的先后顺序如何，根据具体的写作情况而定，顺其自然就可以。

4. “故事事”“事故事”“事事故”这三种记事作文的展开思路，各有特点，写作时用哪种都可以。一切根据自己的写作习惯和具体故事来选择。

5. 讲评后记

明白了记事就是讲“事的故事”，明白了故事就是“事＋故”，记事作文的三大难题“字数少”“流水账”“跑题”就迎刃而解了。

字数少？

没关系，对事件多问几个问题，然后自问自答，把“故”加进去，文字自然就多了！

流水账？

没关系，选材时多加注意，专选那些有联系，能串成故事的材料，文章内容就不会空乏，自然就不是记流水账了！

偏题跑题?

没关系，解决了以上两个问题，也就解决了大部分偏题及跑题的问题。

说到底，之所以大家会跑题，是因为同学们不会审题，也不是看不懂题目要求写什么，而是因为字数不够，情急之下就胡编滥造，什么材料都往作文里堆。于是，问题就出现了。

记事作文，抓住被忽略的“故”，选材就不再是难题了。

第四章　写景作文的选材妙招

1. 课文证实——写景篇

写人的、记事的作文通过前面的学习了解，我们都知道它就是讲故事。那么，写景的、状物的作文怎么还是讲故事呢?对于这个结论，很多人都有疑问。我们还是先读读课文吧。

桂林山水

人们都说："桂林山水甲天下。"我们乘着木船，荡漾在漓江上，来观赏桂林的山水。

我看见过波澜壮阔的大海，玩赏过水平如镜的西湖，却从没看见过漓江这样的水。漓江的水真静啊，静得让你感觉不到它在流动；漓江的水真清啊，清得可以看见江底的沙石；漓江的水真绿啊，绿得仿佛那是一块无瑕的翡翠。船桨激起的微波扩散出一道道水纹，才让你感觉到船在前进，岸在后移。

我攀登过峰峦雄伟的泰山，游览过红叶似火的香山，却从没看见过桂林这一带的山。桂林的山真奇啊，一座座拔地而起，各不相连，像老人，像巨象，像骆驼，奇峰罗列，形态万千；桂林的山真秀啊，像翠绿的屏障，像新生的竹笋，色彩明丽，倒映水中；桂林的山真险啊，危峰兀立，怪石嶙峋，好像一不小心就会栽倒下来。

这样的山围绕着这样的水，这样的水倒映着这样的山，再加上空中云雾迷蒙，山间绿树红花，江上竹筏小舟，让你感到像是走进了连绵不断的画卷，真是“舟行碧波上，人在画中游”。

老师讲评

这篇课文被多个版本的《语文》教材选入，堪称写景的佳作。我们一起来赏析吧！

文章类别：写景

文章内容：桂林山水的美丽风光

选取材料：通过对比描述，展现漓江水的“静”“清”“绿”。

通过对比描述，展现漓江山的“奇”“秀”“险”。

对漓江其他景色的描述，凸显出漓江山水的美丽。

特别注意：这是一篇典型的写景佳作，通篇惜字如金，没有多余。作者通过听别人的感慨、自己的亲身经历、通过与其他山水的比较，证据十足地彰显出漓江山水的美妙绝伦，仿佛到了人间仙境一般。让我们感受美景的同时也感觉到了这里的人文气息。

同时，值得我们注意的是，写景的文章一是要写眼前的风景；二是要写眼后的背景，也就是风景背后的自然、历史、人文等相关故事。只有这样，景物才会鲜活起来。背景故事的精彩，更加能衬托出文章的精彩！

2. 写景，学习课文选材

我们知道写景，除了眼前的风景，还要写好背后的“风景”。那么，景观背后的“自然、历史、人文”等“风景”都是什么样的故事呢？如何让它们和景观融合呢？我们一起来分析分析。

草 原

这次，我看到了草原。那里的天比别处的更可爱。空气是那么清鲜，天空是那么明朗，使我总想高歌一曲，表示我满心的愉快。在天底下，一碧千里，而并不茫茫。四面都有小丘，平地是绿的，小丘也是绿的。羊群一会儿上了小丘，一会儿又下来，走到哪里都像给无边的绿毯绣上了白色的大花。那些小丘的线条是那么柔美，就像只用绿色渲染，不用墨线勾勒的中国画那样，到处翠色欲流，轻轻流入云际。这种境界，既使人惊叹，又叫人舒服；既愿久立四望，又想坐下低吟一首奇丽的小诗。在这境界里，连骏马和大牛都有时候静立不动，好像回味着草原的无限乐趣。

我们访问的是陈巴尔虎旗。汽车走了一百五十里，才到达目的地。一百五十里全是草原，再走一百五十里，也还是草原。草原上行车十分洒脱，只要方向不错，怎么走都可以。初入草原，听不见一点声音，也看不见什么东西，除了一些忽飞忽落的小鸟。走了许久，远远地望见了一条迂回的明如玻璃的带子。河！牛羊多起来，也看到了马群，隐隐有鞭子的轻响。快了，快到了。忽然，像被一阵风吹来的，远处的小丘上出现了一群马，马上的男女老少穿着各色的衣裳。群马疾驰，襟飘带舞，像一条彩虹向我们飞过来。这是主人来到几十里外欢迎远客。见到我们，主人们立刻拨转马头，欢呼着，飞驰着，在汽车左右与前面引路。静寂的草原热闹起来：欢呼声，车声，马蹄声，响成一片。车跟着马飞过小丘，看见了几座蒙古包。

蒙古包外，许多匹马，许多辆车。人很多，都是从几十里外乘马或坐车来看我们。主人们下了马，我们下了车。也不知道是谁的手，总是热乎乎地握着，握住不散。大家的语言不同，心可是一样。握手再握手，笑了再笑。你说你的，我说我的，总的意思是民族团结互助。

也不知怎的，就进了蒙古包。奶茶倒上了，奶豆腐摆上了，主客都盘腿坐下，谁都有礼貌，谁都又那么亲热，一点儿不拘束。不大会儿，好客的主人端进了大盘的手抓羊肉。干部向我们敬酒，七十岁的老翁向我们敬酒。我们回敬，主人再举杯，我们再回敬。这时候鄂温克姑娘们，戴着尖尖的帽子，既大方，又稍有点羞涩，来给客人们唱民歌。我们同行的歌手也赶紧唱起来。歌声似乎比什么语言都更响亮，都更感人，不管唱的是什么，听者总会露出会心的微笑。

饭后，小伙子们表演套马，摔跤，姑娘们表演民族舞蹈。客人们也舞的舞，唱的唱，并且要骑一骑蒙古马。太阳已经偏西，谁也不肯走。是呀！蒙汉情深何忍别，天涯碧草话斜阳！

老师讲评

文章类别：写景

文章内容：陈巴尔虎旗的草原风光

选取材料：先介绍草原的地势、绿草和马羊；再介绍草原上的人们迎出几十里地等候自己的到来；再讲草原上的人们在蒙古包前热情欢迎自己的到来；草原上的人们在蒙古包内热情地款待自己。草原上的人们在蒙古包外表演才艺、招待作者。

特别注意：虽然是在写景，可最后的落脚点是景中的人们和他们的故事。草原人们的热情好客是历史传承的优良习俗。除此之外，一些名胜古迹及城市的发展都是历史沉淀的。或者说任何一处的景观，都和历史密不可分。

关于"历史背景"类写景作文的选材

1. 写景作文，如果能加入景观某一方面的历史背景故事，只笔一提，会为文章增色不少。

2. 选材时，不妨选一些有历史、自然、人文背景的景观介绍，这样背景和景观交融，写景作文自然就比单纯枯燥介绍景色的文章精彩得多。

写景——自然背景篇

五彩池

我小时候听奶奶讲，西方有座昆仑山，山上有个瑶池，那是天上的神仙住的地方；池里的水好看极了，有五种颜色，红的，黄的，绿的，蓝的，紫的。奶奶是哄着我玩儿，我却当作了真的，真想有一天能遇上神仙，跟着他腾云驾雾，飞到那五彩的瑶池边去看看。没想到今年夏天去四川松潘旅游，在藏龙山上，我真的看到了像瑶池那样神奇的五彩池。

那是个晴朗的日子，我乘汽车来到藏龙山，只见漫山遍野都是大大小小的水池。无数的水池在灿烂的阳光下，闪耀着各种不同颜色的光辉，好像是铺展着的巨幅地毯上的宝石。水池大的面积不足一亩，水深不过一丈；小的像个菜碟，水很浅，用小拇指就能触到池底。池边是金黄色的石粉凝成的，像一圈圈彩带，把大大小小的水池围成各种不同的形状，有像葫芦的，有像镰刀的，有像盘子的，有像莲花的……

更使我惊奇的是，所有的池水来自同一条溪流，溪水流到各个水池里，颜色却不同了。有些水池的水还不止一种颜色，上层是咖啡色的，下层却成了柠檬黄；左半边是天蓝色的，右半边的却成了橄榄绿。可是把水舀起来看，又跟普通的清水一个样，什么颜色也没有。

明明是清水，为什么在水池里会显出不同的颜色来呢？原来池底长着许多石笋，有的像起伏的丘陵，有的像险峻的山峰，有的像矗立的宝塔，有的像成簇的珊瑚。石笋表面凝结着一层细腻的透明的石粉。阳光透过池水射到池底，石笋就像高低不平的折光镜，把阳光折射成各种不同的色彩。水池周围的树木花草长得很茂盛，五光十色的倒影使池水更加瑰丽。

原来五彩的瑶池就在人间，不在天上。

老师讲评

文章类别：写景

文章内容：介绍九寨沟的五彩池

选取材料：先说小时候对瑶池的向往；对九寨沟水池的外在描写；对水池水源的惊奇和分析；对“水池颜色不一”成因的探究。

有了这段自然探究故事，我们对五彩池的理解就更全面、更深刻了。

特别注意：写景观，最忌讳的就是“就景论景”，没有一点延伸。那样的文章即使辞藻很华丽，也一样会让读者觉得索然无味。自然，总是带有自然之谜的，让自然和自然之谜一起出现，“探索与发现”式的表现方式，就会让自然美景更加具有魅力！

关于“自然背景”类写景作文的选材

1. 写景作文，可选择自然联想、童话故事、自然之谜的探索与发现等材料来丰富文章内涵，提升文章精彩程度。

2. 单纯的就景论景、空洞的形容、空虚的感慨，是写景作文的三大通病。

写景——人文背景篇

第一场雪

前天，气象台发布了西伯利亚来的寒流即将南下的消息；昨天，强大的冷空气就侵入了胶东半岛。

前些天还暖和得如同阳春三月，昨天清早，天气骤然变冷，空中布满了铅色的阴云，中午，凛冽的寒风刮起来了，呼呼地刮了整整一个下午。黄昏时分风停了，就下起雪来。这是入冬以来的第一场雪。

开始下雪时还伴着小雨，不久就只见鹅毛般的雪花，从彤云密布的天空中飘落下来，地上一会儿就白了。冬天的山村到了夜里格外寂静，只听见雪花簌簌地不断下落。偶尔咯吱一声响。树木的枯枝被积雪压断了。

大雪整整下了一夜。早晨，天放晴了，太阳出来了。推开门一看，嗬！好大的雪啊！山川、树木、房屋，全部罩上了一层厚厚的雪，万里江山变成了粉妆玉砌的世界。落光叶子的柳树上，挂满了毛茸茸、亮晶晶的银条儿；冬夏常青的松树和柏树，堆满了蓬松松、沉甸甸的雪球。一阵风吹来，树枝轻轻地摇晃，银条儿和雪球儿簌簌地落下来，玉屑似的雪末儿随风飘扬，映着清晨的阳光，显出一道道五光十色的彩虹。

大街上的积雪有一尺多深，脚踩上去发出咯吱咯吱的响声。一群群孩子在雪地里堆雪人，掷雪球。

俗话说，“瑞雪兆丰年。”这并不是迷信，有着充分的科学根据。寒冬大雪可以冻死一部分越冬的害虫；雪水渗进土层深处，又能供应庄稼生长的需要。这场大雪十分及时，一定会给明年的小麦带来丰收。有经验的老农把雪比作是“麦子的棉被”，冬天“棉被”盖得越厚，春天麦子就长得越好。所以又有这样一句谚语：“冬天麦盖三层被，来年枕着馒头睡。”

我想：这就是人们为什么把及时的大雪称为“瑞雪”的道理吧。

老师讲评

文章类别：写景

文章内容：描写入冬以来第一场雪景

选取材料：气象台发布寒流南下的消息，天气骤变，是对雪前天气的描述；雪由小变大过程的生动描述；雪后放晴景物的描写十分细致；孩子堆雪人；连续引用俗语、谚语来说明这场雪的重要意义。

特别注意：这篇文章加入了“人和事”的写景方式，在“表达自己的真情实感”方面很有特色。作者无比喜爱这场瑞雪，把这种感情蕴含在对雪中、雪后景色的描写上，也直接通过联想将这种感情表达了出来，比单纯的写景精彩许多。

人和景本来就是不可分割的，情景交融，才是景观作文的至高境界！

关于“人文背景”类写景作文的选材

1. 写景作文，可选择景观的自然社会环境，充分融入人、社会、生活、历史等人文材料来丰富文章的内涵，提升文章的精彩程度。

2. 记住这一点，平时的写作中多加留意，慢慢就会发现自己的水平越来越高哦！

3. 写景作文的选材妙招

一口气剖析了这么多优秀的作品，下面，我们就对写景作文的选材做个结论！

写景作文的选材妙招

1. 写景，一定要写看得见的景观；而要写看不见的“背景”，也就是与景观的历史、自然、人文相关的背景故事。

2. 写景，切忌没有想象、没有内涵的就景论景。

3. 写景，可写成“探索与发现”，也可写成“准童话故事”；但就是不能写成流水账式的，单纯按方位、时间等展开的就景写景的没有一点联想和延伸的文章。

第五章　状物作文的选材妙招

1. 课文证实——状物篇

写人，是讲人的故事，讲人的习性、经历、智慧故事；

记事，是讲事的故事，说明事情和事情的产生、变化过程；

写景，是讲景的故事，除了介绍景观之外，还要有景观背后的自然、历史、人文背景故事。

那么，状物，是讲物的什么故事呢?

课本上的状物故事，会给我们传达怎样的信息呢？我们就先来读读状物的课文吧。

丝绸之路

一座古朴典雅的“丝绸之路”巨型石雕，矗立在西安市玉祥门外。那驮着彩绸的一峰峰骆驼，高鼻凹眼的西域商人，精神饱满，栩栩如生。商人们在这个东方大都市开了眼界，正满载货物返回故乡。望着这座群雕，就仿佛看到了当年丝绸之路上商旅不绝的景象，仿佛听到了飘忽在大漠中的悠悠驼铃声……

公元前 115 年，一个天高气爽的早晨。

在伊朗高原北部，一位身着戎装的将军正在安息国边境守候。将军骑在高头大马上，身后兵马不计其数。这浩浩荡荡的大军奉安息国国王的命令，正在迎候远道而来的友好使节。

东方隐约传来一阵阵丁零丁零的驼铃声，士兵们循着铃声望去，远处出现了一支骆驼队，骆驼队前面飘扬着鲜艳的旗帜。

“来了！来了！”安息国士兵欢呼起来。

“列队欢迎！”将军发出了命令。

骑兵迅疾分列两队，一左一右，摆成夹道欢迎的阵势。乐队奏起了军乐，人群一片欢腾。

中国使者从骑着的骆驼上下来，右手高擎节杖，满面笑容，大步向前走去。将军翻身下马，立正高呼：“本将军奉命率官兵欢迎大汉国使者！”中国使者抱拳，作揖还礼：“有劳将军远迎。我是博望侯张骞的副使，谨代表大汉皇帝向安息国国王陛下致敬！”将军还礼表示感谢。

中国使者指着身后的骆驼队，说道：“这是大汉皇帝敬赠安息国国王陛下的一点薄礼。”只见每峰骆驼的背上都驮着两个大包袱。打开包袱，各色绫罗绸缎，五彩缤纷。

安息国将军高兴地连连点头，说道：“盼望已久的大汉使者终于到了！我谨代表安息国国王陛下，向大汉皇帝的使者赠礼。”他把手一招，四名士兵送上两个大礼盒。打开一看，里面装着许多特别大的鸟蛋，每个足有斤把重。这是当时中国没有的鸵鸟蛋。

中国使者正要道谢，将军又把手一招，走上两个人来，原来是魔术师。打头的一个拔出一把匕首，插入自己嘴里，顿时吞了下去。只见他一拍肚子，匕首又从嘴里吐了出来。第二个则张开大口，喷出一团又一团火苗。魔术师的精彩表演，让在场的人们都看得惊呆了。将军含笑说道：“今天是个值得庆祝的日子，特地让他们前来助兴。”

中国使者拱手致谢，高兴地说：“没想到，一条道路将远隔千里的我们联系在了一起，这真是一条伟大的路呀！”

这仅仅是张骞出使西域后，东西方交流的生动一幕。张骞在此之前，于公元前 138 年曾历尽艰险出使过西域。公元前 119 年他第二次出使西域，加强了汉朝与西域各国的友好往来。从那以后，一队队骆驼商队在这漫长的商贸大道上行进，他们越过崇山峻岭，将中国的养蚕、缫丝、冶铁、造纸、凿井、灌溉等技术带向中亚、西亚和欧洲，将那里的葡萄、核桃、石榴、蚕豆、黄瓜、芝麻、无花果等食品带到我国，还有狮子、犀牛、良马等动物，也传进了我国。我国的音乐、舞蹈、绘画、雕刻，由于吸收了外来文化的长处，变得更加丰富多彩、美轮美奂。

两千多年后的今天，每当人们凝望“丝绸之路”巨型石雕，无不引起对往日商贸、文化繁荣的遐想……

老师讲评

文章类别：状物

文章内容：介绍石雕“丝绸之路”

主要细节：简要介绍石雕“丝绸之路”的大概构图；大篇幅讲述当年商旅的故事；最后发表对石雕的感慨。

特别注意：本文虽然对“丝绸之路”本身的介绍相对较少，可当我们读完通篇，都会直呼作品的精彩。看来对当年商旅活动这个背景故事的描写起了重要作用。

背景故事，就是有独特的魅力！

这会儿，相信同学们应该对状物作文的选材有了些许眉目吧！

状物的作文：

一是要如实介绍物的状况；

二是要有和此物相关的“背景故事”或者“实例比较”。

同学们在写状物的作文时，如果只有如实地介绍事物的全部，而不带任何的感情色彩或者没有背景故事或实例比较，相对来说这样的写作都是比较失败的。

2. 状物，学习课文选材

状物，除了要如实描写“物”本身之外，还要描写物的背景故事或列出实例来加以比较，这样，才能凸显出这个物比较完整的意义和存在的价值。

那么，这些背景故事和实例比较都是什么样的呢？

它们怎样才能和所状之物融为一体呢?

下面就以课本中的状物文章为例，老师带领大家一起来鉴赏吧。

状物——实例比较篇

最后一头战象

西双版纳曾经有过威风凛凛的象兵。所谓象兵，就是骑着大象作战的士兵。士兵骑象杀敌，战象用长鼻劈敌，用象蹄踩敌，一大群战象，排水倒海般地扑向敌人，势不可挡。

1943 年，象兵在西双版纳打洛江畔和日寇打了一仗。战斗结束后，鬼子扔下了七十多具尸体，我方八十多头战象全部中弹倒地。人们在打洛江边挖了一个巨坑，隆重埋葬阵亡的战象。

在搬运战象的尸体时，人们发现一头浑身是血的公象还在喘息，就把它运回寨子，治好伤养了起来。村民们从不叫它搬运东西，它整天优哉游哉地在寨子里闲逛，到东家要串香蕉，到西家喝筒泉水。

它叫嘎羧，负责饲养它的是波农丁。

二十多年过去，嘎羧五十多岁了。它显得很衰老，整天卧在树荫下打瞌睡。有一天，嘎羧躺在地上拒绝进食，要揪住它的鼻子摇晃好一阵，它才会艰难地睁开眼睛，朝你看一眼。波农丁对我说：“太阳要落山了，火塘要熄灭了，嘎羧要走黄泉路啦。”

第二天早晨，嘎羧突然十分亢奋，两只眼睛烧得通红，见到波农丁，“欧欧”地轻吼着，象蹄急促地踏着地面，鼻尖指向堆放杂物的阁楼，像是想得到阁楼上的什么东西。

阁楼上有半箩谷种和两串玉米。我以为它精神好转想吃东西了，就把两串玉米扔下去。嘎羧用鼻尖钩住，像丢垃圾似的甩出象房，继续焦躁不安地仰头吼叫。破篾席里面有一件类似马鞍的东西，我漫不经心地一脚把它踢下楼去。没想到，嘎羧见了，一下子安静下来，用鼻子呼呼吹去上面的灰尘，鼻尖久久地在上面摩挲着，眼睛里泪光闪闪，像是见到久别重逢的老朋友。

“哦，原来它是要自己的象鞍啊。”波农丁恍然大悟，“这就是它当年披挂的鞍子，给它治伤时，我把象鞍从它身上解下来扔到小阁楼上了。唉，整整二十六年了，它还记得那么牢。”

象鞍上留着弹洞，似乎还有斑斑血迹，混合着一股皮革、硝烟、战尘和血液的奇特气味；象鞍的中央有一个莲花状的坐垫，四周镶着一圈银铃，还缀着杏黄色的流苏。二十六个春秋过去，象鞍已经破旧了，仍显出凝重华贵；嘎羧披挂上象鞍，平添了一股英武豪迈的气概。

波农丁皱着眉头，伤感地说：“它要离开我们去象冢了。”

大象是一种很有灵性的动物，每群象都有一个象冢，除了横遭不幸暴毙荒野的，它们都能准确地预感到自己的死期，在死神降临前的半个月左右，会独自走到遥远而又神秘的象冢里去。

嘎羧要走的消息长了翅膀似的传遍全寨，男女老少都来为嘎羧送行。许多人泣不成声。村主任在嘎羧脖子上系了一条洁白的纱巾，四条象腿上绑了四块黑布。老人和孩子捧着香蕉、甘蔗和糯米粑粑，送到嘎羧嘴边，它什么也没吃，只喝了一点水，绕着寨子走了三圈。

日落西山，天色苍茫，在一片唏嘘声中，嘎羧开始上路。

我和波农丁悄悄地跟在嘎羧后面，想看个究竟。嘎羧走了整整一夜，天亮时，来到打洛江畔。它站在江滩的卵石上，久久凝望着清波荡漾的江面。然后，它踩着哗哗流淌的江水，走到一块龟形礁石上亲了又亲，许久，又昂起头来，向着天边那轮火红的朝阳，欧——欧——发出震耳欲聋的吼叫。这时，它身体膨胀起来，四条腿皮肤紧绷绷地发亮，一双眼睛炯炯有神，吼声激越悲壮，惊得江里的鱼儿扑喇喇跳出水面。

“我想起来了，二十六年前，我们就是在这里把嘎羧抬上岸。”波农丁说。

原来嘎羧是要回到当年曾经浴血搏杀的战场！

太阳升到了槟榔树梢，嘎羧离开了打洛江，钻进一条草木茂盛的箐沟。在一块平缓的向阳的小山坡上，它突然停了下来。

“哦，这里就是埋葬八十多头战象的地方，我记得很清楚，喏，那儿还有一块碑。”波农丁悄悄地说。

我顺着他手指的方向望去，荒草丛中，果然竖着一块石碑，镌刻着三个金箔剥落、字迹有点模糊的大字：百象冢。

嘎羧来到石碑前，选了一块平坦的草地，一对象牙就像两支铁镐，在地上挖掘起来。它已经好几天没吃东西了，又经过长途跋涉，体力不济，挖一阵就喘息一阵。嘎羧从早晨一直挖到下午，终于挖出了一个椭圆形的浅坑。它滑下坑去，在坑里继续挖，用鼻子卷着土块抛出坑；我们躲在远处，看着它的身体一寸一寸地往下沉。

太阳落山了，月亮升起来了，它仍在埋头挖着。半夜，嘎羧的脊背从坑沿沉下去不见了，象牙掘土的咚咚声越来越稀，长鼻抛土的节奏也越来越慢。鸡叫头遍时，终于，一切都平静下来，什么声音也没有了。

我和波农丁耐心地等到东方吐白，走到坑边查看。土坑约有三米深，嘎羧卧在坑底，侧着脸，鼻子盘在腿弯，一只眼睛睁得老大，凝望着天空。

它死了。它没有到祖宗留下的象冢。它和曾经并肩战斗的同伴们躺在了一起。

老师讲评

文章类别：状物

文章内容：对一只战象的描述

选取材料：写“象兵”的概念和曾经的威风；唯一幸存的战象被人们救回到村子里；嘎羧年事已高，老农意识到它不久将要离开；嘎羧努力寻找自己的象鞍；描写大象关于象鞍的特性；人们纷纷为嘎羧送上最后一程；嘎羧回到它曾经浴血搏杀的战场；嘎羧和自己的战友躺在了一起。

特别注意：通过对嘎羧生前最后时光所做事件的描述，表现出它对战友的怀念和对战友的敬佩。同时通过对比，比如说其他的大象死了都会积聚到象冢中去，而嘎羧却毅然选择和自己的战友在一起，它的举动着实令人感动。这一细节性的描绘，为文章增添了不少姿色。把不同的实例列在一起，是非常清晰有效的比较方式！

关于"实例比较"类状物作文的选材

1. 状物作文，可选择某一个或几个方面，对所状之物与同类或异类进行比较。比较有助于增强文章的说服力。

2. 状物作文在选材时，除了该物本身的材料外，还可选取同类或异类能够做比较的材料。

3. 最简单有效的比较方法，就是把不同的情况列举出来，泛泛对比或就同一问题进行对比。

状物——背景故事篇

卢沟桥的狮子

北京有句歇后语："卢沟桥的狮子——数不清。"这座狮子多得数不清的桥，建于1189年。这是一座联拱石桥，总长约266米，有281根望柱，每根柱子上都雕着狮子。要不仔细数，真是数不清呢！

这些狮子真有意思。它们有大有小。大的有几十厘米高，小的只有几厘米，甚至连鼻子眼睛都看不清。它们的形状各不相同：有的蹲坐在石柱上，好像朝着远方长吼；有的低着头，好像专心听桥下的流水声；有的小狮子偎依在母狮子的怀里，好像正在熟睡；有的小狮子藏在大狮子的身后，好像在做有趣的游戏；还有的小狮子大概太淘气了，被大狮子用爪子按在地上……

卢沟桥的狮子大小不一，形态各异，真是很难数清楚。但是文物工作者已经数清了，总共是501只。

卢沟桥是七七事变的发生地。1937年7月7日，侵华日军向中国军队挑衅，驻扎在宛平的中国军队奋起反击。抗日战争从这里正式开始。正是由于这件事，卢沟桥成了我国人民永远难忘的一处具有历史意义的建筑。

老师讲评

文章类别：状物

文章内容：介绍卢沟桥的狮子

选取材料：借歇后语说明卢沟桥的狮子很多；修建时间说明年代的久远；详细描写卢沟桥上狮子的千姿百态；文物工作者确定这里一共有501只狮子(有理有据,不是作者凭空编造的)；介绍楼沟桥的历史背景故事。

特别注意：卢沟桥它修建的年代较久远，体现出我国古代劳动人民的智慧，这也算是它的人文历史背景；最重要的是卢沟桥是七七事变的发生地，这一历史背景故事的描述一下子加深了读者对卢沟桥的印象。有了这些“背景故事”，卢沟桥的形象更加鲜明地呈现在读者面前。

将背景故事和“物”结合起来，状物文章会更精彩！

关于“背景故事”类状物作文的选材

1. 状物作文，有很多“物”和人、自然密不可分。写作时，说说它们身上蕴藏的背景故事，特别能加强我们对此物的了解和认识，也能让文章更加精彩。

2. 由物看到物背后，平时多积累、多准备些材料，作文时就不会再犯愁。

3. 作文作文，切勿写成“冷冰冰的数据”+“木然的观察”！

3. 状物作文的选材妙招

我们知道了状物作文怎么写，选材就有针对性了。

状物作文最好要有实例比较。我们面对所状之物，应该准备一些同类或异类在相关方面的性质和特质的材料。

状物作文最好要有点背景故事。我们面对要写的“物”，最开始应该动动脑，搜集一些资料，看看他们背后有哪些科学奥秘或者人文故事。

状物作文的选材妙招

1. 状物，一定要写看得见的物，同时要写看不见的与该物相关的背景故事或者实例比较。

2. 状物，可以写物所赋予我们的情感，作文就会非同寻常。

3. 状物，对所状之物能想到的相关故事、相关比较，都是状物作文的好材料！

4. 讲评后记

相比较而言，状物作文其实是比较好选材料的。

无论我们要状什么物，最起码它是实实在在存在的物体。

此外，无论是实例比较，还是延伸的背景故事，这些事物在生活中都是存在的，只要我们善于观察和寻找，就不难发现。明白了这些，你还会害怕状物作文的选材吗？

好多同学仍然有疑问：背景故事应该朝着哪些方向去延伸，人文的、历史的、科技探索的等？

实例比较都应该比较些什么呢？是结构、用途还是功能？

李老师想对同学们说的是：

你的心里是怎么想的，知道什么，就延伸什么，比较什么。

每个人的知识面和兴趣爱好是不一样的，所以遇到状物作文时，大家各自选择所状之物也不尽相同，所以你想到什么，就延伸什么、比较什么。这是没有一定规律的。

在这两个问题上，古代的文人墨客是最有发言权的。他们的状物文章都写得很好，是中华民族的瑰宝。下面，我们就一起来读读他们的诗词，静静观摩赏析吧！

梅　花

［宋］王安石

墙角数枝梅，凌寒独自开。
遥知不是雪，为有暗香来。

老师讲评

文章类别：状物

文章内容：梅花

选取材料：墙角、梅花、开放时间、雪、香味

特别注意：墙角有几枝洁白的梅花，冒着严寒独自盛开。远远看就知道那不是雪，因为有阵阵清香飘来！怎么样，通过老师的详解，相信同学们都有所发现：哦，原来梅花还可以这么鉴别！这首诗当中用到了比较，用到了人的联想，把实例比较和背景故事用得恰到好处，很自然地和所状之物融为一体。

蝉

［唐］虞世南

垂緌饮清露，流响出疏桐。
居高声自远，非是藉秋风。

老师讲评

文章类别： 状物

文章内容： 蝉的特点

选取材料： 蝉的触须、露水、声音、梧桐、秋风

特别注意： 蝉的触须像飘带一样垂下来吸引清晨的露水，蝉声不停地从稀疏的梧桐树中传出。站得高声音传得远，并不是依靠秋风传送的。作者通过简短的四句诗，将蝉的形体、声音、习性已经很具体地展现在读者面前。诗句“流响出疏桐”显然运用到了实例比较，将蝉的声音传播得远通过梧桐的衬托表现出来，还有比这样的描述更加形象和具体的吗？

第六章　选材技巧的训练

1. 火眼金睛——看人篇

在这张图片中，我们能看到什么？

小女孩的面孔、动作和神态。

从中我们能得出什么？

小女孩衣着干净整洁，应该是一个讲卫生、心地善良、很讨人喜欢的孩子。

从小女孩的眼神中流露出喜悦，加上她的手势，应该是看到谁做了好事或者某件事取得了成功，她做出赞美和祝福的手势，是给予别人取得好成绩的肯定。从她微笑的表情我们可以看出小女孩的内敛和懂礼貌，反映出她的性格特点偏内向。如果是很外向的话她听到好消息应该跳起来了或者张大嘴巴喊起来了，从而我们可以得到小女孩良好的家庭教育背景。

最后的结论

项目	结论	理由
性格	偏内向	微笑的表情而不是张嘴大笑
情感	善良	脸部表情、动作神态
人品	绝对好	眼神流露出的真诚

行为	十分有分寸	整体的形象感觉
经历	阅历相对来说较丰富	做出的动作可以证实
智慧	暂时得不出结论	

有了这些结论，再看看周围现实生活中身边的人，肯定有与这个小女孩拥有相似的某些特征的人，那么，把他们的点滴记录下来，就会成为日后作文选材的重要帮手。这时你还会为自己找不到合适的选材而发愁吗？

下面，我们就写写看到这个小美女时的心里话吧：

你是一个善良聪颖的女孩。金黄色的头发顺着脸颊很自然地披落下来，蓝汪汪的眼睛如同那晶莹透亮的蓝宝石，你是那么纯洁无瑕。面对好朋友取得的优异成绩，你不像其他人那样心生嫉妒和仇恨，而是第一个冲上前去，很有礼貌地对她做出胜利的手势，向朋友送上最诚挚的祝福。这一切的举动，足以证明你是一个真诚、善良的孩子。

2. 火眼金睛——看事篇

在这张图片中我们能看到什么？

医生、妇女、模拟骨架

从中我们能得出什么结论？

有医疗事故发生；

医生在给妇女讲解骨骼方面的知识；

医生表情自然，由此推测病况应该不是很严重；

从医生讲解的这个画面来看，他比较专业，对病人比较有耐心。

其他猜测：感觉最靠谱的应该是妇女在向医生咨询孩子生长骨骼发育的问题。

最后的结论

项目	结论	理由
事件	医生讲解医疗知识	由医生的表情、动作可看出
缘故	不详。可能是妇女自身有骨骼方面的疾病或者是在咨询医生这方面的医疗知识。	医生讲得很详细，且表情自然，妇女听得很认真
文字表达	可用事事故，先描述画面情况，再说原因 可用故事事，先说原因，后说画面场景和采取的应对措施 可事故事，先说画面，再说缘故，然后对事件进行后续描述	

3. 火眼金睛——观景篇

在这张图片中我们能看到什么？

高空拍摄的一组万里长城图片：除了曲折蜿蜒的长城外，有茂密的树木、高高矮矮的山峰。

从中我们能得出什么结

论？

长城的风景真是名不虚传，看着青绿的山峰，是不是都有想去游览长城的冲动呢？“不到长城非好汉”，再多的赞美我们就不说了，同学们有机会一定要亲自去感受哦！

最后的结论

项目	结论	理由
景观	被绿色环绕的长城	图片中可清晰看见绿色林带和长城
背景故事	古代的人们为了防御外敌的入侵，齐心协力修建了坚固的长城，如今，它已经成为名扬中外的旅游胜地	图片中我们可以看到长城坚实的墙壁和古老的烽火台
文字表达	写景观本身的同时，我们要注意挖掘它背后的人文、历史故事	

4. 火眼金睛——状物篇

在这张图片中我们能看到什么？

大熊、小熊、荒漠。

从中我们能得出什么结论？

大熊的眼神很迷茫，它应该遇到了什么困难；

小熊依偎在大熊的怀里；

荒凉的环境，妈妈想保护好自己的孩子；

荒凉的环境，它们应该很饥饿，缺少食物。

最后的结论

项目	结论	理由
所状之物	大熊的慈爱	大熊紧紧地抱着小熊，很淡然
背景故事	在介绍大熊慈爱时，完全可以和其他动物进行比较，因为有些动物一点都不爱惜自己的幼子，以此来突出大熊的美好形象。	这幅画面看起来比较单一，但是细心观察，我们可以看出大熊眼睛里透出的慈祥。通过与其他动物做比较，更能有力地证实这一点，同时增加故事的精彩。
文字表达	除了物，的确还可以延伸出很多实例比较和背景故事。	

第五部分　找个思路写具体

第一章　怎样写作才具体

1. 不具体——写作的苦恼

每次提起写作文的时候，就会有很多同学开始唉声叹气："写不出来呀，太难了！"

俗话说得好：会者不难，难者不会。会写作文的同学看到题目，想好写什么，脑海里就有了思路，提起笔来一气呵成。

不会写的同学就惨了，好不容易确定了文章的主旨，却总也写不出内容，整个过程像挤牙膏一样，个中滋味，真是难以言说呀！

明明同学就有这样的苦恼，本来平时大家都夸奖自己是个爱说话、会说话的开朗孩子，可是一到写作文上就不是这么回事了！半天憋不出几个字。

《春天》：春天是个万物复苏的季节，小草绿了，桃花红了，树也发芽了。春天是个温暖的季节，冰雪融化了，小雨下起来了，我爱春天。

《我的家人》：我的家人有爸爸、妈妈、爷爷、奶奶和我，他们都特别疼爱我。虽然有时候我会很调皮，但是他们仍然很爱我，我也爱他们。

《我的愿望》：我的愿望是当一名人民警察，抓住坏人，保护人民的生命财产安全。

《露珠》：早晨，我来到花园里，草地上、花丛中、树叶上滴着许多小露珠，就像一颗颗小珍珠一样。

……

翻看了范文书，又写了好久，明明终于把作文写好了交上去，老师却说不合格，究竟是什么原因呢？

李老师的回答：

“作文字数不够，基本的写作要求没达到，而且思路没有打开，写得不具体……”

明明同学更苦恼了。

怎样才能打开思路呢？

写到什么程度才算是具体呢？

同学们，你们是不是也有这样的苦恼？不用急，看了下面的内容你可能就找到灵感了。

2. 掌握一比三，能过“具体”关

汉字，被一些学者认为是中国的第五大发明，对于汉字的研究，也非常广泛。

有研究汉字的专家发现，在汉字中有一个非常有趣的现象存在：常常把一个结构用三次来表示多。例如：

金很多：鑫

木很多：森

水很多：淼

火很多：焱

石很多：磊

人很多：众

光很多：晶

看到这些，同学们不禁想，为什么要重复三次，比三大的数多不胜数，怎么不重复四次或者五次呢？

实际上，看过这个研究，大家都有这样的疑问。然后，学者们就把看过这个研究的人认为的答案统计了下来。

绝大部分的人都认为：一个字不好表示多；两个字算是有了伴，但还是不算多；三个字刚刚好，不多不少；四个字或者更多个字，那就显得累赘了！

原来如此！

如果你仔细观察就会发现，“三”不但在文字中表示“多”，在很多成语和典故中，也被赋予了这种期望。

三人成虎：魏国大臣庞恭，将要陪魏太子到赵国去作人质，临行前对魏王说：“现在有一个人来说街市上出现了老虎，大王相信这种说法吗？”魏王道：“我不相信。”庞恭说：“如果有第二个人说街市上出现了老虎，大王相信这种说法吗？”魏王道：“我有点疑惑。”庞恭又说：“如果有第三个人说街市上出现了老虎，大王相信这种说法吗？”魏王道：“我当然会相信。”一个两个人说都不相信，三个人说就相信了，因为三个人就算是多个人了。

三顾茅庐：刘备听说诸葛亮很有学识，又有才能，就到隆中卧龙岗去请诸葛亮出来帮助他替国家做事。恰巧诸葛亮这天出去了，刘备只得失望地转回去。不久，刘备又第二次去请。不料诸葛亮又出外闲游去了。过了一些时候，刘备再去请诸葛亮。这第三次访诸葛亮。诸葛亮感觉三次算是多次了，刘备很有诚意，就出山了。

三打祝家庄：宋江攻打祝家庄，第一次攻打失利。第二次进兵，又没有成功，还损失了很多兵力，只好第三次再进攻。第一次失败，可以说成没准备充分，第二次失败可以说成临时出了点儿小插曲，如果第三次再不成功，就算是多次了，没有原因可言，宋江会被认为是没本事的人。

“三”之多不但在文字和词语中有应用，历史上的文人骚客们也喜欢用“三”来表示“多”的意思。

望庐山瀑布

［唐］李白

日照香炉生紫烟，
遥看瀑布挂前川。
飞流直下三千尺，
疑是银河落九天。

伟大的诗人李白善于以豪迈的笔墨描绘壮丽山河，他写了许多想象丰富、气势奔放的优秀诗篇。这首《望庐山瀑布》，描写了瀑布从山顶直泻下来，就像悬挂在山前河道的上空一样；瀑布的水流迅猛如飞，一泻到底；瀑布“飞流直下”有三千尺长吗?学过这首诗的同学们都知道，“三千尺”只是一种夸张的说法。那么，李白同学为什么用三千尺不用八千尺来说香炉峰高，瀑布水长呢，这说明用“三”来表示多也很受文人们的青睐!

读了这些，原来“多”是由“三”开始的。

讲了这么多“三”的意义，同学们开始想了：这本书是讲如何学习写作文的，难道写作文也和“三”有关系不成?

没错，你们猜对了。写作文的具体不具体还真的和三有关系，就像我们最初学习写作文，老师告诉你分了三段一样。

如果围绕文章的主题，组织三个或者三个以上的情节，你的作文还会被老师给出“不具体，没展开”的评语吗?

从三开始，能够让作文摆脱不具体的苦恼。

仔细欣赏课本上的名作，翻翻优秀范文，你会发现“一个主题搭配三个以上细节”的例子是如此之多。

第二章　一个昵称三实例

1. 来自课文的具体——昵称篇

用昵称作为着手点，被认为是写人、记事、写景、状物的绝好思路之一。

这绝对不是李老师信口开河，我们有课文证明！

索溪峪的“野”

一走进张家界索溪峪，脑子里一切意念便都净化了，单单地剩下一个字：野。

山是野的。桂林太秀了，庐山太俊了，泰山太尊了，黄山太贵了——它们都已经“家”化了。人工的雕琢，赋予的毕竟是人工的美，这种人工的美，是不能与索溪峪的山比美的。索溪峪的山，是天然的美，是野性的美。这种美，是一种惊险的美：几十丈高的断壁悬崖拔地而起，半边悬空的巨石在山风中摇摇晃晃，游人仰头而掉帽，望石而惊心。什么“一线天”，什么“百丈峡”，闻名就使人胆战。这种美，是一种磅礴的美：不是一峰独秀，也不是三五峰呼应，而是千峰万仞绵亘蜿蜒，“十里画廊”“西海峰林”，令人浩气长舒。这种美，是一种随心所欲、不拘一格的美：直插云天，敢戏白云，横拦绿水，敢弄倩影；旁逸斜出，则崛起巍巍“斜山”，抱伙成团，便高筑峰上“平原”；相对相依，宛如“热恋情人”，亭亭玉立，好似“窈窕淑女”……

水是野的。索溪像是一个从深山中蹦跳而出的野孩子，一会儿缠绕着山奔跑，一会儿撅着屁股，赌着气又自个儿闹去了。它尤其爱跟山路哥哥闹着玩：一会儿手牵手，并肩而行；一会儿横铲一脚，将山路拦腰截断。山路哥哥倒不十分害怕，它请树木大叔帮忙，五根大树往索溪身上一搭，反从索溪身上跨过去了。山路哥哥还找石头弟弟帮忙，几块巨石一垫，山路便化成一条虚线，一跳一跳地从水中过去了。山路还有更巧妙的办法，它在河床上垫一排大卵石，从水底下一个猛子扎过去。这样的“路”，还可以过汽车。我们到黄龙洞去，六过索溪水，解放牌卡车就是从这水下的卵石路上开过去的。汽车吼叫着，车身摇晃着，水花四溅着，卵石挤碰着，我们的心也怦怦直跳……平生没走过这么“野”的路！

山上的野物当然更是“野”性十足了。那些大大小小的猴子，大约是因为和我们人类同祖先的缘故，对我们有着一种特殊的感情。我们来到野生植物园时，一大群猴子飞腾跳跃，十分欢喜地表示迎接，在我们头上的树枝间跳来跳去，亲热的劲头难以言状。但当我们一行中的一位年轻女同志从下面经过时，一只调皮的猴子竟恶作剧地撒起尿来，吓得这位女同胞惊叫一声，慌忙逃了过去。而那只调皮的家伙，却快活地叫着，跳到另一株树上去了。

在这样的山水间行走，我们也渐渐变得“野”了起来。城里戴眼镜的姑娘，一边攀缘，一边大嚼着煮熟的玉米棒；年过花甲的老叟，在石块间蹦来跳去，温习着童年的功课。遇上突然横在面前的山溪，一队人全都手提皮鞋、丝袜，踩着乱石，从齐膝的水中趟过去……满山的嘻嘻哈哈，满溪的亲亲热热。人们，全在这山水中返璞归真，全无了市井中的那股俗气。

于是，我感到从未有过的快慰，从未有过的清爽：索溪峪的“野”，荡涤着我的胸怀！

老师讲评

文章类型： 写景

景色昵称： 索溪峪

昵称含义： 索溪峪的野

实际事例： 山是野的；

水是野的；

野物是野的；

“我们”是野的。

四个事例：文章围绕着索溪峪的“野”从“山的野、水的野、物的野和人的野”四方面去写。通过描写索溪峪的奇丽风光，赞颂了索溪峪天然野性的美，表达了作者畅游其间无比愉快的心情。

一个昵称四实例，个个实例都有力，状物生动又具体。

“找个思路写具体”绝招之一：

1. 一个昵称三个实例，实例是人、景物、事物都可以，口诀记成“一比三”。

2. 突出重点实例，并且用至少三个细节的描写来突出主题。

2. 我的涂鸦日志——昵称篇

同学们看到了“多”的化身“三”，又欣赏了课文里名家们如何“写具体”。

“写具体”的妙招——“一比三”，现在应该有了写作文的灵感了吧！不过，学习了知识还要运用到实际的写作之中，现在，就拿起笔开始行动吧！

爱的守护

生物链中有大鱼吃小鱼的说法，包括母食子。可我发现有一种鱼非但不食子，还表现出了感人的父母之爱。

寒假，我常蹲在我家大鱼缸前观赏燕鱼。这十几条燕鱼不仅色彩艳丽、轻盈飘逸，而且个个温文尔雅，十分和睦。可是，有一天，发生了突变，最大的那对墨色燕鱼性情突变，把其他伙伴都赶到了鱼缸的一个角落，然后专注地用嘴巴清理着一片水草，直至一尘不染。它们是不是要产鱼宝宝，准备产床呢？我兴奋起来，便蹲下来看个究竟。

果然，雌鱼靠近那片水草，颤抖着身躯，它一定很痛苦，是母爱的力量让这位母亲默默忍受着。此时，它的心里也充满了幸福的期盼吧？不一会儿，从尾部射出一绺透明的“水晶液”，落到那片水草叶上散开来，我拿过放大镜仔细一看，那散开了的液体竟是一颗颗比小米粒还小的晶莹剔透的鱼卵！足有一百多枚！再看那雄鱼兴奋地在鱼卵上方翻腾着。是抑制不住做父亲的喜悦，还是为小生命的诞生而庆贺？

其他鱼好像嗅到了什么，纷纷游过来，鱼爸爸如临大敌，坚决谢绝“来访”。可有一条七彩燕鱼不知分寸，趁鱼爸爸不注意，闯入“禁区”，鱼爸爸一口把它的尾巴咬住，七彩燕鱼好不容易挣脱了，却在尾巴上留了一个“月牙儿”。搏斗中，一颗鱼卵被碰落下来，鱼妈妈急忙把它含在嘴里，又吐在了“小产床”上。啊！多么令人感动的父母之爱呀！那么勇敢，又那么温柔，我的心被深深震撼了，倏地涌进一层温暖的浪花……

第二天早晨，我顾不上穿衣服就跑过去看它们。啊！那对父母还在坚守岗位，24小时了！该给这对可敬的父母补补身子了，我把它们最爱吃的红丝虫放了进去。鱼群蜂拥而至抢食着，可那对父母竟纹丝不动，警惕地守候着襁褓中的儿女。啊！忘我的父母之爱呀！我的眼睛湿润了……

“谁言寸草心，报得三春晖。”也许是48小时的守护感动了儿女吧！看！放大镜下那绿色的小“产床”上，一个个晶莹的鱼卵上面，摇动着一面面晶莹的小旗帜，小鱼长尾巴了啊！我又一次怦然心动，那分明是一片洒满阳光的芳草坡，那一面面摇动的旗帜，是生命的旗帜，感恩的旗帜，在向辛劳的父母致意，在向这充满爱的世界致意！

又过了两天，可以看清小鱼的雏形了，一个个可爱的小脑袋，两边黑黑的小眼睛，摇着小尾巴，努力挣脱着产床，它们要比齐白石笔下的水墨鱼虾美，因为这是一个个活生生的生命。啊！生命，多美好啊！

我轻轻摘下那片叶子，将它放到一个透明的小玻璃鱼缸里，让那对父母放松一下紧张的身心，可它们还有点儿舍不得，一直在那片水草周围徘徊游动。为了不让它们遭受离别之苦，我把小鱼缸吊放进大鱼缸里。就这样，大鱼感觉到它们的宝宝就在身边的“育儿箱”里，终于放心进食了。

小鱼终于下水啦！望着它们快乐的身影，我无限感慨，在这大雪纷飞的冬季，如此纤弱的小生命还能顽强地活下来。万物生灵，因爱而生！

啊！我珍爱所有的生命，更爱这充满爱的世界……

涂鸦表

文章类型	
昵　　称	
昵称含义	
重点实例	
写作效果	

3. 小瞧昵称不可取——讲学后记

很多同学都有这样的经历，被其他同学起绰号。

如果你被同学起了绰号，不要生气，也不要发脾气，只要不是一些不雅的、恶心的词汇恶意地中伤你。

有时候，你反而要向给你起绰号的那个人学习，不是学习他给别人起绰号，而是学习这些：

●通常绰号都是一个人特点的描写，说明观察能力强；

- 有时候绰号综合了几个特点，说明总结能力强；
- 总结出特点，还要用合适的文字去表现，甚至是原创；
- 选择的文字还要生动、传神。

如果课堂上老师让你把小说主人公的特点用几个词语表达出来，你可能会觉得有些困难，要是给身边的“他”或“她”起个昵称，你会觉得非常有意思。

其实，写文章靠的就是这种观察、总结、提炼和生动，想想写一篇作文就是起一个昵称，是不是就感觉变得轻松有趣多了。

所以，千万不要小瞧了昵称，昵称还是个宝呢！

第三章　一个结论三根据

1. 来自课文的具体——结论篇

尝试了从昵称着手写作之后，很多同学都开口称赞：“真的是太好用了，写作文总算找到感觉了！”

可是，还是有一些同学偷偷地问老师：“老师，这个绝招有点儿难，好的昵称真的想不出来呀。”

于是，老师就苦思冥想，终于想出了一个更轻松的绝招。

这个绝招应该称为昵称的降级版：写人、事、景、物不要求你起一个对称的昵称，只要有个准确的结论就行了。

具体地说，就是以一个结论为中心，然后进行展开，写出几个结论。

就如标题所言：“一个结论三个根据。”

这妙招到底妙不妙，我们读读课文就知道了。

跑进家来的松鼠

我们家的房子紧挨着森林。

一只松鼠跑进我们家来，很快就跟我们相熟了。它整天满屋乱跑，在橱柜和架子上跳来跳去，动作灵活得惊人，从来没有碰掉过一样东西。

爸爸的书房里，挂着一副从森林里捡来的大鹿角。松鼠常常跳到上面去蹲着，就像蹲在树枝上似的。

它特别爱吃甜食，经常跳到我们肩膀上要糖吃。有一回，餐柜里的方糖不见了，妈妈把我们几个孩子叫去问，我们谁也不知道。爸爸说我们不诚实，一星期不许吃糖。

松鼠跟我们一样，一个星期没有吃到糖。

有时，松鼠跳到我的肩上，用小嘴蹭我的脸，还轻轻咬我的耳朵，我想它是又想吃糖了。可我又上哪儿给它找去呢？

有一天，午饭后，我正静静地坐在沙发上看书。忽然看见松鼠跳上餐桌，叼起一块面包皮，跳上了大柜顶。过了一会儿，它又来叼走了一块。

我踩着椅子往大柜顶上瞧，那儿放着妈妈的一顶帽子。我拿起帽子，不由得大吃一惊——那帽子下面什么都有！方糖，纸包糖，还有面包皮和各种各样的小骨头……

我马上跑去告诉了爸爸：“原来松鼠才是我们家那个不诚实的孩子！”

爸爸哈哈大笑，说：“我怎么没想到这一点呢！咱们家的松鼠是在储备冬粮呢。森林里的松鼠到了秋天，就要开始储备冬粮。这是松鼠的天性，咱们的松鼠自然也不甘落后！”

爸爸在餐柜门上装了个小钩子，免得松鼠钻进去。但是松鼠继续千方百计地贮存冬粮。一见面包皮、榛子、核桃、小骨头什么的，马上叼走藏起来。

有一天，我们到森林里采蘑菇，回到家时累极了，草草吃了饭就睡了。满满一篮子蘑菇就放在窗台上——那儿比较凉快，放一夜不会坏。

第二天早晨，我们惊奇地发现篮子空了。蘑菇都到哪儿去了？

爸爸忽然在书房里惊叫起来：“快来看！”我们跑过去，眼前的景象真是让人哭笑不得：墙上的那副鹿角上挂满了蘑菇；

不仅鹿角上，搭手巾的架子上、镜子后面、油画上面，到处是蘑菇。原来松鼠起了个大早，忙活了一个早晨，把蘑菇全晾上了。它想晾干了留着给自己过冬。

秋天，当阳光还温暖地照耀着大地的时候，森林里的松鼠总是把蘑菇高高地挂在树枝上晾干。我们家的松鼠也这样做了。

过了些日子，天气真的冷了起来。松鼠尽量钻到暖和一些的地方躲起来。有一天，它干脆失踪了，哪儿也找不到。也许它跑到花园或森林里去了吧？我们心里空落落的。

天太冷，我们得生炉子了。我们关上通风口，放上柴，点着了火。忽然听到炉子里有什么东西沙沙直响。我们急忙把通风口打开，只见松鼠像粒子弹似的从里头蹿了出来，跳到了大柜顶上。

炉子里的烟直往屋子里冒，而烟囱口却不见一丝烟。这是怎么回事？哥哥用粗铁丝做了个大钩子，从通风口伸进烟囱里去。

结果，哥哥从烟囱里掏出一只手套，还有奶奶过节时才舍得戴的头巾。

原来，松鼠把这些东西叼到烟囱里给自己垫窝了。唉，它是从森林里来的，住在我们家里，还保留着老习惯。它天性这样，跟它说住在我们的房子里不会冷，是没有用的。

老师讲评

文章类型： 写物

人物结论： 跑进家来的松鼠非常可爱

结论根据： 松鼠跳到大鹿角上面去蹲着；

松鼠跳到我们肩膀上要糖吃；

松鼠储备冬粮；

松鼠晾蘑菇；

松鼠从炉子里头蹿了出来。

写作效果：本文通过四件趣事来充分表现“我们”一家对于松鼠的喜爱，喜欢小松鼠的可爱、能干、勤奋。松鼠向人要糖吃，自己偷偷地为过冬做准备，居然还会晾晒蘑菇，看到这些有趣的事情，连你也开始喜欢这只可爱的松鼠了吧！

一个结论三根据，个个根据都有趣。列举根据说结论，写作生动更具体。

找个思路写具体的绝招二：

1. 一个结论三个根据，写人、记事、状物都可以，口诀记成“一比三”。

2. 重点根据要突出描写，你可以选择至少三个细节。

3. 有了根据有细节，这样文章才具体。

2. 我的涂鸦日志——结论篇

学一学，练一练才能效果更好。李老师找的妙招好不好用，还需要同学们自己去演练。

学习了这以结论为中心的“一比三”写具体的绝招，同学们肯定迫不及待地想要试一试了。

下面老师列举了几篇例文，同学们马上开始练习吧！

有趣的蜗牛

说起蜗牛，大家一定很熟悉吧！我家的阳台上的小罐子里就放着我捉来的两只蜗牛，我每天只要一有空就会去看这两只蜗牛。蜗牛的身体非常软，头上有四只“触角”——上面两只比较短的是它的鼻子；下面两只比较长的是蜗牛的眼睛。蜗牛背上驮着一个像海螺似的硬壳，这就是它居住的“小房子”。要是累了或是遇到危险，它就会缩进这间“小房子”里去。

一次，我突发奇想，何不让两只蜗牛进行一次赛跑？说干就干，我将两只蜗牛分别放在卡片上，仔细地做上了记号。

比赛即将开始，我将两位选手“请”上场，并让它们做了“热身运动”。比赛开始，身为裁判的我急得像热锅上的蚂蚁，而这两位选手却悠悠哉哉地慢慢爬。大约过了四分钟，两只蜗牛才爬了五寸远，好慢呀！我只好耐心地等待，终于，一号选手通过终点，取得胜利。

我细细观察了一下，发现在它们跑过的地方，还有两条亮晶晶的线。真有趣，运动员还给自己画“跑道”呀！

为了犒劳它们，我在它们的“居室”里放进了一小段黄瓜和一小块西红柿。我饶有兴趣地看着它们，只见 1 号蜗牛只拣黄瓜吃，而 2 号蜗牛却专挑西红柿吃，我看着它们吃得津津有味的样子，开心地笑了。

吃过晚饭，当我再次看望它们时，发现“居室”里居然有红绿两种颜色的粪便，为了一探究竟，我又给 1 号蜗牛喂了一点儿橘子，给 2 号蜗牛喂了一点儿白兰瓜，而我就静观其变。

第二天一早，当我去看望它们时，发现“居室”中又多了黄、白两种颜色的粪便。由此，我明白了蜗牛粪便的颜色与食物中的色素有关。

这两只小蜗牛真有趣！它们带给了我欢乐，带给了我知识，更带给了我一颗好学的心。

涂鸦表

文章类型	
昵　　称	
昵称含义	
重点实例	
写作效果	

3. 充满结论的一生——讲学后记

人这一生，都离不开一个词——结论。

自呱呱坠地，你从一个怀抱到另一个怀抱，然后就是一连串的“这孩子白白胖胖，长大了肯定有出息”。当然，这时候的你是“被结论”。

长到两三岁，你已经学会开口说话了，经常用自己的小脑袋瓜想：“这个叔叔好严肃好可怕，这个漂亮阿姨很可亲，这个给糖吃的大哥哥是好人”。

后来，你上了幼儿园，在一众的小朋友里，你被老师认为是最听话的那个好孩子，还为此得了一朵大红花。

很快地，你成为一名正式的小学生，每次都很紧张地等待着老师在学生手册上写下的评语。

一转眼，你已经是个中学生了，你开始给别人的行为、思想下结论了。

直到你完成学业走向工作岗位，就需要承担社会责任了。一开始，你就会被结论，那些专门给别人下结论的人，被称为人事部。

不过，虽然你不停地下结论和被下结论，都要遵循一个原则：所下结论，要有事实根据。

最好，这个结论可以有三个或者更多的根据，那就更加有说服力了。

把这些结论和根据写下来，就是作文。

一个结论三个根据，可以写好作文，还可以品评人生。

第四章　一个介绍三细节

1. 课文的证明——介绍篇

讲完了“一个结论三根据”，好多同学还是云里雾里，感觉很麻烦。别着急，下面老师就来介绍三细节，作文具体又清晰。一起来读读课文吧。

鞋匠的儿子

在林肯当选总统的那一刻，整个参议院的议员们都感到尴尬，因为林肯的父亲是个鞋匠。

当时美国的参议员大部分出身于名门望族，自认为是上流社会优越的人，从未料到要面对的总统是一个卑微的鞋匠的儿子。

于是，林肯首次在参议院演说之时，就有参议员想要羞辱他。

在林肯站在演讲台上的时候，有一个态度傲慢的参议员站起来，说：“林肯先生，在你开始演讲之前，我希望你记住，你是一个鞋匠的儿子。”

所有的参议员都大笑起来，为自己虽然不能打败林肯但能羞辱他，开怀不已。等到大家的笑声停止，林肯说：“我非常感激你使我想起我的父亲，他已经过世了，我一定会记住你的忠告，我永远是鞋匠的儿子，我知道，我做总统永远无法像我父亲做鞋匠那样做得那么好。”

参议院陷入一片静默。林肯转过头对那个傲慢的参议员说：“就我所知，我父亲以前也为你的家人做过鞋子，如果你的鞋子不合脚，我可以帮你改正它，虽然我不是伟大的鞋匠，但我从小就跟父亲学到了做鞋的技术。”

然后他对所有的参议员说：“参议院里的任何人，如果你们穿的那双鞋是我父亲做的，而它们需要修理，我一定尽可能帮忙。但是有一件事是可以确定的，我无法像他那么伟大，他的手艺是无人能比的。”说到这里，林肯流下了眼泪，所有的嘲笑声都化成了赞叹的掌声。

批评、讪笑、诽谤的石头，有时正是通向自信、潇洒、自由的台阶。

老师讲评

文章类型：写人

文章内容：林肯当选总统时的一个故事

介绍细节：傲慢的参议员用语言羞辱林肯；

林肯冷静地处理这件事，并且表明自己的态度；

林肯最后的语言中充满对父亲的尊敬和崇拜。

文章效果：三个细节描写足以凸显出林肯的沉着、冷静、遇事不慌、对父亲的尊敬，内心充满了智慧，表现出王者风范。虽然没有华丽的辞藻、没有传神的外貌描写，但这几个细节描写足以让读者把握住林肯这个人物形象。

有细节描写，文章必定精彩！

“借个思路写具体”绝招之三

介绍“一比三”

一个细节三介绍，人事景物都在列。

细节好则文章好，精彩细节真是宝！

2. 我的涂鸦日志——介绍篇

下面列出的写人、记事、写景、状物的作文各一两篇，同学们按照本章节学习的“一个介绍三具体”去学着批改吧！

母校——我永远的天空

初冬时节，万物凋零，独自倚窗外望，令人感慨万千。我望望书桌前全班的合影，我的思绪又被牵回到了原来学校时那魂萦梦绕的天空。

时令已是深秋，清晨，我又回到母校，站在校园边，能看到微红的晨曦从天边一点一点泛起来，湛蓝的砖瓦砌成的美丽的校园里渐渐呈现出枫叶的倒影，偶尔有几只早起的鸟儿掠过校园，啾啾的叫声在色彩斑斓的校园和广阔的天空之间格外清脆。我漫步在如诗如画的校园里，欣赏“霜叶红于二月花”的火红枫叶，欣赏“任风雨袭，也自岿然不动”的泡桐树，欣赏“冬去春来，四季常青”的松柏。

步入教学楼，是另一番景象。琅琅读书声传入耳畔，匆忙赶路的身影映入眼帘，我也紧随人流，来到学习的天地。刚刚在座位上坐稳，便进入课文诵读的行列里。我们饱含深情的朗读课文，尽情欣赏美文的优美，我不禁吟道：读书如品茶，必品其味……匆匆的早晨就这样过去了，上午的课开始了。

课堂上，老师为我们讲述极富有诗意的文章，有时让我们抑扬顿挫地诵读，有时为我们讲解词句之意，有时给我们讲一个引人入胜的故事。总之，一节课下来，大家都觉得自己增长了许多知识。

要上体育课了，我和同伴们一起来到操场。操场上热闹非凡，有的同学在打球，有的同学在踢毽子，还有的同学在跳绳，好不热闹！昨日下了小雨，今天地上有些湿。我和同学们争前恐后地往操场中心跑，不料我脚上一滑，哎哟哟！我摔在地上了。揭开裤子，啊！膝盖破了，流了血！我狂叫起来，不可名状的痛攫住了我。还好同伴们回来，一个人拉着我，一个人扶着我，我一瘸一拐地走着。来到医务室，顿时就暖和了，房子里温馨的气氛令我舒心。校医仔细询问我的伤情，为我擦干血，消毒创口，小心翼翼地为我敷药。敷上药的那一刻，我无比欣慰，仿佛伤口不疼了，真温暖！

一节节精彩纷呈的课从指尖滑过，转眼到了放学时分。时针悄悄指向五点，放学铃打响了。我们迅速收拾好书包，排队下楼，来到校门口，我依依不舍地回望我学习的海洋，离开了学校。

日复一日，年复一年，如今，我已上六年级，也离开了这相伴五年的母校。

春的温馨，夏的炽热，秋的丰实，冬的烂漫。这里有着被岁月洗刷过的建筑，被历史沉淀过的书籍，被时间验证过的真理。林荫小道，激情课堂，无不令人充满激动。这里有悲伤，这里有欢乐，这里有迷茫，这里有希望。这里的生活丰富多彩，这里的一切精彩纷呈！母校，我永远的天空！

涂鸦表

文章类型	
昵　　称	
昵称含义	
重点实例	
写作效果	

山中的风景

我和外婆去外公家，外公的家在山里的一个小村子里。

坐在去外公家的车上，公路两边全是大片大片的水稻田，一棵棵水稻排的密密麻麻，令人眼花缭乱，向远处眺望，就像一汪绿色的海洋。在这里芭蕉树随处可见，长棍似的，叶茎加上蒲扇一样的叶面，搭配的协调极了，看起来很是赏心悦目。

到外公家了，外公家的房子结构很特别：是一栋木质结构的房子，两个房间左边一间，右边一间，中间客厅有两扇门，却是一扇门通外面，一扇门通客厅，两扇门一开就搭在一起。外公家很简朴，除了两个房间外，再没多余的房间，也没有什么装饰。

第二天，外公带我上山去摘辣椒，站在山上向远处看：几只白鹭一会儿在空中飞翔，一会儿停在稻田里休息；对面青山一片葱绿，隐隐约约看见山上有几条蜿蜒的小道，十分壮观。摘完辣椒后，我在路旁摘到许多蒲公英，一阵微风吹过，那些带着降落伞的白色小精灵离开了我的手掌，在空中旋转着、飞舞着，很快连成了一道漂亮的风景线。

我的小侄女尹靓敏家养了一头牛，名字叫毛毛，毛毛的眼睛长得像骆驼一样，眼睫毛有两层。傍晚它在山上吃草，在夕阳的映照下，与青山绿水构成一幅极为美丽的图画。

风景好，空气也新鲜。早上一起来，我就贪婪地呼吸着清新的空气，通身感到一阵清爽，芬芳的空气中带着细细的草根味，淡淡的花香味。这里的空气真好，可不像我们城里，一辆汽车排出的废气就是一大团黑烟，何况还有那么多辆，空气怎么会好起来？

在外公家住了一段时间我就回来了，但那山里的风景，我永远忘不了！

涂鸦表

文章类型	
昵　　称	
昵称含义	
重点实例	
写作效果	

我的蚂蚁工坊

今天去了一趟新华书店，我便拥有了一个蚂蚁工坊，我如获至宝。

蚂蚁工坊，又称蚂蚁家园，是一种流行欧美的生态玩具。晶莹剔透的容器里灌注了蓝色梦幻般的凝胶，小小蚂蚁们吃这些凝胶就可以维持生命。我们还可以亲眼看见蚂蚁们挖掘隧道、筑巢、交流、休息、吃食。

从今天开始我可以探索蚂蚁的世界啦！

第一天蚂蚁们根本好像不想开工，只见它们都在表面爬来爬去，完全不理会我着急地想看它们挖隧道。

第二天下午它们才在容器的两边向下开挖了，只有一只少了一条腿的蚂蚁还在上面，真是一个懒家伙。

第三天早上我起床时发现那只少了一条腿的蚂蚁死了，昨天我还骂它懒惰，没想到原来它病了，而且已经病入膏肓，今天一命呜呼了。不过奇怪的是其他的七只蚂蚁都在它身边忙忙碌碌来来回回奔走，不知道在干什么？过了很长时间我才明白原来它们是在埋葬同伴，我有幸看到了蚂蚁的葬礼。

第四天平安无事，隧道已经挖到容器底了，不知道它们会不会水平线挖一条横贯的通道？

第五天有令人高兴的事，蚂蚁们大概昨晚没休息，已经挖了半条横贯的隧道，这图案非常漂亮。难过的事是我又失去了两只蚂蚁。

第六天又死了两只，我很纳闷，这些蚂蚁个头个个都有 1.2 厘米以上，要长到这么大的个头，我想少说也生存了一两年以上，为什么短短这么几天就接二连三地死去呢？我不禁对这些水晶凝胶产生了怀疑，它们真能为蚂蚁提供生命所需的养分吗？

我把仅剩的两只行动迟缓的小蚂蚁搬出了蚂蚁工坊，给它们另外找了一处住处，改用白糖、米饭、水果喂养，两天后它们就恢复了生命的活力。直到现在它们还健康地活着。至于那个容器呢，许多天后我发现那些凝胶上长出了黑乎乎的毛，原来它变质了，本来我闻过它们就和浆糊一个味，哪有不坏的道理？看这容器形状真是非常不错，我在里面养了一条热带鱼，真的很漂亮！

涂鸦表

文章类型	
昵　　称	
昵称含义	
重点实例	
写作效果	

我是幸运的

存于世上，并不是上帝所创造的美丽，所谓的幸运，也许就依偎于情感上的寄托，之所以一个人要拥有信心百倍的力量，正因为你所到来的同时标志着：“我是幸运的！”幸运，也永远像这样——

我是幸运的，因为有关爱，让我体会到其实我并不孤独。

在我失落的时候，每次看到别人成群结队地玩耍，总会在一个角落里承受这一份孤独。然而，默默间言语中的问候：“怎么样？可以一起玩吗？”一句简单的话蕴含了同伴的友爱与温暖。抬眼望去，世界上多少人与我共沐生命之光，他们对我的关爱，让我体会到我生命与生活的美好，让我看到了每个人对我的热情，那一刻我感受到我是多么幸运。

我是幸运的，因为有指责，让我体会到我自身的不完善。

在我犯错的时候，老师与父母会在我的本子上指指点点：这里，这里，还有那里……对我的指责化为絮絮的话语，我感觉到的却不是唠叨，反而仔细地听着，心中有种悔意，有种苦涩。可是指责后的结果，并不是一举颓废，改正后，我深切地认识到我的不完善，又是一种喜悦。回想当时老师的话语，那一刻，我真的很幸运。

我是幸运的，因为有挫折让我体会到意志的提升。

人生的路不可能是平平凡凡的，总有失败的时候。如果毫无挫折，人生就不会精彩，数学考满分是我的目标，更是我所追求的，但是随着一次次考试成绩的公布，我发现自己的数学成绩总是接近满分，只是最多会相差 9 分的时候，心中难免有些气馁，可是这却变成了我的动力，有了一种奋发的劲头。满分的愿望就算不会实现，但是我会越挫越勇，始终处于磨炼中。有了挫折，我的确很幸运。

我是幸运的，也可以让别人得到幸运，只要自己肯努力，懂得感恩与奋斗，就能感受到自身的幸运之处。

涂鸦表

文章类型	
昵　　称	
昵称含义	
重点实例	
写作效果	

3. 具体其实很简单——讲学后记

我们写作文，介绍一个人、一片风景或者是记事、状物，总得说出几条比较具有代表性的、能彰显事物特征的具体事件。这也是作文写具体的前提。

所以说不管我们写什么，如果不想动脑筋、不想想象、不想动手实际操练获得灵感，就简单地列举出几个事例，描写几个细节吧。这样也能把事情说清楚，把文章写具体。

介绍，我们天天都在做的事；

具体，我们天天都做得好的事。

迁移到作文中，具体还会是难题吗？

一个介绍三细节，具体轻松就搞定！

第五章　一种感情三经历

1. 课文的证明——情感篇

情感，一直是同学们写作的难点，究竟该如何表达情感呢？

其实，表达情感很简单。按“一比三”原则，你想表达什么样的情感，就列几段你经历过的，能让你产生这种情感的所见所闻，一切问题就都解决了。不信，就来读读课文吧。

难忘的一课

抗日战争胜利以后，我在台湾一家航业公司的轮船上工作。

有一次，我们的船停泊在高雄港口。我上了岸，穿过市区，向郊外走去。不记得走了多远，看到前面有一所乡村小学，白色的围墙，门外栽着一排树。

校园里很静。我走近一间教室，站在窗外，见一位年轻的台湾教师，正在教孩子们学习祖国的文字。他用粉笔在黑板上一笔一画地写着：

“我是中国人，我爱中国。”

他写得很认真，也很吃力。台湾“光复”不久，不少教师也是重新学习祖国文字的。

接着，他先用闽南语，然后又用还不太熟练的国语，一遍一遍地读。老师和孩子们都显得那么严肃认真，又那么富有感情。好像每个字、每个音，都发白他们火热而真挚的心。

我被这动人的情景吸引住了。怀着崇高的敬意，我悄悄地从后门走进教室，在最后一排空位上坐下，和孩子们一起，跟着那位教师，大声地、整齐地、一遍又一遍地朗读着：

“我是中国人，我爱中国。”

老师和孩子们发现了我，但是，好像谁也没有感到意外。从那一双双眼睛里，可以看出对我是表示欢迎的。教学继续进行着，大家朗读得更起劲了。

下课了，孩子们把我围了起来。

老师也走了过来。他热情地和我握了握手，说：“我的国语讲得不好，是初学的。你知道，在日本统治时期，我们上的都是日本人办的学校，讲国语是不准许的。”

“我觉得，你今天这一课上得好极了！你教得很有感情，孩子们学得也很有感情。”

接着，这位老师一定要领我去看一看他们的小礼堂。

说是礼堂，不过是一间比较宽敞的屋子。

这位老师指着礼堂两面墙上新画的几幅中国历代伟人像，说：“这里原来画的都是日本人，现在‘光复’了，画上了我们中国自己的伟人。”我看到上面有孔子，有诸葛亮，有郑成功，还有孙中山。看着看着，我的眼睛不觉湿润了。这是多么强烈的民族精神，多么浓厚的爱国情意啊！

我紧紧地握着这位年轻的台湾教师的手，激动地重复着他刚才教给孩子们的那句话：“我是中国人，我爱中国。”还有什么别的话比这句最简单的话更能表达我此时的全部感情呢？

老师讲评

文章类别： 记事

表达情感：表达台湾的老师、孩子和“我”热爱祖国的情感。

情感经历：老师的国语虽然不太熟练，但他很认真地教，学生很认真地学，通过这一具体的讲学过程来表达台湾同胞热爱祖国的情感；

老师和孩子们把“我”团团围住；

小礼堂挂着几幅中国伟人画像。

表达效果：三段情感经历，将台湾同胞热爱祖国和强烈的民族精神具体形象地表达出来，有理有据、条理清晰，让读者在感受台湾师生爱国主义的同时，也感觉到他们的真诚和亲切。这一切，都是情感经历的结果所传达的丰富信息。

一种情感三经历，段段洋溢爱国情，段段都让人起敬。

“借个思路写具体”妙招之四

情感“一比三”

一种情感三经历，人事景物都可以；

经历胜过空感慨，情感具体靠经历。

2. 情感要有经历——讲评后记

一说起抒情，我就不由得想起很多同学的作文。

啊！我的爸爸是多么伟大啊，我太热爱他了！

我的好朋友叫张某，他很仗义，所以我很喜欢他。

老师，您的灵魂是多么高大啊！

我们把以上这些作文称为“空洞的感慨”。

应该描写的是那些和“亲人、同学、老师”相处的难忘的、有意思的、耐琢磨的经历一点都没有写，一个劲地发感慨，到头来词穷了、没得写了，那就收工完成。这样的作文自己回头看看，恐怕连自己都打动不了，还指望能打动老师，给个高分吗？

其实，人的情感总是和一定的经历、一定的事情联系在一起的，触景生情、睹物思情等，说的就是这个道理。那些善于写抒情文章的，一定都是描述煽情经历的高手。有“诗”为证：

一种情感三经历，牢牢记住别忘记。

要想抒发情和感，就把经历说出去！

第六章　文章处处“一比三”

1. 还有多少“一比三”

一个昵称三实例；

一个结论三根据；

一个介绍三细节；

一种情感三经历。

前面老师连续讲了四个让作文具体的“一比三”秘籍，好奇的同学们还要问，老师这里到底还有多少“一比三”呀？

说实话，“一比三”真是太多了，翻开语文课本，翻开课外读物，文章处处“一比三”！

老师又随手翻了翻语文课本，再次总结出几种最常用的“一比三”，在本章节简要列举出来，我们就一起来赏析吧！

2. 课文的证明——一个问号三解答

我是什么

我会变。太阳一晒，我就变成汽，升到天空，我又变成无数极小极小的点儿，连成一片，在空中漂浮。有时候我穿着黑衣服，早晨和傍晚我又把红袍披在身上。人们管我叫做“云”。

我在空中漂浮着，碰到冷风，就变成水珠落下来。人们管我叫“雨”。有时候我变成小硬球打下来，人们就管我叫“冰雹”。到了冬天，我又变成花朵飘下来，人们又管我叫作“雪”。

平常我在池子里睡觉，在小溪里散步，在江河里奔跑，在海洋里跳舞，唱歌，开大会。

老师讲评

文章类别：记事

表达内容：我是什么

表达形式：一个问号三解答

解答实例：我会变，太阳一晒，就变成“汽”；

在空中连成一片“云”；

云彩在空中遇到冷风变成了“雨”；

有时候变成“冰雹”；

冬天变成“雪花”。

文章效果：四个实例一摆，疑问全消除，同时带给我们丰富的气象常识。你说这样的解答好不好?

一个问号三解答，清晰具体又有力！

“借个思路写具体”绝招之五

问号“一比三”

一个问号三解答，人事景物都可以。

列举三个好事例，解答具体无疑义！

3. 课文的证明——一个发现三探秘

夜晚的实验

意大利科学家斯帕拉捷习惯晚饭后到附近的街道上散步。他常常看到，很多蝙蝠灵活地在空中飞来飞去，却从不会撞到树上或者墙壁上。这个现象引起了他的好奇：蝙蝠凭什么特殊的本领在夜空中自由自在地飞行呢？

1793年夏天，一个晴朗的夜晚，喧腾热闹的城市渐渐平静下来。斯帕拉捷匆匆吃完晚饭，便走出街口，把笼子里的蝙蝠放了出去。当他看到放出去的几只蝙蝠轻盈敏捷地来回飞翔时，不由得尖叫起来。因为那几只蝙蝠，眼睛全被他蒙上了，都是“瞎子”呀。

斯帕拉捷为什么要把蝙蝠的眼睛蒙上呢？原来，每当他看到蝙蝠在夜晚轻巧自如的飞翔时，总认为这些小精灵一定长着一双特别敏锐的眼睛。假如它们的眼睛瞎了，就不可能在黑暗中灵巧地躲过各种障碍物，并且敏捷地捕捉飞蛾了。然而事实完全出乎他的意料。斯帕拉捷很奇怪：不用眼睛，蝙蝠凭什么来辨别前方的物体，捕捉灵活的飞蛾呢？

于是，他把蝙蝠的鼻子堵住。结果，蝙蝠在空中还是飞得那么敏捷、轻松。“难道它薄膜似的翅膀，不仅能够飞翔，而且能在夜间洞察一切吗？”斯帕拉捷这样猜想。他又捉来几只蝙蝠，用油漆涂满它们的全身，然而还是没有影响到它们的飞行。

最后，斯帕拉捷堵住蝙蝠的耳朵，把它们放到夜空中。这次，蝙蝠可没有了先前的神气。它们像无头的苍蝇一样在空中东碰西撞，很快就跌落到地上。

啊！蝙蝠在夜间飞行，捕捉食物，原来是靠听觉来辨别方向、确认目标的！

斯帕拉捷的实验，揭开了蝙蝠飞行的秘密，促使很多人进一步思考：蝙蝠的耳朵又怎么能“穿透”黑夜，“听”没有声音的物体呢？

后来人们继续研究，终于弄清了其中的奥秘。原来，蝙蝠靠喉咙发出人耳听不到的“超声波”，这种声音沿着直线传播，一碰到物体就像光照到镜子上那样反射回来。蝙蝠用耳朵接收到这种“超声波”，就能迅速做出判断，灵巧的自由飞翔，捕捉食物。

现在，人们利用超声波来为飞机、轮船导航，寻找地下的宝藏。超声波就像一位无声的功臣，广泛地应用于工业、农业、医疗和军事等领域。斯帕拉捷怎么也不会想到，自己的实验，会给人类带来如此巨大的恩惠。

老师讲评

文章类别：记事

表达内容：科学家发现蝙蝠夜间飞行的原理

表达形式：一个发现三探秘

探秘实例：对蝙蝠夜间飞行的原因发出疑问：

实验一：“瞎子”蝙蝠夜间能自如飞翔；

实验二：堵住鼻子的蝙蝠夜间能自如飞翔；

实验三：涂满油漆的蝙蝠夜间能自如飞翔；

实验四：塞上耳朵的蝙蝠夜间不能自如飞翔。

蝙蝠夜间能自由飞行的真正缘由。

文章效果：四次实验、四次探秘，最终得出真相。读这样的科学故事，引人入胜！

一个发现四探秘，四个实验是悬疑。事情真相终发现，文章具体又传奇。

“借个思路写具体”妙招之六

发现“一比三”

一个发现三揭秘，人事景物都可以；

一层一层去探究，文章具体又传奇！

4. 课文的证明——一个道理三证据

农业的变化真大

星期六，我兴致勃勃来到展览馆，观看农业科技成就展览。

袁隆平爷爷的贡献最引人注目。讲解员阿姨介绍说，他培育了杂交水稻良种，大大提高了水稻产量。我们用百分之七的产量，养活了全世界百分之二十二以上的人口，袁隆平爷爷立了大功。

我看到了一个塑料大棚模型。这种大棚能准确控制温度，湿度和光照，在寒冷的冬季也能让百花盛开，瓜果飘香。

彩色棉花的介绍引起了我的好奇。这种棉花在吐絮时就有红、黄、绿等不同颜色，棉纺厂可以直接用它纺出五彩线，织出五彩布。

无土栽培的技术也很了不起。科技人员把各种养分溶解在水里，不用泥土，植物靠着这样的水分，也能长得十分茁壮。

回家的路上，我不禁想：有了先进的科学技术，农业的变化真大！

老师讲评

文章类别： 记事

表达内容： 讲述农业变化大的事件

表达形式： 一个道理三证据

实际证据： 袁隆平杂交水稻的实验成功提高了水稻产量；

塑料大棚发展农业的优越性；

彩色棉花的重要用途；

无土栽培的深刻意义。

文章效果： 四个实际例证条理清晰地证明了“农业变化真大”的道理。文章能如此有理有据有节，全是四个系列证据的功劳！

一个道理三证据，一个一个都有力；一步一步来说明，文章有力又具体。

“借个思路写具体”妙招之七

道理“一比三”

一个道理三证据，无需强调就有力；

无论人事和景物，都是具体的证据！

5. 涂鸦日志——文章处处“一比三”

有了“一比三”的概念后，老师又连续讲述了三个常用的“一比三”：

一个问号三解答；

一个发现三探秘；

一个道理三证据。

现在，该同学们来练练手了。

下面列举出了几篇作文，同学们尝试着分析分析，看看有没有“具体”的“火眼金睛”；再想想自己写作文时，还是不是“不会具体”！

有趣的发现

在生活中充满了奥秘与奇妙，你们也许会在生活中发现许多你们意想不到的事情，正在等着我们去探索呢！就是在最近几天里，我有一件很大的收获，下面我就把我的收获告诉你们哦。

这一天，天气晴朗，万里无云，我和妈妈去市场买东西，路过一间水果店，这里的水果因为是刚刚运过来的，所以很新鲜，不仅如此还很便宜呢。于是，我就挑了我最喜欢吃的水果：苹果。我从小就喜欢吃苹果，有一次，妈妈买回来一袋苹果，当时的我特别馋嘴，就把苹果全洗干净，津津有味地吃了起来。最后，苹果不知不觉地就全进了我的肚子里，当时，妈妈看见之后目瞪口呆地对我说：“你真是一个大胃王啊！”从那以后，我更喜欢吃苹果了。我在水果店挑了大约有一斤多的大苹果，高高兴兴地回家了。到家后，我以迅雷不及掩耳之势把苹果洗干净。平时，我切苹果的方式是从苹果的头部切到尾部的，当时的我突发奇想，将苹果横过来切。切完后我把苹果拿过来一看，可以清晰地看见苹果里有五角星，就像一幅优美的图画。但是我还是有些疑问，心里想：是不是只有这一个苹果里有五角星呢？于是，我就把所有的苹果都横切成了两半，发现所有的苹果里都有五角星。这时，在一旁的妈妈又目瞪口呆地看着我，我兴奋地告诉她我的发现，妈妈听了又是悲哀、又是高兴，高兴的是我发现了苹果里的五角星，悲哀的是不知道这些苹果会不会又被我眨眼间全部吃完啊！

也许，你也会发现许多奥秘，在你发现奥秘的同时，你的家人、同学、朋友也会和你一样的高兴。来吧，让我们一起来探索这个世界的奥秘与奇妙吧！

涂鸦表

文章类型	
昵　　称	
昵称含义	
重点实例	
写作效果	

6. 越是规律越简单——讲评后记

一个“一比三”，一举解决了“作文不具体”的难题。

很多同学会对我说：“李老师，就这么一句话，还真管用呢！怎么以前我们听的教导都那么复杂呢？”

因为越是规律越简单嘛！

读完这本书，同学们对规律的认识越来越深刻！

规律，越接近真谛越简单！

既然“一比三”的这些绝招能解决作文不具体的烦恼，那何不认为，“一比三”真的是让作文具体的灵丹妙药呢？

高效记忆有魔法

第一章　记忆+兴趣：为记忆营造乐园

1 兴趣是记忆的策源地

同学们有没有这样的经历，我们每天上学前，沿途如果要经过几个玩具店，那么玩具店的位置和名称我们通常都能记得清清楚楚。如果，要你说说你上学的途中经过几个超市，估计你就不知道了。

这是为什么呢？原因就是你的兴趣。

下面我们就给大家介绍几个背诵课文的好方法吧。

1.对歌式背诵法

对歌式背诵法即模仿少数民族的对歌方式，由甲、乙两个同学每人一句，轮流背诵；或者，在家和妈妈一起进行，妈妈说一句，自己接着背下一句，然后，妈妈再说一句，自己再接着背一句，像对山歌一样。

2.叠罗汉背诵法

叠罗汉背诵法即模仿杂技演员叠罗汉的方式，由第一个人背诵第一句，第二人接背第二、三句，每人依次递增一句，连续不断，直到背完为止。

3.表演式背诵法

明明同学在背诵古诗《鹅》时，就是一边表演一边背诵的。他扮作大白鹅的样子，迈着步子上台了。当背诵“曲项向天歌”时，明明伸长了脖子，摇头晃脑地张大了嘴巴，好像真的在引颈高歌。有时候其他同学不会背了，他就做出相应的动作提示，于是，同学们就因为他的肢体表演回忆起来了。

兴趣就是记忆的策源地，只要同学们饱含兴趣地去学，就一定能利用这个美丽的源泉，让我们的记忆之花越开越美。

动动手来 动动脑

记忆力小测试

用4分钟时间记忆下面10张扑克牌的点数，并设法记住它们的顺序，点数和顺序都正确才能得分，如：记住了红桃3，也记住它排在第8位，就可以得1分。

①黑桃A ②梅花9 ③方块2 ④黑桃5 ⑤方块5

⑥黑桃Q ⑦梅花J ⑧红桃3 ⑨梅花6 ⑩黑桃6

得分分析：如果你的得分在9分以上，说明你的记忆力非常棒；如果得分在6~9分之间，说明你的记忆力一般，还需努力；如果得分在6分以下，那你就要考虑为自己的记忆力“搭一把梯子”了。

2 记忆生字有妙招

进入小学后，我们几乎每天都要记很多的生字，许多小朋友都觉得很头痛。如果有一种巧妙的方法，使每一个汉字都变活，这样，枯燥的知识很快就能变得生动有趣了。下面，我们就跟着明明同学一起去试试吧。

1.猜谜语记忆法

根据字的形或义，可以编一些谜语来帮助记忆。

如“三日”（晶），“三口”（品）“长女的妹妹”（姿）等。

2.故事记忆法

可以根据某些字的特殊形义编一个小故事来记忆。

如“裹”字，可编故事为：有个小孩，摘了不少野果子，回家时不好拿。他灵机一动，脱下身上的衣服，把野果子包起来，高高兴兴地提着回家了。这就是“果”之所以在“衣”中的缘故。

3.组合记忆法

可以把一个较烦琐的字拆成几个单独的字来记忆。

如“赢”字可拆为“亡”“口”“月”“贝”“凡”，“腐”字可拆为“广”“付”“肉”等。这类字还有：路、明、冀等。

4.对比记忆法

这是根据字的间架结构相近或字音相同、相近来归类、对比来记忆的一种方法。例如“跑”“抱”“袍”“炮”这四个字，字形、字音相近，容易混淆，若归类、比较后，可编成顺口溜加以区分。如“有足就是跑，有手就是抱，有衣就是袍，有火就是炮”。

记忆力小测试

古诗诵读卡来帮忙

如果你缺少背诵古诗的毅力，那么，不妨制作几张随身携带的古诗诵读卡来帮忙。这些卡片由硬纸片制成，正面为古诗、配图或诗意解释，背面则为古诗背诵档案。这样，你对自己背诵古诗的情况也就更加明了了。档案格式如下：

古诗题目	背诵时间
能否正确说出古诗的意思	
熟练程度	

3 背诵课文“串一串”

你还在为背诵长篇文章而愁眉苦脸吗？让班里的学习达人牛牛同学给你透漏一点秘诀吧。

牛牛说：“以前我对背诵整篇课文也很苦恼，密密麻麻全是字，看得我眼睛都花了，不过后来我学会了串词记忆法，就不再苦恼了。”

“串词记忆法要怎么记忆呢？”肯定会有同学这样问。

“串词记忆法，就是先给文章的每一自然段确定一个简洁的中心词，然后把这些中心词串在一起记忆。”

说起来容易，做起来难。那具体怎么操作呢？下面我们就以一篇小寓言为例来学一学吧：

狐假虎威

从前，有只老虎抓到了一只狐狸。狐狸说：“你不敢吃我！我是天上的神仙派来的！”

老虎不信，说：“我一定要吃了你。”

狐狸说：“如果你吃掉我，就是违背天帝的命令！”老虎有些犹豫了，不知道该不该吃掉狐狸。

狐狸说：“你要是不信的话，就跟我一起走，看大家是不是都怕我。”老虎觉得有道理，就按照狐狸说的做。

结果路上的动物看见它们都害怕得逃走了。老虎相信了狐狸的话，把狐狸放走了。其实，动物们真正害怕的是老虎。

中心词

你不敢吃我

一定要吃了你

不知道吃不吃

一起走

把狐狸放走了

然后，把这些中心词串在一起：你不敢吃我——一定要吃了你——不知道吃不吃——一起走——把狐狸放走了。最后，根据每个中心词回忆每一自然段的内容，连在一起就记住了整篇文章的内容。是不是很简单呢？现在就动手试一试吧！

动动手来 动动脑

默写式背诵法

人常说："眼过千遍不如手过一遍。"默写一方面可以使我们静下心来，便于手脑并用；另一方面可以强化记忆。因此在背诵的同时加强默写，使我们的记忆力处于高度集中状态，可调动大脑的记忆力。

摘抄式背法

如划重点，抄难记的关键词，抄每句打头的词语等，边背诵边想，为背诵提供方便。

4 用儿歌学数学

“铃铃”，这节是数学课，数学老师丁老师来到教室，对大家说：“同学们，我们已经学习完了读数，但是有的同学反映这部分内容学得不好。所以，今天，我再教给大家一个读数的小方法。”

明明一听老师要讲读数的小方法，马上就集中注意力，聚精会神地听起来。他的读数可是不怎么好，有时中间有好几个零，他都不知道怎么读。昨天妈妈考他的时候，他都读错了好几个呢！

丁老师接着说道：“这个方法就是用儿歌学读数。同学们看下面这首儿歌。”丁老师边说边在黑板上写下来一首儿歌：

读数要从高位起，哪位是几就读几；

每级末尾如有零，不必读出记心里；

其他数位连续零，只读一个记仔细；

万级末尾加读‘万’，亿级末尾加读‘亿’，读数规则永牢记。

“我们来看一下这首儿歌：‘读数要从高位起’，就是说我们读数的时候，要从最高位，也就是最左边读起；‘哪位是几就读几’是说，如果十位是‘8’，那就读‘八十’，如果万位是‘6’，那就读‘六万’；‘每级末尾如有零，不必读出记心里’这句是说每一级的末尾如果有零，不管几个都不读；‘其他数位连续零，只读一个记仔细’是说其他数位如果有连着的好几个‘0’，那不管有几个，都只读一个‘零’字；最后一句是当万级读完的时候要加上一个‘万’字，亿级读完的时候要加一个‘亿’字。接下来同学们用这个方法来读读黑板上的这些数字吧。”

接着，丁老师在黑板上写下了一些数字。同学们纷纷举手回答，明明也抢到了好几道题呢。结果，他全部都答对了。明明高兴坏了，他想这下回家就不怕妈妈考自己了，今天，一定要给妈妈一个惊喜！

儿歌不仅可以用来学读数，还可以用来学写数以及各种计算。细心的小朋友们不妨到网上、书上找一些好记、好读、有趣的儿歌，这样不仅有利于提高你的成绩，还能培养对数学的兴趣呢。

5 “压缩饼干”记素材

做“压缩饼干”，没试过吧？没关系，一学就会！大家都知道，一篇优秀的作文离不开好的素材，但是一大堆作文素材储存在大脑中，就会给我们的大脑增加很重的负担，也不利于记忆新添的素材。所以这就需要将大量的材料压缩，挤掉水分，保留精华，这样压缩下来的素材不就是“压缩饼干”吗？

下面就以《黄山奇石》为例，具体教大家如何用“压缩饼干”记素材。

“黄山奇石有‘仙桃石’‘猴子观海’‘仙人指路’‘金鸡叫天都’。”这是一块“压缩饼干”，展开就是：

“就说‘仙桃石’吧，它好像从天上飞下来的一个大桃子，落在山顶的石盘上。

“在一座陡峭的山峰上，有一只猴子。它两只胳膊抱着腿，一动不动地蹲在山头，望着翻滚的云海。这就是有趣的‘猴子观海’。

“‘仙人指路’就更有趣了！远远望去，真像一位仙人站在高高的山峰上，伸着手臂指向前方。

“每当太阳升起，有座山峰上的几块巨石，就变成了一只金光闪闪的雄鸡。它伸着脖子，对着天都峰不住地啼叫。不用说，这就是著名的‘金鸡叫天都’了。”

再看这几个词“猎人、口技、兔子叫、虎吃人”，这也是一块“压缩饼干”。写作的时候，用“开水一泡”，就是：“一个没有技术的猎人，他总想借口技获得猎物，也往往如愿以偿。一天，他又去打猎，凭几声兔叫，骗来了狐狸。狐狸又引来了大灰狼，恶狼、狡狐相见，分外眼红，就相互打斗起来，不一会儿，狐狸就被咬得奄奄一息。猎人一声虎吼，吓走了狼。正当他去拾战利品时，不料虎吼声引来了真虎，猎人命丧虎口。”

如果要用上面的素材写一篇《实力决定一切》，这段文字就是一个很不错的素材。

动动手来 动动脑

作文素材卡片

为了将更多的作文素材记在脑海里，我们可以把阅读时遇到的名言警句、好句好段等素材，摘抄在卡片上，制成一张张神奇的作文素材卡片。它不仅有利于拓宽我们的知识面，同时，也使我们获取了更加全面的作文素材。

如：五岳

是中国五大名山的总称。即东岳泰山（海拔1 545米，位于山东省泰安市）、南岳衡山（海拔1 300米，位于湖南省衡阳市）、西岳华山（海拔2 155米，位于陕西省华阴市）、北岳恒山（海拔2 016米，位于山西省浑源县）、中岳嵩山（海拔1 512米，位于河南省登封市）。

6 我是记单词的小达人

今天英语活动课的内容是“单词记忆大赛”，班上要选举记单词的小达人。前几轮比赛不分上下，大家你不让我，我不让你，都说自己是记单词的小达人，把英语老师李老师的头都被吵大了，也没有给大家分出个高低。于是，她放出了“绝招”：从整本英语教材里随意说出几个单词，让同学们默写出来。不一会儿，就有同学写不下去了，只有丽丽同学一直在写，坚持到了最后。丽丽默写出了好多单词，大家都觉得她的记忆力惊人，最后一致推选丽丽当记单词的小达人。

“丽丽为什么能记得这么多又这么准呢？”同学们都感到很奇怪。然后，丽丽就说出了她记忆单词的诀窍。

1.分类记忆

记忆单词时，我可以把单词归结成一定的系列进行记忆。如家庭系列，有grandfather、grandmother、father、mother、brother、sister、son、aunt、uncle等。我们可以按文具、食品、动物、称谓、颜色、职业、交通、时间等，进行分类记忆。

2.整体记忆

在学汉字时，我们并不是每一个汉字都是一笔一画地去记忆，而多数是根据部首组合来整体记忆。在记英语单词时，我们也可以借鉴记汉字的方法，把几个字母看作一个整体来记，同其他一些字母或字母组合组成新单词，这样，就大大降低了记忆难度，如：“ow”再加上不同的字母，可组成how，cow，low，now，town，down，know等，遇到含有这样的字母组合的单词，记起来就简单多了。

3.联想记忆

英语的一部分单词和汉语一样，起源于象形，每个字母都有其代表的含义。如：orange，突出了橘子的圆形（o），“tree”把tr看成树干和树枝，把ee看成树叶。这样记住字母的象形，就可以解决不认识单词的问题。

4.加法记忆

在学习中，可以把一些合成词分解成学习过的单词记忆。像做加法题，如：sun＋glasses＝sunglasses，class+room=classroom，rain＋coat=raincoat，fire＋man=fireman。

5.比较记忆

有些单词的词形十分相近。在记忆时可采用比较的方式找出不同点，着重进行记忆，这样，既容易记住，又不会将单词搞混。如：

（1）英汉比较，如：coke-cola，T-shirt，hamburger，coffee，bar；

（2）单复数的比较，如：good-goods，glass-glasses，wood-woods；

（3）同音词的比较，如：whose-who's，see-sea，meet-meat，right-write。

小朋友们走路或者乘车时，看着路过的风景，不妨随意选择几个景物来进行英语造句练习。比如，你看到一只鸟，你可以说："This is a bird!"等。在家里的时候，你也可以和爸爸妈妈进行对话练习，比如："I like bananas!"等。这样，时间长了，不仅掌握的英语单词会增加，英语的听力、口语等各项能力都会有显著提高！小朋友们快试试吧！

第二章　记忆+故事：寻找打开记忆之门的金钥匙

1 像列宁一样理解记忆

有一次，列宁去一个遥远的城市视察工作。在火车上，列宁带了好几本厚厚的书，专心致志地看。这时，坐在列宁对面的一位同志问道："这么多书，您看完之后记得住吗？"列宁说："当然可以记住，不相信您可以提问。"列宁把书递给了对面的同志，那人真的拿起书来向列宁提问，结果，列宁全都答对了。

"简直是超人的记忆力啊！"那位同志敬佩地夸奖起来。没想到列宁笑呵呵地说："也没什么，这种阅读已经习惯了，学习总要抽空才行嘛。要想记住，首先要理解，只有理解了的东西才能记住。"

因此，要想提高我们的记忆力，就要像列宁一样，养成理解记忆的好习惯，而且必须在深刻思考、理解的基础上记忆，这要比机械记忆的效果强多了。

如我们学习杜甫的《绝句》：

两个黄鹂鸣翠柳，一行白鹭上青天。
窗含西岭千秋雪，门泊东吴万里船。

这么美的诗句，如果我们死记硬背就太可惜了！其实，只

要理解了诗句的意思，在脑海中呈现出一幅美丽的图景，就能很快地记忆下来。

第一幅图景：两只黄鹂各站在一枝青柳梢上聊天。

第二幅图景：一行白鹭在蓝天上飞翔。

第三幅图景：从草堂小窗看到远山白皑皑的积雪。

第四幅图景：门外沿江停泊着远下东吴的小船。

怎么样，理解了之后，是不是更容易记忆了？相反，如果死记硬背，那可就费力不讨好了！所以，同学们在以后的学习中，一定要时刻提醒自己，先理解，再记忆。

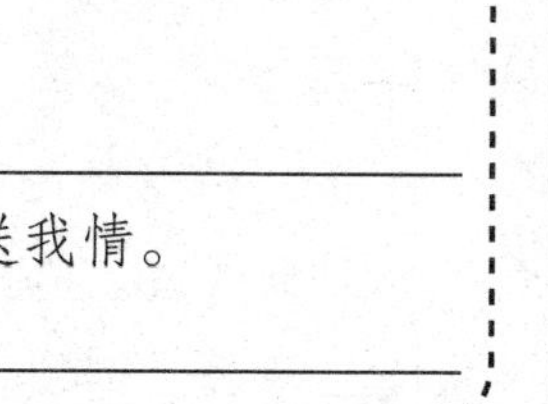

试着理解下面的古诗

1．夜来风雨声，花落知多少。

意思是：______________________________

2．桃花潭水深千尺，不及汪伦送我情。

意思是：______________________________

2 侯宝林抄书

相声语言大师侯宝林只上过三年小学，由于他勤奋好学，他的艺术水平达到了炉火纯青的程度，成为有名的语言专家。有一次，他为了买到自己想买的一部明代笑话书《谑浪》，跑遍了北京城所有的旧书摊，仍未能如愿。后来，他得知北京图书馆有这部书，就决定把书抄回来。适值冬日，他顶着狂风，冒着大雪，一连18天都跑到图书馆里去抄书，一部十多万字的书，终于被他抄录到手。

俗话说：“手抄一遍，胜读十遍。”侯宝林运用的正是抄写背诵法。

那么，具体怎么抄呢？下面我们就一起来看一看吧。

1.摘抄

将记忆材料中的重点段落、关键语句摘抄下来。如《一株紫丁香》一课，课文将作者对老师的感情写得非常形象生动，例如“绿叶在风里沙沙，那是我们给您唱歌，帮您消除一天的疲倦。”这段话非常形象生动，我们再一起从课文中找找还有哪些这样的句子，把这些句子摘抄下来，无形中就加深了记忆，也就可以很轻松地背诵出来了。

2. 全抄

将需要记忆的材料一字不落地全抄下来。如《秋天的图画》一课，这是一篇要求同学们全文背诵的课文，我们就可以从头到尾全抄下来，或者多抄几遍。这样不仅能加深印象，还能对我们以后的写作起到帮助。例如，碰到描写季节的作文时，就可以仿照一下课文中描写秋天的写法。

3. 反复抄

反复抄就是把必须记住的内容反复抄写几遍。这和侯宝林的方法大同小异，即第一遍全抄，理解意思；第二遍在每个句子中摘几个字，达到记住这几个字就能回忆起全句的程度；第三遍只抄句首一、两个字，最后做到记住一个字就能记忆起全句。这样反复抄几次，越抄越少，越少越好记，是不是很有意思呢？

抄歌词

很多流行歌曲的歌词都比较优美，比如刘德华的《大中国》等。好好留意一下歌曲的歌词，将其中的好句好段抄一抄，同样也可以帮助我们锻炼记忆力。

3 爱因斯坦的简化记忆法

爱因斯坦有一位朋友，给他打来电话谈工作的事，最后他让爱因斯坦把他的电话号码记下来，方便以后通电话：“我的电话号码很长，很难记。你找纸和笔记一下。”

“说吧，我记着呢。”爱因斯坦并没有拿起笔。

“24361。”

“这有什么难记的？两打与19的平方，我记住了。”爱因斯坦心平气和地说。

原来，爱因斯坦在电话号码中找到了更简单的记忆方法：两打就是12×2=24，19的平方就是19×19=361。

爱因斯坦用的这种记忆方法是“简化记忆法”，就是将复杂的材料转化成简单材料的一种记忆方法。

简化记忆法具体怎么记呢？

1.首字简化法

例如，柳宗元的《江雪》：“千山鸟飞绝，万径人踪灭。孤舟蓑笠翁，独钓寒江雪。”提取每一句的首字，我们就可以记忆为“千万孤独”。又如，五岳：泰华嵩衡恒。

2.关键字简化法

宋国有个人担忧他的禾苗长不高，就拔高了禾苗，一天下来十分疲劳，回到家对他的家人说："今天可把我累坏了，我帮助禾苗长高了！"他儿子听完后急忙跑到地里去看苗，一看苗都枯萎了。

运用关键字简化法，这个故事我们可以只记"宋人、禾苗、长不高、拔高"这几个关键词。多读几遍材料后，再看着这几个关键字复述故事，相信我们很快就能轻松地回忆出整个故事了。

当我们面临很多难记的内容时，用简化记忆的方法，一定可以解决问题。

早晨记忆法：夸美纽斯把早晨比作春季，中午比作夏季，傍晚比作秋季，夜间比作冬季。他认为，早晨的时间，是最适宜于学习的。

重点记忆法：读一本书、学一篇文章，都要抓住重点，把重点记住。古人说："少则得，多则惑。"

4 谐音速记圆周率

从前有个爱喝酒的私塾先生，一天他给学生们布置了一道题目，要把圆周率背到小数点后30位，并宣布放学前考试，背不出不能回家，说完就走了。学生们眼睁睁地望着这一长串数字3.141592653589793238462643383279，个个愁眉苦脸。

一些学生摇头晃脑地背起来，还有一些顽皮的学生揣好题单，溜出私塾，跑去后山去玩。忽然，他们发现先生正与一个和尚在山顶的凉亭里饮酒作乐，就扮着鬼脸，钻进了林子。夕阳西下，老师酒足饭饱，回来考学生。那些死记硬背的学生结结巴巴、张冠李戴，而那些顽皮的学生却背得清脆通顺，弄得老师莫名其妙。

原来，在林子里玩耍时，有个聪明的学生把要背诵的数字编成了谐音咒语：“山巅一寺一壶酒，尔乐苦煞吾，把酒吃，酒杀尔，杀不死，遛尔遛死，扇扇刮，扇耳吃酒。”一边念，一边还指着山顶做喝酒、摔死、遛弯、扇耳光的动作，念叨了几遍，终于都把它记住了。

所以，谐音是记忆的窍门。在记忆过程中，我们可以把某些零散的、枯燥的、无意义的识记材料进行谐音处理，以形成新奇有趣、富有意义的语句，这样就容易记住了。

动动手来动动脑

1.谐音记忆英语单词

例如：hair头发

谐音提示：黑啊，头发真黑啊

2.谐音记忆语文常识

例如，“四书五经”我们可以运用谐音这样记忆：

四书——《孟子》《论语》《大学》《中庸》

谐音记忆：四叔（四书）猛（《孟子》）抡（《论语》）大（《大学》）钟（《中庸》）

五经——《诗经》《礼记》《春秋》《周易》《尚书》

谐音记忆：武警（五经）诗（诗经）里（《礼记》）存（《春秋》）遗（《周易》）书（《尚书》）

运用谐音记忆法，常常能收到简单记忆、经久难忘的效果，大家试一试就知道了。

5 神奇的记忆魔法环

下面是一组没有任何联系的十件事物：

飞机　美丽　信封　心情　水桶

唱歌　篮球　香肠　星星　鼻子

按照这个顺序把它们死记硬背下来，并不是一件简单的事。但是，如果我们通过联想把这十件事物连接起来，就会格外好记。

比如，我们可以这样联想：

飞机→美丽：飞机像美丽的气球一样在空中飞；

美丽→信封：打开信封，就可以看到美丽的贺卡；

信封→心情：看到信封里美丽的贺卡，我的心情格外舒畅；

心情→水桶：心情好得就像水桶装满水；

水桶→唱歌：一个大水桶张开大嘴在唱歌；

唱歌→篮球：唱歌的人嘴巴张得很大，可以吞下去一个篮球；

篮球→香肠：篮球选手吃完香肠就去参加比赛；

香肠→星星：挂在脖子上的香肠闪闪发光，在夜晚看起来像星星；

星星→鼻子：星星长着个长鼻子。

经过我们夸张的联想，就把这十件事物连接起来了。

稍微思考几分钟后，我们就可以轻松地从“飞机”想起后面的事物了：飞机→美丽→信封→心情→水桶→唱歌→篮球→香肠→星星→鼻子。这就是连锁记忆法。

连锁记忆法，就是把记忆的材料环环相扣串联起来，它就像一个神奇的魔法环一样，一环连着一环，每一个环可以串联2个、3个、4个……甚至更多材料，然后把所有的材料连成串。

当背到写景诗，像描写春天的诗“春眠不觉晓，处处闻啼鸟。夜来风雨声，花落知多少。”时，就会联想到“小雨知时节，当春乃发生”，有小雨的诗句又可以再联想到咏柳的诗句“不知细叶谁裁出，二月春风似剪刀”。这样一环扣一环，由一首诗联想到其他的诗句，就创造出了一个神奇的记忆魔法环，不仅记的知识越来越多，而且还加强了对诗的理解。

交替记忆好

平时学习中，如果我们对不同的学科进行交替记忆，学习效率就会有所提高。比如，在做数学题累了的时候，就学一学语文，或者背一背英语单词，这样可以使大脑左右半球轮流得到休息，有利于提高学习效率。

6 给遗忘开个药方

期中考试即将来临，班主任高老师最近收到同学们反映最多的问题就是："所学的知识记不牢，看过就忘怎么办？"

针对这种情况，高老师这周的班会课主题就是："给遗忘开个药方"。

首先高老师发言："最近同学们都觉得复习的时候容易遗忘，其实这很正常。我给大家讲个故事，1911年10月，茅以升考入唐山路矿学校，在校5年里整理的听课笔记达200本，近千万字。茅以升的记忆力非常惊人，直到80多岁时，仍能背出圆周率小数点后100多位数值。这是多么了不起的事情啊！当有人问起他记忆的诀窍时，他说：'说起来很简单，就是重复！重复！再重复！'下面请同学们当当小医生，给遗忘开个药方吧。"

学习委员牛牛说："我觉得应该多次重复，有一些同学对学过的知识通常温习一两次，等到考试完了，就不再过问了。这样，时间一长，这些知识就会忘得一干二净，等于白学。所以，我们很有必要将学过的知识多次重复温习。例如，我们要背诵一篇课文，当天就马上记忆一遍，记牢了，

第二天合上课本，再试着用自己的话复述一遍。这样多次重复，学过的知识才能更加牢固，更加深刻。”

西西说：“还要学会变化着重复，例如，要背诵一篇课文，可以朗读、背诵，可以抄写、默写，可以听录音带、看影碟光盘，还可以当一当小老师，将课文的要点讲给同学们听。其次，我们还可以变化一下重复的对象。例如，我们可以先记忆英语单词，累了就休息一会儿，然后再背诵语文课文。这样做的好处就是可以大大降低我们在不断学习一门科目时的疲惫感，从而提高学习效率，对学习的帮助很大。”

最后高老师总结说：“牛牛和西西的方法都非常好，要战胜遗忘，最好的办法就是‘重复’，同学们只要肯下苦工夫，就一定能够取得优异的成绩。”

动动手来 动动脑

成功的秘诀

有一次，一位记者问爱因斯坦关于他成功的秘诀。他回答：“早在我22岁的时候，就已经发现了成功的公式。那就是：A=X+Y+Z！A就是成功，x就是努力工作，Y是懂得休息，z是少说废话！这公式对我有用，我想对许多人也是一样有用的。”

第三章 记忆+游戏：一边记忆一边玩

1 趣味成语抢答赛

高老师为了调动大家学习成语的积极性，就组织了“趣味成语抢答赛”的活动，奖品还非常丰富。

同学们都在积极准备，明明也摩拳擦掌，准备来个一鸣惊人。

比赛开始了。

高老师说：“请听题，最大的嘴？”

牛牛第一个回答：“口若悬河。”

高老师说：“最大的手？”

闹闹说：“一手遮天。”

高老师说：“最贵的时间？”

丽丽说：“一刻千金。”

高老师说：“最

大的手术？”

西西说：“脱胎换骨。”

明明有点着急了，他一个问题都没有抢到。

高老师刚要开口，明明就站起来了，高老师问：“明明，我的题目还没有出呢，你站起来干什么啊？”

明明红着脸说：“他们都回答了很多问题，我一个都没有抢到，有点着急了。”

高老师说：“你想回答问题是好事，但是也得听清楚题目，觉得自己能答对才回答啊！你先坐下，仔细听题。”

“最高的瀑布？”

明明说：“一落千丈。”

“回答正确。”

明明可高兴了，接下来的时间他又抢到了几次机会，而且都答对了。最后还得了个三等奖呢！

动动手来 动动脑

同类成语对对碰

有些成语含有相同的字，带“不”字的成语：不慌不忙、不屈不挠、不卑不亢、不伦不类、不打不相识等。带“心”字的成语：心有灵犀、心心相印、心惊胆战、痴心妄想、动人心弦等。将这些含有相同字的成语归纳在一起记忆，可以让我们尽快地熟练掌握成语。

2 课后"过电影"，让知识重现

放学回家以后，明明想起英语老师留的作业，马上拿出作业本，准备做作业。前面的题比较简单，明明一鼓作气做到了一半。但是，后面的题明明只觉得非常熟悉，却不知道怎么解答。没办法，明明只好用电话向牛牛求救。

"牛牛，英语作业你做了吗？"

"我刚做完，有什么问题？"

"第15题我做不出来啊，真烦人。"

"老师上课不是讲过了吗？"

"啊，老师讲过了？我怎么忘记了。"明明想自己今天也没有开小差呀，老师什么时候讲的呢？

"就是今天上课的时候讲的，你想一想，老师还要你重点记忆呢。"牛牛突然想起哥哥教他的"过电影"复习法，马上用这个方法提醒明明。

"啊，我想起来了，当时老师还说这个语法问题一定要仔细分辨呢！"牛牛一提起这个情节，明明恍然大悟。

"那你现在想想，当初老师是怎么解答这道题的。"牛牛循循善诱，真是个合格的小老师。

不大一会，明明果然想起了老师的解答方法，所以这道作业题也就很快有了答案。

"牛牛，谢谢你。你真是名不虚传的'点子王'。"得到帮助的明明马上向牛牛道谢。

“什么‘点子王’啊，我告诉你吧，这叫‘过电影’复习法。”

“‘过电影’复习法？牛牛，这又是你从哪学来的好方法呀，真管用，你给我具体说说吧。”

“这个也是我哥哥教我的。‘放电影’，即课后回忆，又称作‘尝试回忆’或‘情景再现’。也有人把这种回忆叫作‘过电影’。具体做法就是每天放学以后，你可以合上书本，闭上眼睛，然后努力把这一天的上课内容回想一下。这是在听课的基础上所做的回忆，具有检验预习、听课效果的作用。如果能顺利回忆部分或全部内容，就证明预习和听课的效果不错；反之，就应该寻找原因，第二天起来马上翻书，检查不能回忆起来的部分，这样能加深对所学知识的印象。当然这种回忆不是简单的重复，而是在回忆过程中对信息加以分析、联想、归纳和总结，或称‘反刍’，这是课后回忆的最高境界。”

“牛牛，这个方法太有趣了，你哥哥真聪明啊！”

“嘿嘿，我哥哥现在是清华大学的高材生呢。”听到明明夸哥哥，牛牛很自豪，“那你今天就快试试这个方法吧，看看复习起来是不是轻松多了。”

动动手来动动脑

小朋友们在结束一天的课程后，可以合上书本、闭上眼睛，让当天的上课画面一一在脑海里“播放”。画面中断的时候也不要害怕，你可以对照教材或者课堂笔记，看看能不能找到线索；或者试着通过一些轻松的画面让自己重新回到“电影”的轨道中，比如今天课堂上有某个同学因为不注意听讲而闹出了笑话。实在不行，你还可以求助于同学，这样，一部完整、有趣的“电影”就全部播放出来了。

3 有趣的记生字游戏

明明班的“培优学习小组”活动又如期开始了，这次组长牛牛给出的活动内容就是“玩游戏记生字。”

一听到要玩游戏了，明明同学就两眼放光，可感兴趣了。

牛牛说，第一个游戏叫“啄木鸟帮大树治病”。牛牛在一张白纸上画一棵大树，树叶上写上需要记忆的汉字，这些汉字有的是正确的，有的是错误的。

明明同学扮演小啄木鸟，帮助大树找出含有错别字的树叶，并把它改正过来。然后西西、丽丽、闹闹依次扮演“啄木鸟”。

第一个游戏一结束，牛牛就开始进行第二个游戏“小蜜蜂采花蜜”。这次首先由西西扮演小花朵，手里拿着汉字卡片；丽丽扮演小蜜蜂，飞到小花朵身边正确读出卡片的字，并组词，就算是游戏成功

了。

在轻快的音乐声中，“小蜜蜂”飞到“小花朵”身边，然后读出小花朵手中的汉字卡片，并用这个汉字组一个词语。例如，小花朵手里的汉字是“欣”，那么小蜜蜂就读出“欣”字，并说出词语“欣赏”或者“欣欣向荣”等。“小花朵”就把汉字卡片交给“小蜜蜂”，代表采“蜜”成功。

通过这两个游戏，明明和他的同学在快乐中记忆汉字，记忆的汉字也就更牢固了。

动动手来动动脑

易混字辨析

有些字容易被混淆误写，或因为形似或因为音同、音近，而字义又往往相关；倘若不辨析清楚，难免会张冠李戴。

例如：采　　彩

采，表示动作，如：采集、采用、采访等；用于指精神状态，如：丰采、风采、神采奕奕、兴高采烈等。彩，用于表示物体的颜色花样，如：丰富多彩、光彩照人、彩霞满天、彩声满场等。

4 记忆就像滚雪球

同学们，你一定玩过滚雪球吧？冬天，一大早就去滚雪球，你的手冻成了冰冷的小馒头，滚呀，滚呀，雪球越滚越大，笑声也越来越大。

滚雪球给我们带来了欢乐，其实，同样也能帮助我们记忆，我们称它为“滚雪球记忆法”。那么，“滚雪球记忆法”是怎么记忆的呢？

首先，把记忆的内容分为ABCDE等部分，先学A内容，记牢后，再学AB，记牢了，再学ABC……这种记忆方法就像滚雪球一样，最终将记忆的内容越滚越大。

下面，以记忆英语单词为例：

回家后，放下书包，先学习三个英语单词，再做作业。

做20分钟语文作业，休息一会儿，再学三个英语单词，并把第一次学的英语单词复习一遍。

然后，再做数学作业，做完之后稍微休息一会儿，再学三个英语单词，并把第一次学的三个英语单词和第二次学的三个英语单词都复习一遍。

晚饭后，再学习三个新单词，并把前三次的英语单词都复习一遍，再去复习一下今天学习的语文和数学等课程。

睡觉前，再把前四次学过的单词全复习一遍。

这种滚雪球式记忆单词的方法，好处在哪里呢？这样分段记忆，每一次学三个单词，容易记牢。如果一次性记忆12个单词，记忆效果会比较差，不仅不容易掌握，而且还容易忘记。同学们，你也来尝试尝试滚雪球记忆法吧。

动动手来
动动脑

不要疲劳记忆

在记忆的过程中，不要疲劳记忆。要间隔一定的时间休息一下，这样无形之中你记忆的次数多了。不知不觉就增加了记忆的次数，效率自然高了。

5 用扑克牌记乘法口诀

数学老师丁老师今天布置的作业是背诵乘法口诀表，这可难坏了明明，在读了几遍后，明明合上课本就开始背：“三六十七，四五五十……”

爸爸一听，明明又背错了。他想起了刚看到一个记忆乘法口诀的小游戏，就对明明说：“明明，我们休息一会儿，来玩个扑克牌的游戏吧。”

明明一听玩游戏，可高兴了。

游戏开始了，第一个游戏是“爸爸出题明明答”。

以学习“5的乘法口诀”为例。明明扮演参加乘法的“5”，爸爸拿出1~9的扑克牌，然后任取其中一张。例如，爸爸抽出的扑克牌是“7”，那么，明明就要说出“五七三十五”；如果爸爸抽出的牌是“9”，那么，明明则要说出“五九四十五”。

第二个游戏是“自抽自答”。

爸爸将数字1~9的扑克牌握在手中，背面朝上，正面朝下。明明随意抽出两张扑克牌，并用这两张扑克牌的点数组成乘法口诀。比如，第一次抽出的扑克牌是“7”和“8”，那么，明明则要说出“七八五十六”；如果抽出的牌是“6”和“9”，那么，明明则要回答“六九五十四”。

游戏大概进行了半小时，明明再背乘法口诀的时候，居然全部都对了。

动动手来动动脑

顺口溜记生字

比如，我们要记住这一组汉字“青、清、蜻、请、睛、晴、情、静”，就可以给它们编一个顺口溜：

青山小河水儿清，小虫展翅变蜻蜓。

蜻蜓好言来请客，一目了然大眼睛。

日头一出是晴天，出去游玩好心情。

我不想去它不干，争来争去不安静。

第四章 记忆+联想：为知识插上翅膀

1 编故事，记生字

如果给你1分钟，你能记住多少个汉字？

牛牛同学年仅8岁，却是学校里有名的“记忆大师”。他两分钟就可以记住8个单词，1个小时能记住300个以上杂乱无章的汉字。

当同学们问起他的记忆方法时，牛牛摸了摸自己聪明的大脑袋，说出了自己的一套记忆密码：“我觉得记忆时就要编故事，比如在记忆‘明’字时，我就会想象一个太阳和一个月亮，然后编成故事记忆，太阳和月亮在一起多么明亮呀！就能很快记住了。”

其实，只要同学们像牛牛一样发挥想象，为汉字想出一个有趣的故事，大家也能成为“记忆大师”，轻松地记牢汉字。

比如，你可以给汉字编出这样的故事：

春：三个人在星期日看春天的美景。

泉：白白的水从一个小孔里流出来，就是泉水。

怕：小白一个人在家，心里很害怕，脸都发白了。

碧：白雪公主和王子一起坐在石头上聊天，王子说白雪公主碧绿的眼睛真漂亮。

棉：棉花开了，雪白雪白的棉花像一条条白毛巾挂在树上。

裹：有一个小孩，摘了很多果子，回家时不好拿，他灵机一动，脱下身上的衣服，把果子包起来，高高兴兴地提着回家了。

晚：太阳就要落到西边去了，小兔子想把太阳追回来，它飞快地跑呀跑呀，把尾巴都给跑掉了，到了晚上，总算追上了太阳。

小小汉字，奥妙无穷！通过想象编出有趣的故事，促进我们更高效地记忆汉字，这一定是同学们喜闻乐见的方法！

动动手来 动动脑

怎么编故事？

首先，编故事需要你发挥自己的想象力，怎么有趣就怎么编！本来不能联系在一起的知识，如果把它们编到一个故事里，就会非常奇特、有趣。其次，编故事也需要你的勇敢精神，敢于放开自己的想象力，这样才会创造出别具一格的故事来！再次，编故事既要有它自身的合理性，又要有创新性，把这两点结合好了，你的故事肯定就是引人入胜的好故事。

2 打个比方就能记牢

同学们，比喻是一种常见的文学修辞手法，一篇好的文章必然会用到形象而贴切的比喻，我们在阅读的时候也会感到既轻松愉快，又记忆深刻。例如，唐代诗人贺知章的《咏柳》：

碧玉妆成一树高，万条垂下绿丝绦。

不知细叶谁裁出，二月春风似剪刀。

诗人在诗中形象地将春风比喻成一把剪刀，使我们立刻联想到柳树碧、柳枝绿、柳叶细，这些都是春风的作用，于是很快就能记住这首诗了。

又如，在学习地理知识时，运用一些比喻也能增加我们学习的兴趣，增强我们对知识的感性认识，帮助我们对地理知识的理解和记忆。例如：

1. 把黄河干流的形状比喻成“几”字形状，把长江干流的形状比喻成“V”“W”形状。

2. 地球内部大致分为地壳、地幔、地核三个部分。把地球大胆地比喻为鸡蛋：地壳是鸡蛋壳，地幔是蛋白，地核是蛋黄。

经过这样形象而贴切的比喻，将记忆的材料变得生动又好记。在这个过程中，还能运用到自己的创造力、想象力和幽默感，记忆不但不枯燥，还很好玩、很有趣呢。

动动手来动动脑

编一句话来记忆

我们可以把要记忆的材料编成一句有趣的话，促进自己的记忆。比如，在记忆“省份、简称、省会”时，以“山东—鲁—济南”为例，我们可以这样记忆：“山洞（东）里满满都是鹿（鲁），我都快被挤（济）到最南边了。”大家看，这是不是也很有趣呢？

3 “正”“反”一起记

世界上事物的状态和规律是非常有趣的，如果你善于发现和总结，就会发现好多事物竟然都是一正一反出现的，如：正和反、正和负、阴和晴、胜和败、加与减、乘与除、大与小、上与下、左与右、东与西、内与外等。

当我们有意识地把这些当成“线索”时，它们还能给我们提供更多意想不到的记忆的线索。例如：

1.正反方向的记忆

刚开始学习拼音字母时，对于b和d、p和q、f和t这一对对正反方向的字母，总是很容易弄混，但是，如果你根据正反方向的方法记住其中一个，另一个自然也就记住了。这是记“正”得“反”。

2.顺序的正反记忆

如果你已经熟悉dog（狗）这个单词了，那么，god（上帝，神）这个单词就很容易记住了。同样，我们先记住了live（生活），也就能记住evil（罪恶）。这是顺序上的以“正”得“反”。

3.数学的正反记忆

在数学运算中，我们也可以利用正反记忆，如：2×9=18，18÷9=2；A+B=C，C−B=A。

由正及反，其实就是联想思维和逆向思维的运用。我们把这种非常有价值的创造性思维引入到学习和记忆当中，不仅会大大提高我们的记忆效率，而且还有助于我们发展自己的思维能力，从小培养我们的创新意识，同时，还能增加学习的乐趣。所以，同学们一定要好好掌握这个方法！

动动手来动动脑

比较记忆法

比如，我们在刚学习“己、已、巳”的时候，你能不能很快说出这三个字的区别呢？我们仔细观察的话就会发现：这三个字的不同之处就是在它们的封口上。那么，我们就可以这样记忆这三个字：“不封口为己，半封口为巳，全封口为已。”

第五章　记忆+观察：给记忆一双眼睛

1 "我的老师"是个什么样的人

高老师上作文课真是创意不断，这不，在今天的作文课上，她就利用多媒体给我们进行了教学。

高老师打开电脑，对同学们说："还记得上次我们写的作文题目吗？"

"记得，写的是'我的老师'。"教室里的三十多个小家伙们整齐划一地大声回答。

"请同学们看看屏幕上的句子，写的是不是教过你的老师。"

于是，高老师把手里的鼠标轻轻一点，就跳出来了一句话："我的老师中等身材。"

"如果你也有老师是中等身材的，请举手。"高老师话音刚落，教室里举起了很多只手。

接着，屏幕上又跳出了一句话："老师留着短发"。

"这句写的像是教过你的老师吗？"教室里举起的手又是一大片。

后来，屏幕上又跳出一句话："老师很关心我们。"

不等高老师提示，几乎全班同学都举起手来。高老师手中的鼠标一点，又跳出一句："他戴着一副金丝眼镜，衣服永远都整整齐齐的，走起路来胳膊一甩一甩，非常有风度。"

这次举手的同学要少得多了。明明开始也没有举手，等大家都放下手后，他却举手了。高老师问他："明明，你是有过还是没有过这样的老师呀？"

明明说："高老师，我有过。"

"谢谢明明的回答。我们继续看大屏幕。"

"我的老师爱说一句口头禅，只要同学答对了问题，他就会走上去，摸着他的头说'真是棒'。"

"写的是数学老师！数学老师就爱说'真是棒'！"教室里异口同声地叫着。

"别的老师说过这样的口头禅吗？"高老师问大家。

"没有！"

"难怪你们认定是数学老师呢。你们知道这是谁写的吗？"同学们都摇头。

"明明！"教室里立即响起了一片掌声。

"明明应该获得这样的掌声。因为，他把数学老师特有的个性写出来了。这就是他善于观察的结果。"

明明听到老师的表扬，非常高兴，抿着嘴笑了。

动动手来 动动脑

比较记忆法

1.观察数字

从两位数开始，首先制作一些数字小卡片经常看，如“12”“14”“33”，每个数字卡片之间保持1秒钟的间隔，然后，在草稿纸上写下所看到的数字。如果能轻松记忆两位数字之后，可以将数字增至3位，甚至4位、5位……

2.观察实物

平时在散步或逛街时，注意观察商店的橱窗，或街头的一些英文广告，然后复述陈列的商品和广告词；观察文具盒里的物品，然后复述文具盒里共有多少件文具；观察公园里的花坛，然后复述有几种颜色的花等。

2 神奇的对比记忆法

明明是一个很细心的孩子，他在背诵英语单词的时候又有了一个新发现，迫不及待地对妈妈说："妈妈，我发现英语和汉语一样，也有很多同义词、反义词。"

"明明真是一个善于观察的好孩子，那么，这个发现对你有什么帮助呢？"

"帮助可大啦！我可以在学过的单词中找出同义词和反义词，然后对比记忆啊。"说完，明明开始在作业本上列出了这些单词：

反义词

high—low　　big—small　　right—wrong

good—bad　　fat—thin　　quick—slow

同义词

OK—all right　　good—fine—well　　see—look at—watch

同形异义词

right（正确）—right（权利）watch（手表）—watch（看）

well（好）—well（水井）orange（橙子）—orange（橙色的）

妈妈看了，高兴地摸了摸明明的头，说："根据这些单词的特点，对比着记忆，既省力又记得牢，真是一个好方法！妈妈以后再也不用担心你的学习啦！"

"嘿嘿。"明明不好意思地笑了。

动动手来 动动脑

喊出记忆的内容

同学们尝试着把记忆的内容喊出来，这样可以使记忆更加牢固。尤其在家里时，可以对着家里的物品一个一个喊出它们的英语名称，这样既消除了对英语的畏惧心理，又巩固和加强了记忆。

3 用公式规律记忆

世界上最伟大的发明家爱迪生曾形象地用一个公式来概括他的成功经验，这个公式是：成功=99%汗水+1%天赋。通过这个例子，我们可以看到，公式可以用来简洁地表达一个原来用文字表述的道理。同样，在我们的学习中，也有很多知识可以用公式来表达，从而帮助我们快捷记忆。

我们来观察两个数相加的形式：

2+4=6，18+9=27，101+10=111，……

我们发现，它们的形式是一样的，这样就可以用一个公式来表示这些加法：A+B=C。其中，A和B分别代表一个数字，C表示它们相加的和。

英语名词的例子

英文中有大量的可数名词，当它们用做复数时，需要在其单数形式后面加上后缀s或者es。

（1）绝大多数可数名词的复数形式，是在该词末尾加上后缀s，例如：friend—friends，cat—cats等。

用公式表示为：◆+s。其中，◆代表名词单数形式。

（2）凡是以s、z、x、ch、sh结尾的词，在该词末尾加上后缀es构成复数。例如：bus—buses，fox—foxes等。

用公式表示为：■+es。其中，■代表名词单数形式。

公式是对一类事物的共性进行归纳的简要表示方法，我们只要掌握了这个方法，就可以把一些归纳出来的规律，简约地用公式表示出来，这样就更易于我们的记忆和表达了。

妙记汉字

在学习汉字的时候，可以使用联想记忆法。比如“告”字，我们可以想象一下，一口咬掉牛尾巴，是“口”把“牛”的尾巴咬掉了；“币”字，在巾的头上带上博士帽，就身价倍涨了；“恩”字，是感“恩”戴德，还是忘“恩”负义，都是因为“心”的问题。

第六章　记忆+思考：思维是一位向导

1　在改错中记忆

有一位语文老师在他所教的两个班级（学生的成绩相近）布置了形式不同但目的相同的作业。

小柳树的腰细细的，树枝绿绿的，真好看。小柳树看看小枣树，树枝弯弯曲曲的，一点儿也不好看。小柳树说：“喂，小枣树，你的树枝多难看哪！你看我，多漂亮！”

春天，小柳树发芽儿了。过了几天，小柳树的芽儿变成小叶子，她穿上一身浅绿色的衣服，真美！她看看小枣树，小枣树还是光秃秃的。小柳树说：“喂，小枣树，你怎么不长叶子呀？你看我，多漂亮！”

甲班的作业是：抄写“细细”“弯弯曲曲”“漂亮”“光秃秃”，并给“漂”“秃”注音。

乙班的作业是：找出文段中的错别字，两处注音错误请改过来。

当堂测验的结果显示：甲班的优秀率为65%，乙班的优秀率为90.8%。同样一份作业为什么会有这种差别呢？

主要原因是乙班运用了改错记忆法。俗话说：“吃一堑，长一智。”就是说，错误所造成的记忆是印象深刻的，有的甚至终生难忘。错误本身并不值得记忆，但是由于产生了错误，反而对正确的内容产生了深刻的印象。因此，乙班的同学经过一番正误的思考，所以给大脑打下了深刻的烙印。而甲班的同学只是把4个词照抄一遍，用心的同学可能会留下一些印象，粗心的同学匆忙做完，恐怕很难留下印象。

所以，同学们平时在做作业或考试中出现了错误，一定要找出原因、引以为戒，这样才能加深记忆。

让“错”更醒目

大家可以在错题本上完善一个功能，让“错”题变得非常清晰。比如，以数学为例，可以在错题旁边注出“概念错误”“理解错误”“思路错误”“计算错误”“审题错误”等错误原因。

2 数学错题卡

“牛牛，你给我讲讲这道题好吗？老师讲的时候，我也认真听了，也觉得自己会做了，但是现在我又不会了。”明明有些不好意思，这道题老师都已经讲过了，但是他还是不会做。

“好啊，这道题我也做错了，但是我记在我的‘数学病例卡’上了，所以，现在我会了。”

“‘数学病例卡’又是什么东西，牛牛，你怎么总是有一些稀奇古怪的玩意？”

“哈哈哈，明明，这不是稀奇古怪的玩意，这是我哥哥教我的一个学习数学的方法。”

“啊，又是好方法？那你快告诉我吧！”

“你看，在医院里每个病人都有自己的病例卡，这样医生就知道他们有什么病，需要怎么去治疗，然后病人就可以康复了。我们学数学也可以这样，把每一道做错的题都当成是一个病人，然后分析他们的‘病因’，给他们‘治病’。这样，总有一天，‘病人’会‘康复出院’的，这些‘毛病’没有了，我们的成绩就提高了。”

“哈哈哈，牛牛，你比喻得真有趣，我们做错的题还真是有‘毛病’。那你快告诉我怎样建立‘数学病例卡’吧！”

“喏，这是我的‘数学病例卡’的模板，以后只要往里边添加内容就行了。”说着，牛牛递给明明一张卡片，上面有这样的一个表格：

题目：________________

正确解答：________________

我的错误点在哪：________________

出错的原因：________________

我要注意的地方：________________

“哇，牛牛，你的卡片做得真好，真有意思，你已经做了多少了？”

“我这学期一直在用这些‘数学病例卡’，我觉得很好用，你也试试吧。”

“好吧，那你快告诉我这道题怎么做，然后我好把它记到我的‘病例卡’上！”

“好的，明明医生！”

“哈哈哈哈！”

动动手来 动动脑

“错题本”是提高学习效率、减轻学习负担的好方法。在使用的时候一定要注意以下几点：

1.经常阅读

错题本不是把做错的习题记下来就完了。要经常在空闲时间或准备下一次考试时，拿出错题本，复习一下。做到同一道题不能错两次，同一类题目不能错两次，从而减少习题量。这样经常温故知错、持之以恒，学习成绩就会得到提高。

2.相互交流

由于基础不同，各位同学所建立的错题本也不同。通过交流，同学们可以从别人的错误中吸取教训、得到启发，以此警示自己不犯同样的错误，提高练习的准确性。

英语知识小点滴

第一章　字母

一、字母的分类

英语字母从读音上分，可分为三类：

元音字母：Aa，Ee，Ii，Oo，Uu。

辅音字母：Bb，Cc，Dd，Ff，Gg，Hh，Jj，Kk，Ll，Mm，Nn，Pp，Qq，Rr，Ss，Tt，Vv，Xx，Zz。

半元音字母：Yy，Ww。

英语字母根据发音分类如下：

发音	字母
[ei]	Aa，Hh，Jj，Kk
[iː]	Bb，Cc，Dd，Ee，Gg，Pp，Tt，Vv
[aɪ]	Ii，Yy
[əʊ]	Oo
[e]	Ff，Ll，Mm，Nn，Ss，Xx，Zz
[ɑː]	Rr
[juː]	Qq，Uu，Ww

二、字母的读音

英语字母本身的发音叫作字母名称音或者字母本音。字母的读音可以用音标来标注，26个英文字母的发音如下表：

字母	读音	字母	读音	字母	读音
Aa	[eɪ]	Bb	[biː]	Cc	[siː]
Dd	[diː]	Ee	[iː]	Ff	[ef]
Gg	[dʒiː]	Hh	[eɪtʃ]	Ii	[aɪ]
Jj	[dʒeɪ]	Kk	[keɪ]	Ll	[el]
Mm	[em]	Nn	[en]	Oo	[əu]
Pp	[piː]	Qq	[kjuː]	Rr	[ɑː]
Ss	[es]	Tt	[tiː]	Uu	[juː]
Vv	[viː]	Ww	[dʌbljuː]	Xx	[eks]
Yy	[waɪ]	Zz	[zed]		

三、字母书写应用

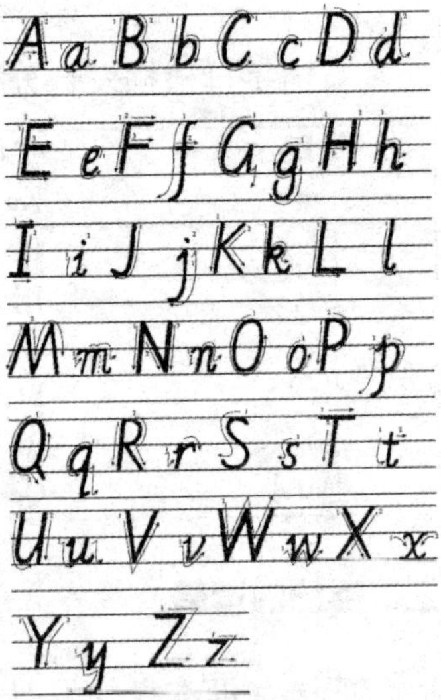

从书写上看，英语字母有印刷体和书写体两种，而每个字母又分为大、小写两种形式。平时一般手写的字母都是书写体。

（一）字母的格式笔顺

英语26个英文字母的书写规则及笔顺见右表：

从表中可见，每个字母的书写都稍向右倾斜约五度左右，且斜度一致。

字母在四线三格占上中两格的有26个大写字母和b，d，h，i，k，l，t共7个小写字母；占中间一格的有a，c，e，m，n，o，r，s，u，v，w，x，z共13个小写字母；占中下两格的有g，q，y共3个小写字母；占上中下三格的有f，j，p共3个小写字母。

（二）字母的大写

英语有一个特点，就是许多地方都要用大写字母。在下列情况下，必须使用英语大写字母：

1. 句子开头第一个单词的第一个字母要大写。如：

How are you? 你身体好吗？

2. 表示“我”的字母“I”永远大写。如：

He and I are friends. 他和我是好朋友。

3. 表示人名、地名、国名、人民、民族、语言的单词的首字母要大写。其中，人名中的姓和名的首字母都要大写。如：

Zhang Ming 张明 Shanghai 上海 China 中国

American 美国人 English 英语

4. 表示山川河流、重要建筑物、车站、广场等专有名词的首字母要大写。如：

the Changjiang River 长江 The Great Wall 长城

5. 表示序号、年级、班级等的首字母要大写。如：

Number Six 6号 Grade Two 二年级 Class One 一班

6. 月份、日期、节日等词的首字母需要大写。如：

April 四月 Tuesday 星期二 National Day 国庆节

7. 位于姓名前表示职务、称呼等词的首字母要大写。如：

Mr Wang 王先生 Doctor Li 李医生

8. 信中表示称呼的开头字母和信尾表示客套用语的开头字母都要大写。如：

Dear Aunt 亲爱的阿姨 Your Peter 你的彼特

四、字母缩略

缩略类型	缩略词例举	英文单词全称	中文简称
首字母缩略词	CCTV	China Central Television	中国中央电视台
	USA	United States of America	美利坚合众国
	VCD	Video Compact Disc	录像光盘
	EMS	Express Mail Service	特快专递
	BC	Before Chris	公元前
星期、月份缩略词	Mon.	Monday	星期一
	Tue.	Tuesday	星期二
	Jan.	January	一月份
	Feb.	February	二月份
专业技术缩略词	cm	centimetre（s）	厘米
	mm	millimetre（s）	毫米
	km	kilometre（s）	千米，公里
	kg	kilogram	千克
其他缩略词	TV	television	电视
	a.m.	ante meridiem	上午
	p.m.	post meridiem	下午

第二章　语音

一、音标

音素是最小的语音单位，英语中共有48个音素，其中元音音素20个，辅音音素28个。音标是记录音素的符号，一般放在[ ]或“/ /”里。

（一）元音

元音是在发音时声带振动，呼出的气流通过口腔时不受阻碍而发出的音。元音是构成音节的主要音，一共有20个，又可以分成单元音和双元音。

元音	单元音	[iː] [i] [e] [æ]
		[ʌ] [ə] [əː]
		[ɑː] [ɔ] [ɔː] [ʊ] [ʊː]
	双元音	[eɪ] [aɪ] [ɒɪ] [ɪə] [eə] [ʊə] [əʊ] [aʊ]

（二）辅音

辅音是无论声带是否振动，发音时呼出的气流在通过口腔或鼻腔时受到一定阻碍而发出的音。辅音不是构成音节的主要音，一共有28个，又可以分成清辅音和浊辅音。

发音时声带不振动的辅音为清辅音，有[p] [t] [k] [f] [θ] [s] [ʃ] [h] [ts] [tʃ] [tr]。发音时声带振动，不送气的辅音为浊辅音，有[b] [d] [g] [v] [ð] [z] [ʒ] [r] [dz] [dʒ] [dr] [m] [n] [ŋ] [j] [w] [l]。

辅音按发音方法可分以下几类：

辅音	爆破音	[p] [b] [t] [d] [k] [g]
	摩擦音	[f] [h] [r] [s] [v] [z] [θ] [ð] [ʃ]
	破擦音	[tʃ] [dʒ] [tr] [dr] [ts] [dz]
	鼻音	[m] [n] [ŋ]
	半元音	[j] [w]
	边音	[l]

（三）音标的书写

音标必须写在括号里，常用的音标括号有斜头和平头两种。其上端不顶第一线，大致与大写字母相齐，下端在第三格的中间。音标没有书写体，也没有大小写，因此书写时必须和印刷体一样，直上直下，没有斜度。

几个音标最容易写错，一定要注意：［aɪ］和［aʊ］不要写成［ɑɪ］和［ɑʊ］，［ɑː］不要写成［aː］。在打字的时候，不要用a来代替ɑ，把［ɑː］打成［aː］，也不要用ɢ来代替g，把［gɜːl］打成［ɢɜːl］。

（四）音标的变化

在2003年秋季启用的主流教材中开始采用新的音标。以往通用的宽式音标与新启用的严式音标的主要区别如下：

英语国际音标变化表

	有变化	无变化			
双元音	i—ɪ	短元音	e	长元音	iː
	u—ʊ		æ		uː
	ɔ—ɒ		ə		ɔː
	əː—ɜː		ʌ		ɑː
	ei—eɪ		əu—əʊ		iə—ɪə
	ai—aɪ		au—aʊ		ɛə—eə
	ɔi—ɒɪ				uə—ʊə

二、音节

英语单词是由字母组成的，字母按照一定规律组合在一起就组成了音节。音节的核心是元音，由一个或几个元音字母来组成。

（一）开音节、闭音节、r音节、re音节和成音节。

音节按照其构成形式，可以分为开音节、闭音节、r音节、re音节和成音节五种。

1. 开音节。开音节有两种形式。一种为绝对开音节，这样的词是以一个元音字母结尾的重读音节。这个元音字母读字母本身的读音。如：he［hiː］。另外一种为相对开音节，是指在包含一个元音字母的重读音节中，元音字母后有一个辅音字母（r除外），还有一个不发音的字母e，这种重读音节叫相对开音节。如ride［raɪd］。

2. 闭音节。闭音节是指含一个元音字母，但以辅音字母（r，w除外）结尾的重读音节。这种音节中的元音字母读短音，即a读［æ］，e读［e］，i读［ɪ］，o读［ɒ］等。如big［bɪg］，bed［bed］，fox［fɒks］等。

3. r音节。r音节是以元音字母加辅音字母r为主体构成的音节。ar通常读［ɑː］，如car［kɑː］；or通常读［ɔː］，如horse［hɔːs］；er通常读［əː］或［ə］，如teacher［'tiːtʃə］等。

4. re音节。re音节是以元音字母加re为主体构成的音节。其中are读［ɑː］，ere读［ɪə］，ore读［ɔː］，如：here［hɪə］，more［mɔː］等。

5. 成音节。成音节是以辅音［m］［n］［l］同其他辅音一起构成的音节，都是非重读音节，出现在词尾。如：pencil［pensl］等。

（二）单音节、双音节和多音节

一个单词中有几个元音音素（不是元音字母），就有几个音节。有一个音节就叫单音节，有两个音节叫双音节，有三个或者三个以上叫多音节。

（三）重读音节和非重读音节

英语的单词中至少有一个音节读得特别重而清楚，而其他的音节则读得轻而含糊。读得重而清楚的音节叫重读音节，读得轻而含糊的音节叫非重读音节。

多音节经常有两个重音，其中读得特别清楚有力的叫主重读音节；另一个也清楚有力，但比较弱一些，叫次重读音节。主重读音节用“ˈ”表示，标在主重读音节的左上角；次重读音节用“ˌ”表示，标在次重读音左下角。如：Japanese［ˌdʒæpəˈniːz］日本（人）的；日本人；日语。

三、字母及字母组合的发音

熟记字母及字母组合的发音规则，可以很大程度上降低记忆单词的难度、增强记忆效果。

（一）单个字母的读音规则

1. 元音字母的发音

元音字母是Aa，Ee，Ii，Oo，Uu五个字母。每个音节一般都离不开元音字母（成音节和缩写词除外）。

元音字母	开音节		闭音节	
	读音	例词	读音	例词
Aa	/eɪ/	cake face	/æ/	map dad
Ee	/iː/	she we	/e/	bed red
Ii	/aɪ/	like five	/ɪ/	sit pit
Oo	/əʊ/	go home	/ɒ/	fox box
Uu	/juː/	use cute	/ʌ/	sun but

2.辅音字母的发音

字母	发音	在音节中的位置	例词
c	[k]	在a, u, o, l, r, t前和音节末尾	can call come cup
	[s]	在e, i, y前	nice city
d	[d]	一般情况下	dog red dad hand
	[t]	ed在清辅音后	asked helped
f	[f]	一般情况下	five face lift fun
	[v]	在单词of中	of
g	[g]	一般情况下	game gate gun
	[dʒ]	ge在词尾时	orange age page
n	[n]	一般情况下	nice fine nine nose
	[ŋ]	在含有[k][g]音的字母前	think thank
s	[s]	在词首或在单词中清辅音前后	sun sit school works
	[z]	(se)前是元音或浊辅音时	these nose close
t	[t]	一般情况下	tea ten to meet
	[tʃ]	后接ur(e)，ue	picture
x	[ks]	在词尾或清辅音前	six box
	[gz]	在两元音之间，且重音在后一元音上	exam example

（二）字母组合的读音规则

1．常见元音字母组合的读音规则

字母组合	读音	例词
ai	[eɪ]	plain wait gain
are	[ɛə]	care hare
air	[ɛə]	fair chair air hair pair
al	[ɔː]	ball talk
	[ɔːl]	all wall call
ar	[aː]	car park hard

au	[ɔː]	because August
ay	[eɪ]	may gay day
ea	[iː]	easy east clean meat
	[e]	head dead ready bread
	[eɪ]	break great
ear	[ɪə]	ear hear near
	[ɛə]	bear wear pear
	[ɜː]	earth
ee	[iː]	sleep street green
eer	[ɪə]	deer peer
eir	[ɛə]	their heir
er	[ɜː]	term hers
	[ə]	teacher
ere	[ɪə]	here
ey	[ɪː]	key
	[eɪ]	they
	[ɪ]	monkey
ie	[iː]	piece
	[aɪ]	pie die tie
ir	[ɜː]	bird first shirt
igh	[aɪ]	hight light night
ire	[aɪə]	tire fire
oa	[əʊ]	boat coat goat
oo	[ʊː]	too food room
	[ʊ]	cook book good
	[ʌ]	blood
oor	[ʊə]	poor
or	[ɔː]	forty short

ou	[aʊ]	mouth loud
	[ʌ]	country double
our	[aʊə]	hour ours ourself
	[ə]	colour
	[ɔː]	tour pour
oi	[ɒɪ]	oil voice choice noise join
oy	[ɒɪ]	boy toy joy
ow	[əʊ]	know
	[aʊ]	now cow

2．常见辅音字母组合的读音规则

字母组合	读音	例词
-ng	[ŋ]	sing morning young wrong
	[ŋg]	longer finger
qu	[kw]	quite question
sh	[ʃ]	she fish wash shirt
ch	[tʃ]	chair cheap teacher
tch	[tʃ]	watch
th	[ð]	the they their than
	[θ]	thirty youth thin south
tion	[ʃən]	station nation
dr	[dr]	driver drop drink
tr	[tr]	tree train truck
ts	[ts]	jackets
wh	[w]	what when why white
	[h]	who whose
wr	[r]	write wrong

四、句子重音、连读和语调

（一）句子重音

句子的重音能体现句子的节奏感和韵律感，也能突出重点。一般来说，在句子中需要重读的词是实词中的名词、行为动词、形容词、副词、数词、指示代词、疑问代词、感叹词等，不需要重读的多为虚词、冠词、连词、介词和人称代词、助词、系动词等。例如：

The´tree is´big and´thick.（这句活中的tree是名词，high，thick是形容词，它们都要重读；the，and是虚词，不重读；is也不重读。）

´My´bag is´heavy.´What's in´it?（这句话中my，what，it是代词，bag是名词，heavy是副词，它们都要重读；in是虚词，不重读；is也不重读。）

当然，在很多时候，重读部分还随着感情、语气、态度、场合等因素而变化。

（二）连读

在连续地说话或朗读时，同一个短语或从句中如果相邻的两个词前者以辅音音素结尾，后者以元音音素开头，就要自然地将辅音和元音相拼，构成一个音节，这就是连读。

连读时的音节一般不重读，只需顺便一带而过，不可以加音，也不可以读得太重。

1. “元音＋元音”型连读

当前一个单词以元音结尾，后一个单词以元音开头，这两个音通常要自然而不间断地连读。例如：

He ⌣ is my brother.他是我的兄弟。

2. “辅音＋元音”型连读

当相邻的两个单词，前者以辅音结尾，后者以元音开头，通常连读。

例如：That ⌣ is ⌣ a big tree.那是一棵高大的树。

3. “r/re＋元音”型连读

当相邻的两个单词，前一个单词的词尾是r或re，后一个单词的词首是元音，则r和re要发［r］音，并与其后的元音连读。例如：

here and there读作［hɪə rənd ðeə］

（三）语调

语调是反映语音中除音质特征之外的音高、音长、音强等方面变化的旋律特征。英语语调主要有升调（↗）和降调（↘）。

1. 升调

升调主要用于一般疑问句、选择疑问句or之前的句子。如：

Do you prefer coffee ↗ or tea? ↘ 你喜欢喝咖啡还是茶？

2. 降调

降调主要用于陈述句、特殊疑问句、表示命令的祈使句、感叹句、选择疑问句or之后的句子。如：What time can I see him? ↘ 我什么时候能见到他？

第三章 词汇

词汇是英语的重要组成部分，是组成语言的基本材料，没有词汇就没有句子。因此，掌握一定的词汇量，对于提高同学们的听、说、读、写能力是必不可少的。

一、常用单词汇编

按词汇意义归类

●日常食物

apple 苹果

banana 香蕉

bread 面包

breakfast 早餐

cake 蛋糕

coffee 咖啡

dinner 晚饭

egg 蛋

fish 鱼

lunch 午饭

●家庭成员

aunt 阿姨

brother 兄弟

dad 爸爸（口语）

father 父亲

grandpa 爷爷（口语）

grandma 奶奶（口语）

grandmother 祖母

grandfather 祖父

mum 妈妈（口语）

mother 母亲

sister 姐妹

uncle 叔叔

●人体部位

arm 手臂

ear 耳朵

eye 眼睛

face 脸

foot 脚

hair 头发

hand 手

head 头

leg 腿

mouth 嘴

nose 鼻子

●学校学习

blackboard 黑板

chair 椅子

classroom 教室

desk 课桌

eraser 橡皮擦

floor 地板

knife 小刀

pen 钢笔

pencil 铅笔

pencil-box 文具盒

ruler 尺子

teacher 教师

●动物

bear 熊

bee 蜜蜂

bird 鸟

cat 猫

chick 小鸡

cock 公鸡

cow 奶牛

dog 狗

duck 鸭子

fox 狐狸

●服饰鞋帽

dress 连衣裙

pants 短裤

shirt 衬衫

skirt 短裙

shoes 鞋子

shorts 短裤

T-shirt T 恤衫

vest 背心

●时间季节

autumn 秋天

o'clock 点钟

clock 挂钟

day 日子，白天

hour 小时

month 月，月份

spring 春天

summer 夏天

watch 手表

week 周，星期

winter 冬天

year 年

●星期月份

Monday 星期一

Tuesday 星期二

Wednesday 星期三

Thursday 星期四

Friday 星期五

Saturday 星期六

Sunday 星期天

January 一月

February 二月

March 三月

April 四月

May 五月

June 六月

July 七月

August 八月

September 九月

October 十月

November 十一月

December 十二月

●职业身份

doctor 医生

driver 司机

farmer 农民

nurse 护士

singer 歌手

teacher 教师

worker 工人

waiter 服务员

●交通工具

bus 公共汽车

bike 自行车

car 小汽车

plane 飞机

taxi 出租车

train 火车

按词性归类

●名词

bed 床

boat 船

bottle 瓶

bowl 碗

box 盒

card 卡片

city 城市

flower 花

garden 花园

grass 草

hill 小山

●**动词**

answer 回答

ask 问

blow 吹（风）

bring 拿来，带来

buy 买

call 打电话

can 能，会，可以

clean 打扫，清除

close 关

come 来

cry 哭

like 喜欢

listen 听

●**冠词**

a 一（个，件……）

an 一（个，件……）

the 这，这个；那，那个

●**代词**

I 我（主格）

it 它（主格）

it 它（宾格）

he 他（主格）

her 她的

her 她（宾格）

him 他（宾格）

his 他的

me 我（宾格）

my 我的

our 我们的

she 她（主格）

that 那，那个

these 这些

this 这，这个

those 那些

●**疑问词**

how 多么，怎样

what 什么

when 什么时候

where 哪里

who 谁

why 为什么

●**介词**

down 向下

in 在……里面

on 在……上面

under 在……下面

up 向上

●形容词

a little 一点
beautiful 漂亮的，美丽的
bad 坏的
broken 坏的
clever 聪明的
cool 凉爽的
funny 有趣的，滑稽的
glad 高兴的，乐意的
good 好的

●数词

one 一
two 二
three 三
four 四
five 五
six 六
seven 七
eight 八
nine 九
ten 十
eleven 十一
twelve 十二
thirteen 十三
fourteen 十四
fifteen 十五
sixteen 十六
seventeen 十七
eighteen 十八
nineteen 十九
twenty 二十
twenty-one 二十一
thirty 三十
forty 四十
fifty 五十
sixty 六十
seventy 七十
eighty 八十
ninety 九十
one hundred 一百

二、词汇的构成

英语的词汇构成之间有着各种各样的联系和规律。这种联系规律总结起来就是构词。英语中构成词的方法就是构词法。

构词法主要有合成法、派生法和缩略法三种。掌握了构词法就能极大地提高记忆能力、扩大词汇量。

（一）合成法

合成法指由两个或两个以上的单词合成新词。这种构词方式主要有两种：复合法和结合法。很多合成名词和合成形容词就是由合成法构成的。

分类	例词
合成名词	black＋board⇒blackboard 黑板 basket＋ ball⇒basketball 篮球 break＋fast⇒breakfast 早餐 book＋store⇒bookstore 书店 class＋room⇒classroom 教室 foot＋ball⇒football 足球 green＋house⇒greenhouse 温室 home＋work⇒homework 家庭作业 pencil＋box⇒pencil-box 文具盒 play＋ground⇒playground 操场 space＋ship⇒spaceship 宇宙飞船 super＋market⇒supermarket 超级市场
合成形容词	hand＋made⇒handmade 手工的 middle＋aged⇒middle-aged 中年的 hard＋working⇒hard-working 勤劳的 grass＋green⇒grass-green 草绿的 ice＋cool⇒ice-cool 冰冷的 kind＋hearted⇒kind-hearted 好心的

合成介词	out＋side⇒outside在…… 外面 in＋side⇒inside在…… 里边 with＋in⇒within在…… 范围内 with＋out⇒without在…… 之外
合成副词	some＋times⇒sometimes 有时 near＋by⇒nearby 附近 may＋be⇒maybe 也许
合成代词	my＋self⇒myself 我自己 your＋self⇒yourself 你自己 him＋self⇒himself 他自己 it＋self⇒itself 它自己 her＋self⇒herself 她自己 your＋selves⇒yourselves 你们自己 them＋selves⇒themselves 他们自己 every＋one⇒everyone 每个人 any＋body⇒anybody 任何人 some＋one⇒someone 某个人 no＋body⇒nobody 没人 no＋thing⇒nothing 没有东西
合成动词	safe＋guard⇒safeguard 保卫 over＋come⇒overcome 克服 over＋hear⇒overhear 偷听 under＋line⇒underline 在下面画线

（二）派生法

派生法又叫词缀法，就是在一个单词前加上前缀或在其后加上后缀，构成新的单词。派生法是英语构词法中最重要的一种。

前缀是指在一个词的前面加一个词缀构成新的词，一般说来前缀不会改变一个词的词性；后缀是指在一个词的词尾加一个词缀构成新的词，后缀往往会改变一个词的词性。

构词法		分类特点	例词
前缀	否定前缀	un-+形容词	un+happy⇒unhappy 不高兴的 un+important⇒unimportant 不重要的
		un-+副词	un+happily⇒unhappily 不高兴地 un+usually⇒unusually 不同寻常地
		un-+动词	un+cover⇒uncover 揭开 un+lock⇒unlock 打开锁
		in-+形容词	in+correct⇒incorrect 不正确的 in+complete⇒incomplete 不完全的
		dis-+形容词	dis+able⇒disable 失去能力的 dis+honest⇒dishonest 不诚实的
		dis-+动词	dis+like⇒dislike 不喜欢
	表示时间序列关系前缀	re-，表示“重复”	re+ write⇒rewrite 重写 re+ build⇒rebuild 重建
		over-，表示“超过”	over+come⇒overcome 克服 over+eat⇒overeat 吃得过多
		mid-，表示“中间”	mid+ night⇒midnight 半夜 mid+ autumn⇒mid-autumn 中秋

后缀	名词后缀	动词+-er	work+er⇒worker 工人
			teach+er⇒teacher 教师
			drive+er⇒driver 司机
			sing+er⇒singer 歌手
		名词+-ese	China+ese⇒Chinese 中国人
			Japan+ese⇒Japanese 日本人
		名词+-ist	violin+ist⇒violinist 小提琴家
			scient+ist⇒scientist 科学家
	形容词后缀	名同+-y	cloud+y⇒cloudy 多云的
			health+y⇒healthy 健康的
		名词/形容词+-ly	friend+ly⇒friendly 友好的
			love+ly⇒lovely 可爱的
			easy+ly⇒easily 容易的
		名词/动词+-ful	care+ful⇒careful 仔细的
			use+ful⇒useful 有用的
	副词后缀	形容词+-ly	quick+ly⇒quickly 迅速地
			slow+ly⇒slowly 慢慢地
	数词后缀	基数词+-teen	seven+teen⇒seventeen 十七
			nine+teen⇒nineteen 十九
		基数词+-ty	four+ty⇒fourty 四十
			six+ty⇒sixty 六十
		基数词+-th	six+th⇒sixth 第六
			nine+th⇒ninth 第九

三、常用短语汇编

at home 在家
at noon 在中午
at night 在夜间
at school 在学校
at the weekend 在周末
bus stop 公共汽车站
clean the room 打扫房间
cook the meals 做饭
Children's Day 儿童节
close the door 关门
close the window 关窗户
do homework 做作业
draw pictures 画画
get up 起床
go fishing 去钓鱼
go swimming 去游泳
go shopping 去购物
go to school 去上学
go home 回家
go to the park 去公园
go to the zoo 去动物园
go to the hospital 去医院
go to see a film 去看电影
go to bed 上床
go to sleep 去睡觉
go away 走开
good morning 早上好
good afternoon 下午好
good evening 晚上好
good night 晚安
have/eat breakfast 吃早饭
have/eat lunch 吃午饭
have/eat supper 吃晚饭
have class 上课
have a party 聚会
have a sleep 睡觉
in the morning 在早上
in the afternoon 在下午
in the evening 在晚上
learn English 学习英语
learn Chinese 学习语文
listen to music 听音乐
listen to the radio 听收音机
New Year's Day 元旦
open the door 开门
open the window 开窗户
play football 踢足球
play basketball 打篮球

play volleyball 打排球

play table tennis 打乒乓球

play games 玩游戏

read a book 读书

ride a bike 骑自行车

ride a horse 骑马

sit down 坐下

sing a song 唱歌

stand up 起立

stay at home 待在家里

sweep the floor 扫地

take photos 照相

Teachers' Day 教师节

tell stories 讲故事

take a walk 散步

wash the hands 洗手

wash the face 洗脸

wash clothes 洗衣服

四、缩略词归纳

类型	缩写示例	
系动词、助动测和否定词的缩写	are not= aren't do not= don't will not = won't	is not=isn't can not=can't have not = haven't
代词与系动词的缩写	I am = I'm he is= he's he has=he's it is = it's	you are= you're we are=we're she has= she's that is = that's
疑问词与系动词的缩写	what is = what's when is = when's	who is = who's where is = where's

五、词汇记忆方法

在英语学习过程中，同学们是不是觉得英语单词不好记？下面介绍10种英语单词记忆法，同学们一旦掌握，就会收到事半功倍的效果。

1. 整体记忆法

把几个字母看作一个整体来记。如：在“ow”前加上不同的字母，可组成how，cow，low，now，town，down，know等；在“ight”前面加上不同的字母，可组成eight，light，right，night等。

2. 形象记忆法

在英语单词学习中，我们也可以通过对单词中的一些字母的形状进行“象形化”的联想来帮助记忆或者区分易混淆的单词。如：“tree”把tr看成树干和树枝，把ee看成树叶；“eye”把两个e看成两只眼睛，中间的y是鼻子；“bird”把b和d看成两个翅膀等。

3. 联想记忆法

记忆以联想为基础，联想的建立是为记忆提供更多的线索，线索越多记住这个词就越容易，提取这个词也就越顺利。

（1）拼写联想法，即将拼写类似的单词一起记忆。如：think，thin，ink；could，would，should；book，boy，toy等。

（2）意义联想法，即从词义方面联想与其有关联的词。如想到同义词：table—desk；想到反义词：tall—short；想到同类词：由ship联想到各种交通工具—bus，car，bike等。

（3）音义联想法，就是设法把单词的音和义联想起来。这种方法主要适用于一部分单词，记忆时，要加以想象，如把cab想象为“汽车开吧”等。

（4）视觉图像联想法，即在语言学习中，可以给图片加上标签，或者看到词与词组时产生视觉想象。

（5）感觉或动作联想法，即学到某一个单词时，会产生相应的感觉或做出相应的动作。

4．理解记忆法

理解记忆法是指正确理解单词的本义、引申义和比喻义等。如：second是“秒”，它来源于古代的六分法，分，秒，它是二次划分，因此second也是“第二”，进一步引申，还可理解为“辅助”。这种方法特别适合那些一词多义的词的记忆。

5．构词记忆法

构词记忆法是指通过分析词根、前缀、后缀、派生和合成等记忆单词的方法。如：

合成词：football，classroom，something等。

前缀：［un-］unable，unhappy等。

后缀：［-er］worker，teacher等。

6．读音记忆法

根据字母组合、读音规则进行记忆，会读一个单词，便会拼写出来。

7．感官记忆法

记忆单词时，不要只用一种感官，尽可能地使用多个感官，耳听、嘴读、手写、眼看、心记等。

8．卡片记忆法

卡片记忆：自制单词卡片随时随地进行单词记忆，卡片写上单词的词形、词性、词义、音标、搭配、例句等。

9．复习记忆法

通过有计划的复习来达到长时记忆的目的。掌握好复习的时间间隔，开始时复习时间间隔要短，然后间隔逐渐加大。

10.睡眠记忆法

晚上睡前读两通要记的单词，然后睡觉，第二天醒来后再读两遍，这样记忆效果也很不错。